小学学科知识与拓展系列　总主编◎惠　中

小学语文
学科知识与拓展

主编◎丁　炜

副主编◎顾维萍

华东师范大学出版社

·上海·

图书在版编目(CIP)数据

小学语文学科知识与拓展/惠中总主编;丁炜主编. —
上海:华东师范大学出版社,2018
 高等院校小学教育专业教材
 ISBN 978-7-5675-7639-1

Ⅰ.①小… Ⅱ.①惠…②丁… Ⅲ.①小学语文课—
教学法—高等职业教育—教材 Ⅳ.①G623.202

中国版本图书馆 CIP 数据核字(2018)第 079114 号

小学语文学科知识与拓展

总 主 编	惠　中
主　　编	丁　炜
副 主 编	顾维萍
项目编辑	师　文
特约审读	雷　芳
责任校对	林文君
装帧设计	俞　越
出版发行	华东师范大学出版社
社　　址	上海市中山北路 3663 号　邮编 200062
网　　址	www.ecnupress.com.cn
电　　话	021-60821666　行政传真 021-62572105
客服电话	021-62865537　门市(邮购)电话 021-62869887
地　　址	上海市中山北路 3663 号华东师范大学校内先锋路口
网　　店	http://hdsdcbs.tmall.com
印 刷 者	浙江临安曙光印务有限公司
开　　本	787 毫米×1092 毫米　1/16
印　　张	15.75
字　　数	377 千字
版　　次	2018 年 7 月第 1 版
印　　次	2024 年 1 月第 4 次
书　　号	ISBN 978-7-5675-7639-1/G·11060
定　　价	40.00 元
出版人	王　焰

(如发现本版图书有印订质量问题,请寄回本社客服中心调换或电话 021-62865537 联系)

前 言

　　学校语文教育以教语言与语言的运用为核心,因此要成为一位语文教师,勿庸置疑,首先要具备扎实的语言与语言运用的知识。学校语文教育以学生为对象,着眼于学生语文素养的发展,因此,要成为一位语文教师,还必须了解学生,理解课程与教学的一般原理,具备必要的教育学、心理学知识。

　　近年来,随着教育学理论的发展,我们逐渐认识到,要成为一位优秀的语文教师,光有上述两类知识还不够,还需要第三类知识——语文学科教学知识。语文学科教学知识,指关于语文学科内容及其可教性知识,是语言、语言运用知识与教育教学知识的结合。如果教师具备了语文学科教学知识,那么他在面对特定的语文教学情境与问题时,就能根据学生的年龄特点、思维特征、已有知识与生活经验、兴趣爱好等,合理地组织、调整、呈现语言与语言运用知识,从而进行有效教学。

　　20世纪80年代末,语文教育领域提出了"淡化语法"的口号,这对于纠正语文教育中过于重视语法教学,过于重视静态语言知识传授有一定的进步意义,但也带来了一些负面影响,在一定程度上引发了一些不良的后果:"淡化语法"变成了"淡忘语言知识";语文教材中的知识体系几乎看不见了;师范生与语文教师对语言知识、语言运用知识学习的重视程度降低了,出现了师范生与语文教师语言知识贫乏、语言能力下降的现象;语文教学的效率没有得到有效提高。

　　在小学教师的专业培养中,有《现代汉语》、《小学语文课程标准与教材研究》、《小学语文教学设计》等课程和与之相对应的教材。《现代汉语》着重介绍语音、汉字、词汇、语法、修辞等方面的语言与语言运用知识;《小学语文课程标准与教材研究》重点关注语文课标的解读以及小学语文教材的研究分析;《小学语文教学设计》则重在指导根据课标、教材、学生实际设计语文教学。不管是教材研究还是教学设计,都必须说清教学内容,而教学内容又与语言知识、语言运用知识息息相关。可是,当前的语文课标本身对小学生应当学习与掌握的语言、语言运用知识的表述并不全面和清晰,而《现代汉语》根据惯例,也不可能关注和解释小学语文学科领域的语言与语言运用知识,所以对师范生以及已经开始从事小学语文教学工作的年轻教师而言,常常会出现如下困惑:汉语知识学过了,不知道有什么用;语文课本读过了,不知道要教哪些知识。这样的困惑,表明教师严重缺乏语文学科教学知识,他们的专业发展因而受到抑制,对学生的培养也难以达到社会期望的水平。

　　《小学语文学科知识与拓展》就酝酿于这样的背景之下。我们尝试从以下三个方面,即:(1)阐释基本的语言与语言运用知识;(2)剖析小学语文教学领域中的语言与语言运用知识;(3)探讨小学语文教学领域中语言与语言运用知识的教学;力求基于此建立一个可行的、实用的、易学的、融合现代汉语知识与小学语文教学知识的框架,并通过大量的教学实践案例,结合教学实际的思考与练习来提高内容的易懂性、可用性,尽可能地满足师范生、研究生、小学语文教师、小学语文教育研究者的需要。

我们坚持用立德树人这一教育的根本任务统领语文学科教学知识的学习,实现知识传授、能力培养与价值引领相统一,为党的二十大报告所提出的"办人民满意的教育"提供资源保障。

本书的第一章、第六章由上海师范大学邓凤民副教授撰写,第二章由上海师范大学丁炜副教授撰写,第三、四、五章由上海师范大学顾维萍副教授撰写,第七章由上海师范大学于龙副教授撰写。全文由丁炜、顾维萍统稿。特级教师徐家良对部分章节进行了细致的审读,并提出了宝贵意见,研究生张妍、李秋韵对文字的排版统稿亦有贡献,在此一并表示感谢。

感谢上海师范大学惠中教授的支持与华东师范大学出版社的耐心等待,为了保证质量,我们审读多次,部分章节几易其稿。但是因为学识有限,难免有错漏之处,欢迎读者朋友批评指正。

丁 炜

目录

第一章 语音知识与教学 … 1
第一节 语音知识概述 … 1
一、语音的特点 … 1
二、语音的性质 … 1
三、语音的基本概念 … 4
四、记音符号 … 6
五、语音知识与小学语文教学 … 9
第二节 发音知识与教学 … 13
一、声母的发音特点与方法 … 13
二、韵母的发音特点与方法 … 15
三、发音知识的教学 … 18
第三节 音节拼写知识与教学 … 25
一、音节的拼读 … 25
二、音节的拼写 … 26
三、音节拼写知识的教学 … 26
第四节 音变知识与教学 … 28
一、音变 … 28
二、音变知识的教学 … 31
第五节 朗读知识与教学 … 33
一、朗读知识 … 33
二、朗读知识的教学 … 35

第二章 汉字知识与教学 … 37
第一节 汉字知识概述 … 37
一、汉字的性质 … 37
二、汉字的特点 … 37
第二节 汉字字体与教学 … 39
一、汉字的起源 … 39
二、汉字字体的演变 … 40
三、汉字字体的教学 … 44
第三节 汉字字形与教学 … 49
一、汉字字形的结构方式 … 49
二、汉字字形的结构系统 … 51
三、汉字字形的教学 … 53
第四节 汉字排检法与教学 … 64
一、汉字排检法 … 64

二、汉字检字法的教学 …………………………………… 66
　第五节　汉字的规范化、标准化与教学 …………………… 67
　　一、现代汉字的规范化与标准化 …………………………… 67
　　二、汉字信息处理的规范化与标准化 …………………… 69
　　三、汉字正字法与教学 …………………………………… 69

第三章　词汇知识与教学 ………………………………… 73
　第一节　词汇知识概述 …………………………………… 73
　　一、词、词汇和词汇学 …………………………………… 73
　　二、现代汉语词汇的基础与当代发展 …………………… 74
　　三、词汇的主要类别 ……………………………………… 75
　第二节　构词知识与教学 ………………………………… 78
　　一、语素 …………………………………………………… 78
　　二、词的构成 ……………………………………………… 80
　　三、构词知识的教学 ……………………………………… 82
　第三节　词义知识与教学 ………………………………… 86
　　一、词义的特征 …………………………………………… 86
　　二、词义的分析 …………………………………………… 86
　　三、词义与词音、词形的关系 …………………………… 87
　　四、词义知识的教学 ……………………………………… 91
　第四节　熟语知识与教学 ………………………………… 98
　　一、熟语知识 ……………………………………………… 98
　　二、熟语知识的教学 ……………………………………… 101

第四章　语法知识与教学 ………………………………… 105
　第一节　语法知识概述 …………………………………… 105
　　一、语法与语法学 ………………………………………… 105
　　二、现代汉语语法的特点 ………………………………… 106
　　三、语法知识与小学语文教学 …………………………… 107
　第二节　词类知识与教学 ………………………………… 109
　　一、词类概说 ……………………………………………… 109
　　二、实词 …………………………………………………… 109
　　三、虚词 …………………………………………………… 113
　　四、词类知识的教学 ……………………………………… 116
　第三节　短语知识与教学 ………………………………… 120
　　一、短语的概念 …………………………………………… 120
　　二、短语的种类 …………………………………………… 120

三、复杂短语的分析 …………………………………………… 122
　　四、短语知识的教学 …………………………………………… 122
第四节　句型知识与教学 …………………………………………… 124
　　一、句子与句型 ………………………………………………… 124
　　二、单句 ………………………………………………………… 125
　　三、复句 ………………………………………………………… 127
　　四、句型知识的教学 …………………………………………… 131
第五节　句类知识与教学 …………………………………………… 136
　　一、句子的语气与句类 ………………………………………… 136
　　二、句子的语气类型 …………………………………………… 136
　　三、句类知识的教学 …………………………………………… 138
第六节　标点符号知识与教学 ……………………………………… 141
　　一、标点符号概说 ……………………………………………… 141
　　二、标点符号用法 ……………………………………………… 142
　　三、标点符号的书写位置 ……………………………………… 147
　　四、标点符号知识的教学 ……………………………………… 147

第五章　修辞知识与教学 ………………………………………… 152
第一节　修辞知识概述 ……………………………………………… 152
　　一、修辞的概念 ………………………………………………… 152
　　二、修辞的原则 ………………………………………………… 153
　　三、修辞知识与小学语文教学 ………………………………… 154
第二节　词汇修辞知识与教学 ……………………………………… 156
　　一、词语的选择标准 …………………………………………… 157
　　二、词语的选择角度与过程 …………………………………… 158
　　三、词汇修辞知识的教学 ……………………………………… 163
第三节　句子修辞知识与教学 ……………………………………… 170
　　一、句子修辞知识概说 ………………………………………… 170
　　二、同义句式的类别与选用 …………………………………… 170
　　三、句子修辞知识的教学 ……………………………………… 176
第四节　修辞格知识与教学 ………………………………………… 179
　　一、修辞格知识概说 …………………………………………… 179
　　二、修辞格知识选说 …………………………………………… 179
　　三、修辞格知识的教学 ………………………………………… 184

第六章　逻辑知识与教学 ………………………………………… 188
第一节　逻辑知识概述 ……………………………………………… 188

一、概念 …………………………………… 188
　　二、判断 …………………………………… 191
　　三、推理 …………………………………… 194
　　四、逻辑思维的基本规律 ………………… 197
　　五、论证 …………………………………… 198
　第二节　概念知识与教学 …………………… 199
　　一、并列关系、属种关系的概念归类教学 … 199
　　二、关系概念归类教学 …………………… 202
　第三节　判断知识与教学 …………………… 204
　　一、直言判断知识教学 …………………… 205
　　二、复合判断知识教学 …………………… 206
　第四节　推理知识与教学 …………………… 207
　　一、推理知识教学的策略 ………………… 207
　　二、推理知识教学的案例 ………………… 210

第七章　文体知识与教学 …………………… 216
　第一节　文体知识概述 ……………………… 216
　　一、文体的概念 …………………………… 216
　　二、文学文体与实用文体 ………………… 217
　　三、文体知识与小学语文教学 …………… 218
　第二节　记叙类文体知识与教学 …………… 222
　　一、记叙类文体知识概述 ………………… 222
　　二、记叙类文体的教学 …………………… 222
　第三节　说明类文体知识与教学 …………… 230
　　一、说明类文体知识概述 ………………… 230
　　二、说明类文体的教学 …………………… 230
　第四节　散文类文体知识与教学 …………… 234
　　一、散文类文体知识概述 ………………… 234
　　二、散文类文体的教学 …………………… 234
　第五节　绘本类文体知识与教学 …………… 239
　　一、绘本类文体知识概述 ………………… 239
　　二、绘本类文体的教学 …………………… 239

主要参考文献 ………………………………… 242

第一章　语音知识与教学

学习目标

1. 掌握语音的特点、语音的性质和语音的基本概念,了解语音与声音的主要区别。掌握有关《汉语拼音方案》的理论知识。
2. 了解小学拼音教材的特点,了解小学语音教学目标。
3. 掌握发音知识,能为学生正确示范声母、韵母的发音,并掌握一定的教学方法。
4. 掌握音节拼写知识,能为学生正确示范两拼法、三拼法、声介合拼法和直呼音节法,并掌握一定的教学方法。
5. 掌握音变知识,能正确示范,并帮助学生在实际表达中加以运用。
6. 掌握朗读知识,能正确、有感情地范读,努力培养学生良好的朗读习惯,不断提高朗读水平。

第一节　语音知识概述

一、语音的特点

人与人之间进行交际,交流思想感情,主要依靠的是语言。语言是人类最重要的交际工具,也是思维的工具,而语言的交际作用又是通过语音来实现的。语音是语言的物质外壳,它是人类发音器官发出并具有一定意义的声音。同是从人类发音器官发出来的一些声音,如果其不包含什么意义就不能称为语音,例如咳嗽。

二、语音的性质

语言是声音和意义相结合的符号系统,学习语言,必须首先掌握语音。语音具有下列几个方面的性质。

(一) 语音的物理性质

物体受到外力撞击而发生颤动,颤动体振动了周围的空气,就形成了一种疏密相间的音波。音波传播到人们的耳朵里,振动鼓膜,人就能听到声音。从物理角度看,语音同其他声音一样,具有音高、音强、音长和音色四个要素。

1. 音高

音高,是声音的高低。声音的高低取决于发音体在一定时间内振动次数的多少。在同一时间内，振动次数多（即频率高）的声音高；振动次数少（即频率低）的声音低。图1-1显示了时间相同、波幅相同，但由于振动的次数不同，出现了音高不同的情况。

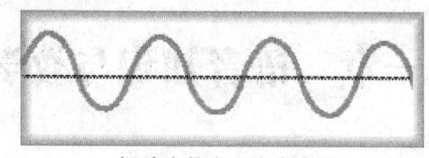

振动次数多，声音高

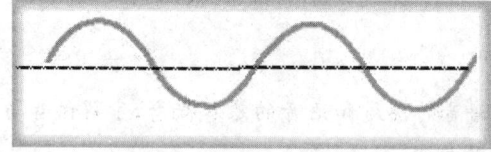

振动次数少，声音低

图1-1 振动频率与音高

语音的高低同人们声带的长短、厚薄有关系。一般来说，成年女子和孩子的声带与成年男子的声带相比较短、较薄，发音时，在同一单位时间里，振动次数要多一些，所以声音高。成年男子的声带与成年女子和孩子的声带相比则长些、厚些，发音时，在同一单位时间里，振动的次数要少一些，所以声音低。同一个人可以发出高低不同的声音，这是由于我们发音时随着感情和说话环境的需要，可以把声带拉紧或放松，这样发出的声音就有高低的区别了。汉语（不论方言或普通话）的声调高低升降的变化，主要是由"音高"不同形成的。例如：

风——声音高而平；

调——声音由中升高；

雨——声音由半低降低，再升到半高；

顺——声音由高直降到低。

2. 音强

音强，是声音的强弱，也叫音势或音量。声音的强弱由音波振动幅度（即振幅）的大小决定。音波振动幅度大，声音就强，俗称声音响；音波振动幅度小，声音就弱，俗称声音轻。人类发音时用力大，呼出的气流冲击发音器官的力量强，形成的音波振幅大，声音就强；用力小，呼出的气流冲击发音器官的力量弱，形成的音波振幅小，声音就弱。普通话里一般不读轻声的音节和读轻声的音节发音时呼出的气流也有强弱的不同。例如"莲子"与"帘子"中都有"子"，前者要读上声，后者则读轻声，由于两个"子"的音强不同，从听感上就能区别意义：前者有"籽实"之意，意义是实在的；后者意义较虚，属于附加语素。

3. 音长

音长，是声音的长短。它由发音体振动音波持续时间的长短决定。持续的时间长，声音就长；音波持续的时间短，声音就短。如"热烈"这个词，用普通话语音读声音就长，用吴语读声音就短促，因为这两个音节在吴语中都是入声字。

4. 音色

音色，是声音的特色，也可以说是语音的本质，所以又叫作音质。不同的音色是由于音波

振动的形式不同而形成的,它是一个声音区别于其他声音的基本特征。音色的不同,大体是由以下三个条件决定的:

(1) 发音体不同。例如:锣和鼓都是打击乐器,锣是金属的,鼓是皮面的。由于它们是不同的发音体,所以有各自的声音特色。语音也一样,声带振动发出的音与声带不振动而由别的器官发出的音,音色是不同的。

(2) 发音方法不同。例如:二胡和琵琶同是弦乐,二胡用弓子拉,琵琶用手指弹拨,不同的发音方法,使得它们的音色不同。语音也一样,相同器官发出的音,送气和不送气,就形成音色不同的两个音。

(3) 共鸣器的形状不同。例如:小提琴和二胡虽然同是用弓弦拉的乐器,但由于小提琴的共鸣箱是扁平的,二胡的共鸣箱是圆筒形的,因而演奏时各具特色。语音也一样,口腔闭合一点或张大一点,发出的音是不同的。

任何声音都是音高、音强、音长、音色的统一体,语音也不例外。音色是语音中用来区别意义的最重要的要素,在普通话中,音高的作用也特别重要。

(二) 语音的生理性质

语音是由人类的发音器官发出来的声音,因此,我们可以从生理的角度来考察语音的性质。人类的发音器官可以分为三个部分:呼吸器官、发音器官和共鸣器官。

(1) 呼吸器官包括肺和气管。肺的呼吸作用形成的气流是发声的动力,气流量的大小决定声音的强弱。

(2) 喉头中的声带是发声器官。喉头上通咽头,下连气管,起通道作用。声带位于喉头中间,是两片富有弹性的薄膜。两片声带之间的空隙叫作声门。从肺部呼出的气流通过声门时,就引起声带振动,发出声音。声带在发音中起重要作用。人们控制声带松紧的变化,可以发出高低不同的声音。

(3) 共鸣器官包括口腔和鼻腔。口腔和鼻腔靠软腭和小舌隔开。软腭和小舌上升时,鼻腔闭塞,口腔畅通,这时发出的音叫口音。软腭和小舌下垂,口腔某部位闭塞,气流只能从鼻腔呼出,这时发出的音叫鼻音。

下面的发音器官示意图(图1-2)和声带活动示意图(图1-3),有助于我们了解发音器官的各个部位,便于我们掌握普通话每个音的特点。

人类无论是说话还是呼吸,无论是发乐音还是噪音,气流都要通过声带。说话时,声门闭合,从肺中呼出的气流冲击声带;呼吸时,声门大开,让气流畅通。

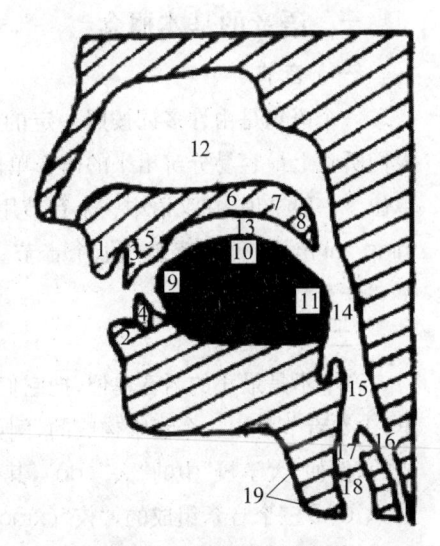

图1-2 发音器官示意图

1. 上唇 2. 下唇 3. 上齿 4. 下齿
5. 齿龈 6. 硬腭 7. 软腭 8. 小舌
9. 舌尖 10. 舌面 11. 舌根 12. 鼻腔
13. 口腔 14. 咽头 15. 会厌 16. 食道
17. 气管 18. 声带 19. 喉头

(三) 语音的社会性质

声音和意义本来没有必然的联系,用什么样的声音形式表达什么样的意义,这是一个民族的社会成员在漫

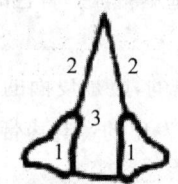

1. 构状软骨　2. 声带　3. 声门　　呼吸及发噪音时　　　发乐音时

图1-3　声带活动示意图

长的社会发展中约定俗成的。一种语言所用词的音义结合,只有得到该民族全体社会成员的认可才能成立。所以,社会属性是语音的本质特点,也是区别于自然界一切声音的本质特征。

语音的社会性质主要从"地方特征"和"民族特征"两个方面反映出来。由于地域不同,各地发音习惯也不尽相同。例如:某些地区的人把"兰"(lán)和"南"(nán)混同,这是因为这个地区方言没有或读不准"n"音。用普通话对照,n和l区别很大:n是鼻音,l是边音。再如普通话有些辅音声母有不送气和送气的区别,"波"(bō)和"坡"(pō)不同,就在于b是不送气音,p是送气音,因而使"波"和"坡"的意义不同。但在英语的辅音中,就没有送气与不送气的区分,因此两个民族语言系统就不相同。

语音是为交流服务的,什么样的声音代表什么样的意义,什么样的意义用什么样的声音来表示,并不取决于声音本身,而是与这个社会共同体的历史发展相联系的。因此,语音的社会性质是由语音的社会作用决定的,社会性质是语音的本质属性。

三、语音的基本概念

(一) 音节

一个语句是由许多词按照一定的语法规则构成的,虽然听起来则是一连串的语音流过,人们听觉上最容易分辨出来的语音单位是一个个的音节,也就是这连串语流中最自然的语音单位。一般来说,在汉语中一个音节用一个汉字记录,例如:"需要是发明之母"(xū yào shì fā míng zhī mǔ)七个汉字就是七个音节。只有少数儿化的音节,例如:"花儿"写作两个汉字,却是一个音节 huār。

(二) 音素

音节不是最小的语音单位,把它们进行分析,还可以分析出最小的语音单位音素。在汉语里,少数音节是由一个音素构成的,例如"阿"(ā)、"鹅"(é)等;大多数音节是由2—4个音素组成的,例如"大学校"中的"大"(dà),其音节是由d和a两个音素组成的,"学"(xué)的音节是由x、ü、ê三个音素组成的,"校"(xiào)是由x、i、a、o四个音素组成的,这些音素都是组成音节的最小单位。普通话语音共有32个音素,分为元音和辅音两大类。

1. 元音

元音也称母音,发音时呼出气流不受发音器官的阻碍,只受口腔的调节,所以呼出的气流比较弱。普通话语音32个音素中有10个元音音素。

2. 辅音

辅音也称子音,发音时呼出气流通过发音器官受到某种阻碍,气流要通过阻碍才能发出声音,所以呼出的气流比较强。例如:音节"马"(mā),m 是辅音,发音时双唇形成阻碍,让气流从鼻腔发出,形成鼻音,而 a 是元音,发音时口腔大开,让气流顺畅地通过口腔。普通话语音 32 个音素中有 22 个辅音音素。汉语的一个音节至多只能有两个辅音,而且位置固定在音节的开头或末尾。一般情况下辅音不能独立成音节。

任何一个辅音的发出,都要受到发音部位和发音方法两方面的制约。对于普通话来说,辅音的发音部位比较好掌握,而发音方法就比较复杂,有"清"与"浊"、"不送气"与"送气"的区别。发元音时,声带都要振动;发辅音时,声带振动的只有"m、n、ng、l、r"5 个音素,它们叫浊辅音,其余声带不振动的都是清辅音。"不送气"辅音发音时没有明显的气流冲出,"送气"辅音发音时则有明显的气流冲出。

(三) 声母、韵母、声调

我国音韵学传统分析是把一个字的音分为声母、韵母、声调三个部分,称作音节的三要素。它们的关系如图 1-4 所示。

调	
声	韵

图 1-4 声韵调关系图

1. 声母

声母是一个音节开头的辅音。辅音和声母关系非常密切,凡声母都是辅音,但辅音不全是声母,两者不能替代。这是分析音节得出的两种不同的概念,元音和辅音是语音学分析的结果,而声母和韵母是汉语传统音韵学分析的结果。普通话共有 22 个辅音,其中 21 个可充当声母,只有一个 ng 不能充当声母,只能用作鼻韵母的韵尾。

2. 韵母

韵母是一个音节中声母后面的部分。元音是韵母的主要成分,韵母中出现的辅音只限于鼻音 n 和 ng 两个,而且只能在元音之后。普通话语音共有 10 个元音,其中"a、o、e、ê、i、u、ü、er"8 个元音可以独立作韵母自成音节,-i[前]和-i[后]两个元音不能独立成音节,只能作声母 zh、ch、sh、r、z、c、s 的韵母构成音节。普通话语音共有 39 个韵母,大大超过元音的数目,可见元音和韵母不是一个概念,凡元音都是韵母而韵母却不只是元音。

3. 声调

声调是贯通整个音节高低升降的调子,它是由音高决定的。比如:"辉"(huī)、"回"(huí)、"毁"(huǐ)、"惠"(huì)四个音节的声母都是 h,韵母都是 ui,但是它们的声调不同,就成了不同的音节,代表不同的意义。所以,声调是构成音节非常重要的成分。一个音节没有标上声调,这个音节就毫无意义。

普通话声母和韵母相拼构成的基本音节(包括零声母音节)有 400 多个,加上声调的区别有 1 200 多个音节。这 1 200 多个音节的"能量"非常大,它构成了我们语言里成千上万的词。

普通话音节(或字音)的三要素缺一不可,有些音节开头部分没有辅音,叫作"零声母音节"。"零声母"不等于没有声母,例如"阿姨"(āˊyí)两个音节都是零声母音节。

四、记音符号

记录语音要有一套符号。现在常用的普通话记音符号系统是《汉语拼音方案》。在这之前,主要采用反切法和注音字母。

(一) 反切法和注音字母

"反切"是我国早期使用的注音方法。反切法就是用两个汉字给一个汉字注音。如一个"吐"字,用"他鲁"两字相切:"吐"的声母同"他"的声母,"吐"的韵母和声调同"鲁"的韵母和声调。反切注音,需先认识反切用字,使用起来并不十分方便。不过,比起过去使用的"直音法"还是有进步的。所以,这一方法在我国使用了很长时间。

注音字母是1918年公布的一套记音符号。1930年改称注音符号。它把普通话语音归纳为若干类别的声母和韵母,分别用笔画式符号表示。如声母"ㄅ、ㄆ、ㄇ、ㄈ"(即"b、p、m、f")。用注音符号标注,比用反切法准确、方便;但是,笔画式符号方向不一,不便连写。

(二) 汉语拼音方案

自1949年中华人民共和国成立后至1958年,我国现代汉语语音规范工作经历了极其认真严谨的研究探索过程,在总结以往经验、汇总多方意见,同时借鉴世界各国拼音文字长处的基础上,终于拟定出了《汉语拼音方案》,并于1958年2月由第一届全国人民代表大会第五次会议批准推行。

《汉语拼音方案》确立了我国现代汉民族共同语语音规范的国家标准,是我国语文现代化建设的重大成果。《中华人民共和国国家通用语言文字法》指出:"国家通用语言文字以《汉语拼音方案》作为拼写和注音工具。""《汉语拼音方案》是中国人名、地名和中文文献罗马字母拼写法的统一规范,并用于汉字不便或不能使用的领域"。

《汉语拼音方案》由五个部分组成,分别是:字母表、声母表、韵母表、声调符号和隔音符号。

汉语拼音方案

一、字母表

字母 名称	Aa ㄚ	Bb ㄅㄝ	Cc ㄘㄝ	Dd ㄉㄝ	Ee ㄜ	Ff ㄝㄈ	Gg ㄍㄝ
	Hh ㄏㄚ	Ii ㄧ	Jj ㄐㄧㄝ	Kk ㄎㄝ	Ll ㄝㄌ	Mm ㄝㄇ	Nn ㄋㄝ
	Oo ㄛ	Pp ㄆㄝ	Qq ㄑㄧㄡ	Rr ㄚㄦ	Ss ㄝㄙ	Tt ㄊㄝ	
	Uu ㄨ	Vv ㄪㄝ	Ww ㄨㄚ	Xx ㄒㄧ	Yy ㄧㄚ	Zz ㄗㄝ	

v 只用来拼写外来语、少数民族语言和方言。

字母的手写体依照拉丁字母的一般书写习惯。

二、声母表

b	p	m	f	d	t	n	l
ㄅ玻	ㄆ坡	ㄇ摸	ㄈ佛	ㄉ得	ㄊ特	ㄋ讷	ㄌ勒
g	k	h		j	q	x	
ㄍ哥	ㄎ科	ㄏ喝		ㄐ基	ㄑ欺	ㄒ希	
zh	ch	sh	r	z	c	s	
ㄓ知	ㄔ蚩	ㄕ诗	ㄖ日	ㄗ资	ㄘ雌	ㄙ思	

在给汉字注音的时候，为了使拼式简短，zh, ch, sh 可以省作 ẑ、ĉ、ŝ。

三、韵母表

	i		u		ü	
	ㄧ	衣	ㄨ	乌	ㄩ	迂
a ㄚ	啊	ia ㄧㄚ	呀	ua ㄨㄚ	蛙		
o ㄛ	喔			uo ㄨㄛ	窝		
e ㄜ	鹅	ie ㄧㄝ	耶			üe ㄩㄝ	约
ai ㄞ	哀			uai ㄨㄞ	歪		
ei ㄟ	诶			uei ㄨㄟ	威		
ao ㄠ	熬	iao ㄧㄠ	腰				
ou ㄡ	欧	iou ㄧㄡ	忧				

续表

an ㄢ 安	ian ㄧㄢ 烟	uan ㄨㄢ 弯	üan ㄩㄢ 冤
en ㄣ 恩	in ㄧㄣ 因	uen ㄨㄣ 温	ün ㄩㄣ 晕
ang ㄤ 昂	iang ㄧㄤ 央	uang ㄨㄤ 汪	
eng ㄥ 亨的韵母	ing ㄧㄥ 英	ueng ㄨㄥ 翁	
ong (ㄨㄥ) 轰的韵母	iong ㄩㄥ 雍		

(1)"知、蚩、诗、日、资、雌、思"等七个音节的韵母用 i，即：知，蚩，诗，日，资，雌，思等字拼作 zhi, chi, shi, ri, zi, ci, si。

(2)韵母ㄦ写成 er，用作韵尾的时候写成 r。例如："儿童"拼作 ertong，"花儿"拼作 huar。

(3)韵母ㄝ单用的时候写成 ê。

(4) i 行的韵母，前面没有声母的时候，写成 yi(衣)，ya(呀)，ye(耶)，yao(腰)，you(忧)，yan(烟)，yin(因)，yang(央)，ying(英)，yong(雍)。

u 行的韵母，前面没有声母的时候，写成 wu(乌)，wa(蛙)，wo(窝)，wai(歪)，wei(威)，wan(弯)，wen(温)，wang(汪)，weng(翁)。

ü 行的韵母，前面没有声母的时候，写成 yu(迂)，yue(约)，yuan(冤)，yun(晕)；ü 上两点省略。

ü 行的韵母跟声母 j, q, x 拼的时候，写成 ju(居)，qu(区)，xu(虚)，ü 上两点也省略；但是跟声母 n, l 拼的时候，仍然写成 nü(女)，lü(吕)。

(5) iou, uei, uen 前面加声母的时候，写成 iu, ui, un。例如 niu(牛)，gui(归)，lun(论)。

(6) 在给汉字注音的时候，为了使拼式简短，ng 可以省作 ŋ。

四、声调符号

阴平	阳平	上声	去声
ˉ	ˊ	ˇ	ˋ

声调符号标在音节的主要母音上。轻声不标，例如：

妈 mā	麻 má	马 mǎ	骂 mà	吗 ma
阴平	阳平	上声	去声	轻声

五、隔音符号

a、o、e开头的音节连接在其他音节后面的时候,如果音节的界限发生混淆,用隔音符号(')隔开,例如：pi'ao(皮袄)。

（三）国际音标

国际音标是国际语音学会1888年制定的一套记音符号,后来有过多次修改。它共有100多个符号,形体以拉丁字母的小写印刷体为基础。国际音标记音固定,一个符号只表示一个读音(音素),不能借用。国际音标能用来记录各民族语言的语音。

五、语音知识与小学语文教学

毫无疑问,伴随着语言文字的教学,语音教学贯穿于小学语文教学的全过程。在学生初始学习的阶段,2—3个月的时间内,需要比较集中地进行汉语拼音教学,教授《汉语拼音方案》的主要内容,即声母、韵母、声调以及音节的拼读拼写,为学生学习汉字、学习普通话打好基础。在整个低年级阶段,要复习巩固有关的语音知识,不断提高说普通话的水平;还要学习"字母表"的知识,提高查字典的能力。《汉语拼音方案》中有关"隔音符号"的知识,目前小学语文教材中没有要求,学生可在阅读有关注音读物的过程中自行学习。

小学生语音学习的另一个重要方面是朗诵与说话训练,这是其在一至五年级阶段都要接受训练的内容。就朗读来说,一、二年级主要训练学生正确、流利地朗读。"正确地"朗读,就是指发音正确,不漏字、不加字、不改字。"流利"地读,是指有合理的朗读速度,句段之间比较连贯。中、高年级要在"情感表达"上逐步提高要求,做到"有感情地朗读"、"声情并茂地朗读"。在朗读训练的过程中,重在实际操练,适当讲一些朗读知识。说话训练,要培养学生讲普通话的习惯和水平,耐心纠正他们在语音表达上的问题,高年级要使他们的语言表达有条理,语气、语调恰当。关于"音变"知识,教师可结合朗读、说话训练,结合实例做一些讲解。

（一）小学语音教材

1. 汉语拼音教材

学好汉语拼音对于学生形成语文能力具有重要作用。汉语拼音是小学语文教学的重要内容,是帮助学生识字和学习普通话的有效工具。当今社会,汉语拼音的用途越来越广泛,如电脑输入、手机短信、即时通信软件等人们的日常生活越来越离不开汉语拼音;学生在学习和日后的工作中检索资料,也常常要用到汉语拼音。另外,汉语是独具声、韵、调之美的语言。汉语音节元音占优势,有声调的独有特征,使汉语具有了抑扬顿挫、优美动听的音韵美,这是汉语重要特点之一,学生学习汉语拼音对于他们从语音修辞的角度欣赏汉语古今文学作品也大有裨益。

小学汉语拼音教学时间不长,教材分量也不算重,但专业性却很强,涉及很多语音理论问题,如小学语文拼音教材和汉语拼音方案的关系。所以,在小学语文拼音教学中首先要弄清楚拼音教材和汉语拼音方案的关系,之后运用相关知识指导学生读准声母、韵母、声调和整体认读音节,指导学生朗读,学会拼读音节,体会语言的韵律和节奏等。

下面重点梳理一下小学拼音教材和《汉语拼音方案》的关系。

《汉语拼音方案》(以下简称《方案》)同小学语文拼音教材(以下简称"小学拼音教材"或"教材")的关系在以往的现代汉语教材中少有提及,甚至有的小学语文教师弄不清楚汉语拼音方案同小学拼音教材的关系。有人认为小学拼音教材就是汉语拼音方案;还有人认为小学拼音教材是汉语拼音方案之外的另一套拼音方案。这些问题不明确,往往会让教师在教学中产生疑惑,甚至会因违背规律而造成教学中的错误。为了便于说明问题,我们现将汉语拼音方案与小学拼音教材的声母韵母列表表示,旨在找出它们之间的异同(见表1-1)。

表1-1 汉语拼音方案与小学拼音教材对比表

类别	《汉语拼音方案》	小学拼音教材	二者异同
声母	b、p、m、f、d、t、n、l、g、k、h、j、q、x、zh、ch、sh、r、z、c、s	b、p、m、f、d、t、n、l、g、k、h、j、q、x、zh、ch、sh、r、z、c、s、y、w	《方案》有21个声母;"教材"有23个。"教材"比《方案》多2个:y、w
单韵母	a、o、e、ê、i、u、ü、-i[前]、-i[后]、er[ər]	a、o、e、i、u、ü	《方案》有单韵母10个;"教材"有6个。《方案》比"教材"多4个:ê、-i[前]、-i[后]、er[ər]
复韵母	ai、ei、ao、ou、ia、ie、iao、iou、ua、uo、uai、uei、üe	ai、ei、ao、ou、ie、iu、ui、üe、er	《方案》有复韵母13个;"教材"有9个。"教材"比《方案》少5个:ia、iao、ua、uo、uai;多一个er。iou、uei"教材"直接教省写式:iu、ui
鼻韵母	an、en、in、ün、ian、uan、uen、üan、ang、eng、ing、ong、iang、uang、ueng、iong	an、en、in、ün、un、ang、eng、ing、ong	《方案》有鼻韵母16个;"教材"有9个。"教材"比《方案》少7个:ian、iang、iong、uan、uang、ueng、üan。uen"教材"直接省写式:un
整体认读音节		zhi、chi、shi、ri、zi、ci、si、yi、yin、ying、wu、yu、yue、yuan、ye、yun	《方案》没有整体认读音节;"教材"有16个整体认读音节

从上表我们可以看出,小学拼音教材是按照《方案》的系统编写的。包括了《方案》的基本内容,同时在不违背《方案》的原则下采用变通的做法,具体表现在以下几个方面。

(1)在声母方面。

① y、w的作用不同。《方案》中有21个声母,而小学拼音教材有23个声母,比《方案》多

了 y、w。在普通话语音系统中，y、w 是不代表音素的，作为字母，y、w 在《方案》中被看作隔音符号，其作用是使多音节词连写时音节之间的界限清楚，不致产生歧义。如，fānyì(翻译)这个双音节词，后面的音节如果不用 y 和前面的音节隔开，就会误读为 fānì(发腻)。

在小学语文拼音教学中，y、w 被当作声母使用，带有 y、w 的大部分音节，被看作是由声母 y、w 和韵母相拼构成的，例如：ya(呀)由 y—a 拼成，wa(蛙)由 w—a 拼成，you(优)由 y—ou 拼成。另有少量带 y、w 的音节，在小学汉语拼音教学中作为整体认读音节进行教学，如 yi、yin、ying、yu、wu。

② y、w 的称说方法。在小学汉语拼音教学中，y、w 有两种称说的方法：作为声母的 y、w，读作 i、u；在教学中单独提到 y、w 的时候，为了同韵母 i、u 相区别，一般称作"声母 y"、"声母 w"。在教研活动中，教师之间谈到 y、w 的功用时，要称说它们的名称音 ia、ua，例如，"在把 y、w 当作声母教"，这个说法里 y、w 的读音就是 ia、ua。

③ y、w 的拼写规则。《方案》规定，i、u、ü 和以 i、u、ü 开头的韵母，前面没有声母自成音节时，都必须使用 y、w。

《方案》中关于 y、w 的使用规则比较复杂，小学一年级学生按照这样的规则学习拼音，肯定是非常困难的，从儿童教育学、心理学的角度看，也是不科学的。因此，小学拼音教材就采用了变通的做法，直接把 y、w 作为声母来教学，y 读作 i(衣)，w 读作 u(乌)。y、w 同其他声母一样，可以和韵母相拼。例如 y—a→ya，w—a→wa。小学拼音教材采取的这种变通的处理方式，就避开了复杂的 y、w 规则的教学，大大减轻了小学生的学习负担。

(2) 在韵母方面。

《方案》中有 39 个韵母，其中单韵母 10 个，复韵母 13 个，鼻韵母 16 个；而小学拼音教材只有 24 个韵母，其中单韵母 6 个，复韵母 9 个(包括 er[ər])，鼻韵母 9 个。这是不是漏教了 ê、-i[前]、-i[后]、i、iao、ian、iang、iong、uo、ua、uai、uan、uen、uang、üan 这 15 个韵母呢？完全不是。原来，小学拼音教材简化了《方案》韵母中的教学内容，具体如下：

① 简化 ê 书写规则。ê 单用时只能拼写"欸"一个字，ê 的主要作用是和 i 或 ü 组成复韵母 iê 和 üê。因为普通话语音系统中只有韵母 iê 和 üê，没有 ie 和 üe，为了减少书写麻烦，所以就把 iê 和 üê 省写为 ie 和 üe，这样既不会发生误会，又提高了书写速度。又因为小学拼音教材把 ie 和 üe 作为复韵母教学，所以 ê 就没有必要单独进行教学。

② 减少 11 个复韵母、鼻韵母教学。小学拼音教材把 y、w 作为声母教学，在教学韵母时，只要教会 a、o、ai、ao、an、ang、eng、ong，就可以用 y 或 w 拼出 ia、iao、ua、uo、uai 和 ian、iang、iong、uan、uang、ueng 这 11 个韵母的读音。这里韵母都是 i、u 开头，前面如果有声母与它们相接，可以采用"三拼"的方法，拼读成音节，如 t-i-ao-tiao。因此，小学拼音教材不再单独教授这 11 个韵母，从而减少了教学"零件"，促进拼音教学。

③ 规定 16 个整体认读音节。有些音节，也是由声母和韵母两部分拼成的，但是，这些音节的韵母，发音要领不容易掌握；还有一些音节，《方案》规定要按拼写规则拼写，但是，这些规则不容易理解和记忆。对于这类音节，在小学汉语拼音教学中，既不单独教它的韵母，也不学有关的拼写规则，而是作为一个整体直接认读。被当作一个整体直接认读的音节叫作整体认读音节。

《方案》没有整体认读音节,而小学拼音教材有 16 个整体认读音节,即:zhi、chi、shi、ri、zi、ci、si、yi、yin、ying、wu、yu、yue、yuan、ye、yun。整体认读音节是独立的音节,它的内部构造不是拼合关系,所以认读时不需要拼音。整体认读有以下 4 个方面的好处:

第一,ye 音节由韵母 iê 根据拼写规则构成的,《方案》规定,韵母 iê 自成音节,要把 i 改为 y。把 ye 当作整体来认读,就可以不去记这条拼写规则,也不必学习难发音的舌面、前、半低、不圆唇元音 ê 了,整体认读后既可以回避这一矛盾,又便于小学生学习。

第二,单韵母-i[前]、-i[后]发音比较困难,既难教,又难学,小学生不易掌握。小学拼音教材把它们当作整体来认读,组成 zi、ci、si、zhi、chi、shi、ri 整体认读音节,这样就可以避开学习-i[前]和-i[后]发音的困难了。

第三,yi、yin、ying、wu、yu、yue、yuan、yun 这 8 个音节不便于用声韵相拼的方法拼读,它们是由韵母 i、in、ing、u、ü、üe、üan、ün 根据拼写规则构成的。《方案》规定,韵母 i、in、ing、u、ü、üe、üan、ün 自成音节,要在前面加上 y 或 w。把 yi、yin、ying、wu、yu、yue、yuan、yun 当作整体来认读,就可以不去记这条拼写规则了。这样,不但排除了拼音的困难,还可以少教一个韵母 üan。

第四,可以省教《方案》中加 y、w 或改写 y、w 的规则。

④ 单韵母 er[ər]列入复韵母。从表 1-1 还可以看到,小学拼音教材是把 er 作为复韵母教学的。在普通话语音系统中,er 是用两个字母代表一个音素的单韵母。er 中的 r,既不是声母 r,也不是辅音韵尾,它只是一个表示发音时的卷舌的动作。因 er 表面上也是由两个字母组成,小学拼音教材大概是从形体特征方面考虑,加之发音时也有"动程",所以小学拼音教材把其排在复韵母之列,把 er 列入了复韵母。

⑤ 简化 iou、uei、uen 书写。小学拼音教材不教 iou、uei、uen 的基本式,直接教省写式 iu、ui、un。《方案》规定:iou、uei、uen 前面没有声母,自成音节时,要用 y 或 w 开头,写成 you、wei、wen;iou、uei、uen 前面加声母时,省写为 iu、ui、un,例如,xiu(休),tui(推),chun(春)。在普通话语音系统中,iou、uei、uen 这三个韵母跟大多数声母相拼后,中间的元音 o 或 e 会在不同程度上变得不明显,主要元音的位置移到了 i 或 u 上。实行省写,既反映了语音的实际情况,又可以缩短拼式。

由于小学拼音教材把 y、w 作为声母教学,所以,只要教会 ou、ei、en,当韵母 iou、uei、uen 自成音节时,可以直接用声韵两拼法拼出 you、wei、wen 的读音。iou、uei、uen 前拼其他声母时,就直接用声母和省写式 iu、ui、un 相拼。这种教学法的改革,可以避开 iou、uei、uen 省写规则的教学,有利于减轻小学生理解和记忆拼写规则的学习负担。

由此可见,小学拼音教材与《汉语拼音方案》之间有着十分密切的关系,但是它们又有不同的性质。小学拼音教材从小学一年级学生的实际出发,采用变通的方法,尽量减少拼音教学零件,把 y、w 作为声母教学,规定 16 个整体认读音节,省教 15 个韵母和儿童难以理解的各种拼音规则,不教字母表和隔音符号,使汉语拼音教学化繁为简,化难为易,加快小学生学习汉语拼音的速度。

2. 朗读教材

这一般就是指语文教材。每一个学期都有数十篇语文教材,教师可按照朗读要求系统训练。

3. **说话教材**

有专门的教材与随机的教材。如在沪教版小学语文教材中,就在低年级安排了系统的"听话说话"教材。此外,学生大量的说话活动,如回答问题、讨论问题、辩论等,有的是随性的,有的只有一个发言主题,一般没有教材,这就需要教师有较好的即兴指导水平。

(二) 小学语音教学目标

(1) 学会汉语拼音,能读准声母、韵母、声调、整体认读音节,能正确、快速拼读音节,正确书写声母、韵母和音节,熟记汉语拼音字母表。

(2) 用普通话正确、流利、有感情地朗读课文,掌握一定的"音变"知识。

(3) 用普通话回答问题、与人交流、有主题地发言,语气、语调恰当。

思考与练习

1. 什么是语音?它具备哪些性质?
2. 语音的四要素是什么?语音四要素在汉语中有什么作用?
3. 怎样理解语音的社会性?为什么说语音的社会性是语音的本质属性?
4. 什么是音素?
5. 什么是声母?举例说明声母与辅音的关系。
6. 什么是韵母?举例说明韵母与元音的关系。
7. 研读《汉语拼音方案》,知道内容、结构,举例说明其用途。
8. 举例说明小学汉语拼音教材对《汉语拼音方案》中所列的声母、韵母做了哪些变通处理。这些变通处理的目的是什么?
9. 找一本小学语文第一册教材,仔细读一读其中的汉语拼音内容,分析一下教材是怎样合理安排,把声母、韵母、声调、整体认读音节、拼读方法等有关知识一步一步推进的。(如先教6个单韵母,其间进行四声的教学;接着教声母,其间进行两拼法的教学;等等)
10. 对小学生朗读的要求是怎样逐步提高的?你知道"正确"朗读的具体含义是什么吗?

第二节 发音知识与教学

小学语文教师需要了解一些语音学的基本知识,要善于把语音理论知识和小学的汉语拼音教学结合起来,并运用这些知识指导教学。具体地说,主要就是要掌握声母、韵母的发音特点和方法。只有这样,教师才会给予学生准确、深入浅出的指导。

一、声母的发音特点与方法

汉语普通话语音共有 21 个辅音声母,即 b、p、m、f、d、t、n、l、g、k、h、j、q、x、zh、ch、sh、r、z、c、s。声母发音的过程也就是气流受阻和克服阻碍的过程。学习声母必须了解每个辅音的发音部位和发音方法。

(一) 声母的发音特点

声母都是辅音,辅音发音时主要特点是:气流通过口腔时要受到发音器官形成的各种阻碍,气流必须克服这些阻碍才能发音。发音器官成阻的部位特别紧张,气流较强,声带不一定振动,声音一般不响亮。

(二) 声母的发音部位与方法

不同的声母是由不同的发音部位和发音方法决定的。

1. 声母的发音部位

声母的发音部位,指发音时气流受到阻碍的位置。普通话语音中22个辅音(包括21个声母和1个韵尾)共有7种不同的发音部位。

(1) 双唇音。发音时上唇和下唇阻塞气流而形成的音。普通话声母中有b、p、m这3个双唇音。

(2) 唇齿音。发音时上齿和下唇接近,阻塞气流而形成的音。普通话声母中只有f这1个唇齿音。

(3) 舌尖前音。发音时舌尖平伸,抵住或接近上齿背,阻塞气流而形成的音。普通话声母中有z、c、s这3个舌尖前音。

(4) 舌尖中音。发音时舌尖抵住上齿龈,阻塞气流而形成的音。普通话声母中有d、t、n、l这4个舌尖中音。

(5) 舌尖后音。发音时舌尖上翘,抵住或接近硬腭前部,阻塞气流而形成的音。普通话声母中有zh、ch、sh、r这4个舌尖后音。

(6) 舌面音。发音时舌面前部抵住或接近硬腭前部,阻塞气流而形成的音。普通话声母中有j、q、x这3个舌面音。

(7) 舌根音。发音时舌头向后缩,舌根抬起抵住或接近软腭,阻塞气流而形成的音。普通话声母有g、k、h这3个舌根音。

2. 声母的发音方法

声母的发音方法,指发音时发音器官形成阻碍和克服阻碍的方法。普通话语音中22个辅音(包括21个声母和1个韵尾)共有5种发音方法。

(1) 塞音。发音时,发音部位形成完全闭塞,软腭上升,堵塞鼻腔通路,然后这两个部分突然放开,气流冲破阻碍,迸裂而出,爆发成音,也称为爆发音或破裂音。塞音共有b、p、d、t、g、k这6个。

(2) 擦音。发音时,发音部位接近,中间形成窄缝,软腭上升,堵塞鼻腔通路,气流从窄缝中挤出,摩擦成声。擦音共有f、h、x、sh、r、s这6个。

(3) 塞擦音。发音时,发音部位形成完全闭塞,软腭上升,堵塞鼻腔通路,气流先把阻塞部位冲开一条窄缝,接着从窄缝中挤出,摩擦成声。塞擦音共有j、q、zh、ch、z、c这6个。

(4) 鼻音。发音时,发音部位完全闭塞,软腭下降,打开鼻腔通路,气流振动声带,从鼻腔通过发出鼻音。作声母的鼻音只有m、n这2个。

(5) 边音。发音时,舌尖抵住上齿龈,形成阻碍,但舌头的两边仍留有空隙,同时软腭上升,阻塞鼻腔通路,气流振动声带,从舌头的两边通过发出边音。边音只有l这1个。

22个辅音之所以有22个不同的音色,除了不同发音部位和发音方法以外,在发音方法上还有两种不同的条件。

(1)清音和浊音。按发音时声带是否颤动,可以把普通话里的声母分为如下两类:

① 清音。发音时,声带不颤动,呼出的气流不带音。清音共有 b、p、f、d、t、g、k、h、j、q、x、zh、ch、sh、z、c、s 这 17 个。

② 浊音。发音时,声带颤动,呼出的气流带音。浊音只有 m、n、l、r 这 4 个。

(2)送气音和不送气音。按发音时呼出气流的强弱,可以把普通话声母中塞音、塞擦音分为如下两类:

① 送气音。发音时,口腔呼出的气流比较强。送气音有 p、t、k、q、ch、c 这 6 个。

② 不送气音。发音时,口腔呼出的气流比较弱。不送气音有 b、d、g、j、zh、z 这 6 个。

把发音部位和发音方法结合起来,普通话中 21 个声母的发音总表如表 1-2 所示。

表 1-2 普通话声母发音表

发音方法			双唇音	唇齿音	舌尖前音	舌尖中音	舌尖后音	舌面音	舌根音
塞音	清音	不送气	b			d			g
		送气	p			t			k
擦音	清音			f	s		sh	x	h
	浊音						r		
塞擦音	清音	不送气			z		zh	j	
		送气			c		ch	q	
鼻音	浊音		m			n			
边音	浊音					l			

需要说明的是:

(1)舌尖前音、舌尖中音和舌尖后音不是把舌尖分成前中后三段,而是指把与舌尖相对形成阻碍的部位分成前、中、后,即上齿背、上齿龈、硬腭前部。舌尖对着上齿背形成的音叫舌尖前音,舌尖对着上齿龈形成的音叫舌尖中音,舌尖对着硬腭前部形成的音叫舌尖后音。

(2)塞擦音 zh、ch 和擦音 sh 这三个声母尽管都是由两个字母组成,可它们却都分别是一个音(辅音),不是复辅音。因此,zh、ch、sh 中的"h"不是声母 h(喝)。"h"缀在 zh、ch、sh 后面是《汉语拼音方案》规定的,应看成翘舌符号。

(3)辅音中还有一个充当韵尾的 ng,它的发音部位和方法是:舌根音、鼻音、浊音。以上是 21 个声母发音表,故韵尾 ng 未列入。

二、韵母的发音特点与方法

普通话韵母主要由元音构成,韵母不能没有元音音素。一个元音音素可以独立成音节,如 i(衣),它本身就是一个韵母。有的韵母只有一个元音;也有一个韵母有两个元音的;一个韵母最多可以有三个元音。另外,有的韵母由元音加鼻辅音构成。普通话语音共有 39 个韵母。和辅音比较,元音发音时的主要特点是:(1)气流在口腔里不受阻碍,只受调节而发出的响亮的音(这是元音与辅音最主要的区别)。(2)发音器官各部位保持均衡的紧张状态。(3)气流较弱。(4)声带震动,声音比辅音要响亮。

(一) 单元音韵母的发音特点与方法

由单元音构成的韵母叫单韵母,又叫单元音韵母。普通话语音共有十个单元音韵母,即 a、o、e、ê[ɛ]、i、u、ü、-i[前]、-i[后]、er[ər][①]。根据发音特点,它们可以分为三类,即舌面元音韵母(前7个)、舌尖元音韵母(-i[前]、-i[后])和卷舌元音韵母(er[ər])。

1. 舌面元音韵母

元音发音时气流在口腔中不受阻碍,只受发音器官的调节。舌面元音发音时调节气流在于舌面和硬腭部分,由于舌位高低(即舌面与硬腭距离大小)、口形的大小(即开口度的大小)以及唇形的圆、不圆(唇形的圆展)各不相同,所以7个舌面元音有7种不同的音色。

a 舌位央低,口大开,唇形自然。发音时,打开后声腔,挺起软腭,呈半打哈欠状,微露上下齿,舌头自然放平,舌面较低,舌尖轻抵下齿龈。

o 舌位后半高,口半闭,圆唇。发音时,口腔半闭,舌头微后缩,舌根抬起,舌高点略靠后,嘴角略撮。

e 舌位后半高,口半闭,不圆唇。在发"e"时,嘴角展开呈微笑状即可。舌面较平,但舌高点比"o"靠前,舌尖处于稍离下齿背的位置。

ê[ɛ]舌位前半低,口半开,不圆唇。发音时,口腔半开,舌尖微抵下齿背,舌中部隆起,舌高点在舌面前部半低位置,两唇开度比 e 大,上下门齿保持拇指宽。

i 舌位前高,口闭,不圆唇。发音时,口腔开度较小,舌尖稍抵下齿背,舌面前部隆起接近硬腭,舌位靠前,嘴角略展。

u 舌位后高,口闭,圆唇。发音时,软腭挺起,后舌面上升接近软腭,舌头后缩,舌位靠后,口腔开度较小,嘴唇稍前撮呈圆形。

ü 舌位前高,口闭,圆唇。在发"i"的基础上将两嘴角稍撮起即是 ü,舌位与"i"相同。

2. 舌尖元音韵母

舌尖元音发音时由舌尖的活动调节气流,是一种特殊的元音(也称特殊元音韵母),其他语种里没有这类元音。

-i[前]舌尖前高,不圆唇,即舌尖前元音。用普通话念"私"(si)并拉长读音,音节的后面部分便是它的读音。这个单元音韵母不能自成音节,并且只出现在声母 z、c、s 的后面,构成音节 zi、ci、si。

-i[后]舌尖后高,不圆唇,即舌尖后元音。用普通话念"师"(shi)并拉长读音,音节的后面部分便是它的读音。这个单元音韵母也不能自成音节,并且只出现在声母 zh、ch、sh、r 的后面,构成音节 zhi、chi、shi、ri。舌面单元音韵母 i[i]决不会出现在 z、c、s 和 zh、ch、sh、r 的后面。

---

① 方括号内为国际音标,即该音素的实际音值。

3. 卷舌元音韵母

er[ɚ]口略开，唇形不圆。这个元音发音时舌面与舌尖都有调节气流活动，开始时舌位居中，舌尖向硬腭轻轻一卷，立即放下，发出卷舌元音 er[ɚ]，因此又称卷舌元音。er 虽然用两个字母标写，但仍是单元音韵母。其中的"r"不代表因素，只是表示卷舌动作的符号，不要以为 r 是辅音韵尾。

（二）复元音韵母的发音特点与方法

由两个或三个元音构成的韵母叫复韵母，又叫复元音韵母。普通话语音共有 13 个复元音韵母，即 ai、ei、ao、ou、ia、ie、ua、uo、üe、iao、iou、uai、uei。

复韵母不是两个或三个音素的简单相加，而是几个音素有机复合而形成的一种新的声音。和单韵母比较，复韵母的发音特点是：发音时舌位、唇形都有变化。即复韵母的发音方法是由一个元音音素的发音状态（舌位、开口度、唇形）快速滑向另一个元音音素（甚至再滑向下一个元音音素）。这当中，舌位的高低前后，口腔的开闭，唇形的圆展，都是逐渐过渡、变动的，不是突变的、跳跃的；同时气流不中断，中间没有明显的界限，发出的音要形成一个整体，在人们的听感上只是一个音。如：复合元音 ai 听起来是一个新的音"挨"而不是原来两个单元音的音"阿姨"。另外，有几点需要说明：

（1）按汉语拼音方案要求，复韵母 iou、uei 前面加声母的时候，分别写成 iu、ui。而小学一年级语文课本直接用 iu、ui 来分别取代 iou、uei。

（2）除单用（在普通话中只有"欸"这个字念 ê）之外，单元音韵母"ê"（用普通话念"耶"或"约"并拉长读音，音节的后面部分便是"ê"的读音）只出现在与元音 i、ü 后面构成复韵母，这时上面的符号可以不写，只写作"e"。因为单韵母 e（鹅）是决不出现在 i、ü 后面的。

（3）有的复韵母可以分为韵头、韵腹、韵尾，三者的发音轻重长短并不一致。韵头只限于韵腹前的 i、u、ü，发音轻而短，只表示复韵母发音的起点；它因为介于声母和韵腹之间，所以又叫介音或介母。韵腹一般由 a、o、e、ê[ɛ]充当，i、u、ü、-i[前]、-i[后]、er[ɚ]也可以作韵腹；韵腹是韵母的主干，与韵头、韵尾相比，声音最清晰响亮，所以也叫"主要元音"。韵尾仅限于韵腹后头的 i、u(o)，只表示复韵母滑动的最后方向，音值含混而不太固定。在复韵母中，韵腹在前的叫"前响复元音韵母"（ai、ei、ao、ou），韵腹在后的叫"后响复元音韵母"（ia、ie、ua、uo、üe），韵腹居中的叫"中响复元音韵母"（iao、iou、uai、uei）。

（三）鼻尾音韵母的发音特点与方法

鼻尾音韵母由一个元音或两个元音和鼻辅音韵尾（舌尖中音 n、舌根音 ng[ŋ]）构成，也叫鼻韵母。普通话语音共有 16 个鼻韵母，即 an、en、in、ün、ian、uan、üan、uen、ang、eng、ing、ong、iang、uang、ueng、iong。鼻韵母的发音特点、方法与复韵母一样：发音时舌位、唇形都有变化，都是由元音的发音状态自然而快速地滑向鼻辅音韵尾。发准鼻韵母的关键在于发准这两个鼻音，它们的发音部位不同：发 n 时舌尖抵在上齿龈，软腭下垂挡住气流通往口腔的通道，当气流从鼻腔共鸣流出时，舌尖不解除阻碍；发 ng[ŋ]时舌根部分上抬与软腭形成阻碍（这时舌尖应该下垂，不可能上伸到齿龈），同时软腭下垂挡住气流通往口腔的通道，当气流从鼻腔共鸣流出时舌根与软腭不解除阻碍。所以说在鼻尾音发完后检验自己的舌头停留在哪个部位就可以知道这个韵母的发音是否准确。另外，有几点需要说明：

（1）"n"既可以作声母，又可以作鼻韵母的韵尾。"n"因为是舌尖中音，所以在作鼻韵母的韵尾时，又可以叫作"前鼻尾韵"；带有前鼻尾韵"n"的鼻韵母，又叫作前鼻音韵母。

（2）"ng[ŋ]"虽然是由两个字母构成，却是一个音素。不要以为它是由声母 n(讷)与声母 g(哥)组成。在普通话中，"ng[ŋ]"不能作声母，只能用作鼻韵母的韵尾。"ng[ŋ]"因为是舌根音（发音时形成阻碍部位在舌根），所以在作鼻韵母的韵尾时，又可以叫作"后鼻韵"；带有后鼻尾韵"ng[ŋ]"的鼻韵母，又叫作后鼻音韵母。

（3）按汉语拼音方案要求，鼻韵母 uen 同声母相拼时则省写成 un。这时音节中的"u"便被看作韵腹，调号标在"u"上。而小学一年级语文课本直接用 un 来取代 uen。

（4）用"ong"表示"ung"，是为了使字形清晰，避免手写体 u 与 a 相混。

三、发音知识的教学

（一）声母发音知识的教学

1. 声母发音知识的教学

（1）突出重点，学好声母。声母是音节开头的辅音，辅音的特点有三个：①发音时气流受阻；②大部分声带不颤动；③声音不响亮，发音一般不能延续。发辅音和平时说话相比较，有人为的抑制性，是学习发音的重点。

（2）声母的本音和呼读音。声母发音有"本音"和"呼读音"的区别。声母本来的发音就是它的本音，由于声母的本音大多为清辅音，发音不响亮，有的甚至只看得见听不见。这种不响亮的发音才是声母的标准发音。但是不便于教学，于是拼音教材中给每个声母都配上了一个和声母收音时口形大体一致的韵母，使发音人为的响亮，这样声韵一起发出的音就是"呼读音"。如："b-o"、"t-e"等。但要注意，呼读音并非音节，要读的轻短，读出发音的受阻过程，声音不能延续，要与 bo,te 等音节有明显的区别。否则，把声母读成音节，就无法和后面的韵母相拼。

（3）声母的教学方法。对小学生讲解声母的发音部位和发音方法，主要用的是演示法，即教师做示范发音，让学生注意观察老师的口形、唇形、舌头的位置，体会气流受阻的情况，感知发音方法。在小学语文声母发音学习中，应该遵循由易到难的原则。具体方法如下：

① 教师示范发音，让学生感知发音方法。要掌握声母的发音部位，首先应该掌握基本的发音方法。我们知道，"塞、擦、塞擦"是声母的三种基本方法。"塞"指的是发音部位完全闭塞，口腔形成一定的气压后，打开阻塞部位，气流流出。"擦"指发音部位留出很小的缝隙，气流从中摩擦而出。"塞擦"就是"塞"和"擦"这两种发音方法的结合，先塞后擦。发辅音往往要经历成阻（形成阻碍）、持阻（保持阻碍）和除阻（解除阻碍）三个阶段。尤其在发塞音和塞擦音的时候，这三个阶段应该让学生明显感觉到。

② 让学生注意观察，体会气流的受阻部位。人的发音部位基本都集中在口腔，口腔有唇、舌、齿、上腭构成。发音部位就是这些发音器官两两结合形成的阻碍部位。在教学过程中，教师做完示范，可以让学生体会气流受阻部位，这样学生对发音部位就有了一个感性的认识。比如：上唇和下唇形成"双唇"这个发音部位；舌尖与齿背形成"舌尖前"这个发音部位；舌尖与上

齿龈形成的"舌尖中"这个发音部位；舌尖与硬腭前部形成"舌尖后"这一发音部位；舌面前与硬腭形成"舌面前"这一发音部位；舌根与软腭形成"舌根音"这一发音部位。

③ 利用鼻音,掌握同部位声母的发音部位。双唇鼻音 m,发音的时候只要双唇紧闭,气流从鼻腔流出就可以了,对小学生来说很容易做到。通过发 m 这个音,让学生找到双唇音 b、p 的发音部位。与鼻音不同的是,b 和 p 的气流不从鼻腔流出,而是在双唇形成阻碍,然后解除阻碍从口腔流出。

前鼻音 n 的位置是舌尖抵在上齿龈上,让学生找到这个位置后,气流从鼻腔流出,所发出的这个音,就是前鼻音 n。通过这个音,让学生找到舌尖中音 d、t、l 的发音部位。d 和 t 是塞音,与鼻音 n 不同,发音时气流在舌尖与上齿龈形成的部位受到阻碍,然后解除阻碍,并从口腔流出。l 发音时,气流从舌的两边或一边流出,这种发音方法称为边音,其他口音,气流都是从舌的正上面流出,而边音是从舌的两边或一边流出。

④ 利用擦音,掌握同部位声母的发音部位。普通话中的擦音有：f、s、sh、x、h。这些擦音分布在"唇齿、舌尖前、舌尖后、舌面和舌根"5 个发音部位。只要掌握了这 5 个擦音,其他同部位的声母发音部位也就掌握了。

如,f 的发音部位是上齿和下唇两个发音器官流出狭窄的缝隙,气流从这个缝隙中摩擦而出,这个音就可以发出来了。普通话中,这个部位上只有辅音声母 f。

又如,s 的发音部位是舌尖与齿背形成一个狭窄的缝隙,气流从中摩擦而出,发出的是舌尖前擦音 s。让学生反复发这个音,并感知它的发音部位。"舌尖前"这个发音部位还有 z 和 c,它们的发音部位与 s 完全相同,不同之处是 z 和 c 的发音方法是塞擦。发音时,舌尖与齿背先阻塞,再留出一个狭窄的缝隙,气流摩擦而出。

通过鼻音和擦音部位的练习,就把普通话中辅音全部囊括了。我们这样做符合从易到难的认知规律。更重要的是鼻音和擦音,一般都很容易发出本音来,这样使学生不仅感受了发音部位,而且还发出了本音,增强了他们模仿发音的信心和能力。

2. 声母发音知识在教学中的运用[①]

运用有关发音部位、发音方法的知识,可以指导学生读准声母的发音。例如,进行声母 q 的教学,有的教师这样指导学生发音：先用舌头的前部平平地紧贴在口腔上面较硬的地方,然后让气流冲开,摩擦着出来。教师一面讲解,一面示范发音。同时,还借助课文的插图(例如借用"气球"的形象)帮助体会读音。教师在没有使用"硬腭"、"塞擦音"等术语的情况下,就把"送气的舌面清塞擦音"的发音要领说清楚了。

有的教师在教声母 b、p 的教学时,先把一张薄纸用手悬在嘴前,然后进行了如下谈话：

教师：小朋友,听老师发 b 和 p 的音,看纸片有什么变化。
学生：发 b 时纸片不大动,发 p 时纸片动得厉害。
教师：对！小朋友们看得很仔细。发 b 时气流弱,所以纸片不大动；发 p 时气流强,所以纸片动得厉害。你们也想试试吗？现在每人准备一张小纸片,学老师的样

---

① 聂在富.语言文字知识与小学语文教学[M].北京：人民教育出版社,2006：13—14.

子,发 b 和 p 的音。

教师这样教,把"b 不送气"、"p 送气"的知识形象地传递了出来。

我国南方大部分地区的方言中没有翘舌音 zh、ch、sh,而把声母是 zh、ch、sh 的音节读成 z、c、s,如,把"张老师"读成"臧老师","商老师"读成"桑老师"。教师应当运用语音知识进行声母辨正。zh、ch、sh 是"舌尖后音",发声时舌尖平伸翘起和硬腭前部相接触;z、c、s 是"舌尖前音",发声时舌尖平伸抵住上齿背。为帮助学生发好翘舌音 zh、ch、sh,教师除了用发音示范的方法外,还应当运用语音知识指导学生发音。可以让学生先把舌尖放在上齿背发 z、c、s,然后翘起来移动到硬腭前部再发音,对比一下,看发出的声音有什么不同,慢慢调试,逐渐学会发 zh、ch、sh 的音。

(二)韵母发音知识的教学

1. 抓住特点,教好单韵母

单韵母的特点是发音响亮,气流畅通无阻,声音可以延续。但几个单韵母发音之所以有别,就是由于其开口度大小不同,唇形有圆展之分,舌位有前后高低的区别。然而这些是难以对小学生讲清楚的,教学时要注意"口授耳听",要多示范,要正口形,要随时纠正学生的不正确发音。舌面元音发音易混的有两对:(1)o 和 u 都是舌尖后圆唇元音,只是舌位高低不同(即开口度大小不同)。教学时教师要多做口形示范,告诉学生:发 o 时,嘴唇收拢成圆形,大约能放进自己的一个食指,舌后缩,舌根抬起,气流从口中自然而出;发 u 时,口合,唇突出,留一小洞。(2)i 和 ü 均为舌位高、舌尖前元音,只是嘴唇圆展不同,前者展唇,后者圆唇。发 i 时,上下唇呈扁平形,嘴角左右展开。发 ü 时,双唇撮成小圆洞,如果学生不会发 ü,可让先发 i,把音拉长,嘴撮成小圆洞就成 ü 了。

此外,o 的发音不能发成 uo、ao,要告诉学生发单韵母时,可以拉长音,但口形、舌位均不能变化,否则就变成复韵母了。

2. 借助"动程",教好复韵母

复韵母是由两个或两个以上单元音音素组成的复合韵母。发音时,因为所组成的各个单元音的发音不同,所以开口度大小、口形圆展、舌位前后、舌尖高低必然有一个变化过程,语音学上把这个变化过程叫作"动程"。教学复韵母,要注意示范"动程"。要边示范,边引导学生认真听、仔细看,作比较,以体会各个复韵母的发音"动程"。特别要教好第一个复韵母 ai,发单韵母 a 和 i 时,舌位、口形是不变的,发复韵母 ai 时,舌位、口形都有变动,舌位由低到高,由央到前,开口度由大到小,嘴唇由开口到齐齿。而 a、i 两个音要连续快读,不能中断。教好 ai,就突破了复韵母教学的第一关,有助于学生发好其他复韵母的读音。

3. 抓住关键,教好鼻韵母

前、后鼻韵母在《汉语拼音方案》中属复合韵母范畴。既然是复韵母,发音时也要注意"动程"。前、后鼻韵母发音的主要特点是收音时气流从鼻孔而出,起决定性作用的音素是前鼻尾音-n 和后鼻尾音-ng,发好这两个韵尾,是教好前、后鼻韵母的关键。发准鼻韵母的关键在于发准这两个鼻音,它们的发音部位不同,发 n 时,舌尖抵在上齿龈,软腭下垂挡住气流通往口腔的通道,当气流从鼻腔共鸣流出时,舌尖不解除阻碍;发 ng[ŋ]时,舌根部分上抬与软腭

形成阻碍（这时舌尖应该下垂，不可能上伸到齿龈），同时软腭下垂挡住气流通往口腔的通道，当气流从鼻腔共鸣流出时舌根与软腭不解除阻碍。所以说在鼻尾音发完后检验自己的舌头停留在哪个部位就可以知道这个韵母的发音是否准确。这两个音读起来比较困难，可用口语中嗯(n)、嗯(ng)二字的读音引出，教师要多做示范，让学生听准，再模仿着读，就能顺利读准。

4. 韵母发音知识在教学中的运用[①]

运用有关口形、舌位和复韵母、鼻韵母发音知识，可以指导学生读准单韵母、复韵母、鼻韵母的发音。例如，进行单韵母 o 的教学，五指伸出，作收拢状，表示 o 的发音要圆唇。再如，进行 ai 的教学，有的教师这样指导学生发音：先挂出画着两个小孩的挂图，然后教师说"两个小孩，一高一矮"，并利用挂图说明 ai 是由两个字母组成的，发音时前面的字母响亮些，后面的字母轻一些，两个音紧连在一起。

一些方言区的学生对普通话中某些韵母的发音掌握得不好。教师应当运用语音知识进行韵母辨正。有些方言区的学生发不好带鼻音韵尾的音节，把鼻音发成"口鼻音"，也就是没有用鼻音归韵，教师可以让他们读前鼻韵母（如 an），问问他们发音结束时舌尖是否紧贴在上齿龈上；有的方言区把复韵母读得很短促，没有动程，教师可以选取一个复韵母（如 ai）进行发音示范，让学生注意老师口形有无变化，然后告诉学生，ai 的发音是从发 a 的口形逐渐变化到 i 的口形，两个音很自然地结合成一个音。还有的方言区把带前鼻韵尾的音节读成后鼻音韵尾，如，把"人"(ren)读成"reng"，"亲"读成"qing"。教师可以进行发音示范对比，并说明带前鼻音韵尾的音节，发音结束时舌尖紧贴上齿龈；带后鼻音韵尾的音节，发音结束时舌根翘起来，顶在口腔后部（软腭）。

（三）声调知识的教学

1. 声调知识的教学

一个音节除声母、韵母外，一定有一个声调贯穿始终。声调是音节高低升降的变化，它有区别字义的作用。声调包含调值、调类两个方面。调值是指一个声调的实际读音。把调值相同的字归并成类，就叫调类。普通话调值用五度标记法表示为 55、35、214、51，其调类分为四类，依次为阴平(55)、阳平(35)、上声(214)、去声(51)，用符号表示依次为"阴平ˉ、阳平ˊ、上声ˇ、去声ˋ"。这几个符号要让学生认识、理解，并知道它的名称，一般以第一声、第二声、第三声、第四声相称。

教学时，可以按调值挥动手势做提示，练习读准声调。如读一声时食指平滑，读二声时食指上扬，读三声时食指先降后升，读四声时食指下降。使学生明确：一声平，二声扬，三声拐弯，四声降。编歌诀是指导学生学好四声的有效方法。四种声调的实际读法（即调值），对入学不久的一年级小学生不容易说清楚，可以把编歌诀作为讲解的辅助手段。例如：

起音高高一路平（阴平），由中到高往上升（阳平），

先降然后再扬起（上声），由高降到最底层（去声）。

[①] 聂在富. 语言文字知识与小学语文教学[M]. 北京：人民教育出版社，2006：14—15.

2. 声调符号标注位置

在音节里声调符号一律标在主要元音(韵腹)上。教学时,可以采用编歌诀的方式来帮助学生标注声调符号。如,有 a 不放过(即韵母中凡是有 a 的,标在 a 上。如 lao,标在 a 上);没 a 找 o、e(没有 a,但有 o 或 e 的,标在 o 或 e 上。如 lou 标在 o 上,lei 标在 e 上);i、u 并列标在后(i 和 u 并列时,标在后面。如 liu,标在 u 上,gui,标在 i 上);小 ü 碰到 j、q、x、y 就脱帽(去掉点);单个韵母不必说(单个的韵母,当然就标在它上面了)。

3. 声调知识在教学中的运用①

运用语音知识指导学生学好四种声调的发音,经常运用描述的方法是:教师结合具体的语言现象,描述出一个音节的不同变化形式所表示的不同意义,使学生认识什么是声调以及声调的作用。例如,第一课教单韵母 a 时,学生第一次接触声调,教师不能一上来就拿出"声调"的术语。在这种情况下,教师可以运用描述法帮助学生建立起"声调"的概念。例如:

  教师:小朋友们,你们到医院检查嗓子的时候,医生让你张大了嘴发出什么样的声音,你们是怎么发的呀?

  (学生发音:ā)

  教师:如果现在有人同你说话,你没有听清楚,就又发出 a 的声音表示疑问,如果你也用医生检查嗓子时那样发音,说成:"ā,你说什么?"行吗?

  学生:(集体回答)"不行!"

  教师:那么,应该怎么说呢?

  (学生自由试说)

  教师:对!应当说:"á,你说什么?"如果你听到了一件让你感到意外的事情,你用 a 表示很吃惊,这个 a 又怎么发音?(学生会发音 ǎ)如果妈妈嘱咐你在学校好好学习,你用 a 表示答应,这个 a 又怎么发音?(学生发音 à)

进行上述谈话后,教师再作小结:同样是"啊"这个声音,在不同的情况下有不同的读法,不同的读法可以表示不同的意思和不同的感情。a 的四个读法,叫作四个声调,也叫"四声"。

(四)发音知识教学的基本步骤

(1)教师先出示卡片,范读(此环节的目的是让学生看着卡片上的字母,凭借听觉器官,让字母的读音首先在他们的头脑中初步产生印象)。

(2)指导学生读(指导的内容包括口形、发音部位、气息、发音方法等方面。此环节的目的让学生进一步正确掌握字母的读音)。

(3)引导学生看图,借图记住读音(引导的方法是在图画与字母读音之间建立起紧密的联系,使这个联系在学生的头脑中留下比较牢固的印象——学生一旦忘记了字母的读音,让他

---

① 聂在富.语言文字知识与小学语文教学[M].北京:人民教育出版社,2006:15—16.

们看看图或想想图,学生就会立即读出字母的读音)。

(4) 板书字母,指导学生认清字形,看清字母的笔顺及在四线格中的位置。

(5) 将图与字母对照,启发学生借图(指既表音且又表形的图)巩固、记忆字形。

(6) 引导学生区别容易混淆的字母。

(7) 组织学生看书中范字,指导书写(笔顺、位置)。

(8) 要求学生照范字描摹或正确临写。

(9) 引导学生练读四声,利用插图指导学生拼读或练习直呼音节。

(五) 发音知识教学需要注意的问题

1. 指导"读准音"时要正确用图

(1) 要明确"掌握字母读音"与"用图"之间的关系。用图是手段,目的是帮助学生掌握、记住字母读音。因此,教学中教师要抓住主要矛盾,充分利用插图帮助学生记住字母的读音(或字形)。教学中最好不采用由图引出字母读音(或字形)的方法。

(2) 教师引导的语言要准确。有的图意所表示的读音和字母的读音(指呼读音)相同,如b、p、m、g、k等;而更多的图意所表示的是字母的异调读音,如e、ü、f、c、ui、ou、iu等。因此,借图指导记忆字母读音时,教师引导的语言要十分准确且富有启发性。前者可问:字母的(呼)读音和图中所表示的哪个音相同;后者可问:字母的(呼)读音和图中所表示的哪个音相近。

2. 指导"认清形"时要适时板书

要充分发挥板书的说明、示范作用。学生"读准音"之后,教师要先把字母板书在四线格的黑板上,再引导学生认清字形,掌握笔顺及字母所在四线格中的位置。

在卡片上让学生认识字形不科学(看不出笔顺)、不准确(没有四线格,看不出字母所占的位置);让学生认识字形之后再板书,既削弱了板书的作用,浪费了时间,也无法使学生很好地掌握字形。

3. 识、写、练要紧密结合

教学字母时,提倡认识一个就指导写一个,写后就及时指导练习读四声、拼读。实践证明:把识、写、练三者紧密结合,有利于提高学生记忆字母的效果,有利于提高学生拼读音节的能力,符合拼音教学规律及儿童的认知特点。

若把一课中所有的字母识完后再写,写完后再指导学生逐个练习读四声、拼读,就会使识与写分离、写与练脱节,这是违背拼音教学特点的,不利于提高教学效果。

(六) 发音知识教学案例

顾家璋老师教 zh ch sh r(第一课时)[①]

1. 复习检查

(1) 指名学生读小黑板上的 z—zi, c—ci, s—si,要求学生说说 z 和 zi, c 和 ci, s 和 si 在读音上有没有区别。(没有区别)在用处上有什么不同。(z、c、s 是声母,用来拼写音节, zi、ci、si 是整体认读音节,用来给汉字注音)

---

① 顾家璋. 顾家璋低年级教学教例与经验[M]. 北京:人民日报出版社,1996:25—28. 引用时在文字上做了调整。

(2) 找一找 z、zi、c、ci、s、si 中，哪三个可以读成四声，哪三个不能读成四声？为什么？(zi、ci、si 是音节，可以读成四声；z、c、s 是声母，不能读成四声)

(3) 要学生说说 z、c、s 的字形。(像个 2 字 zzz，半个圆圈 ccc，半个 8 字 sss)

(4) 指名学生在黑板上不按次序试默 z、c、s，讲评后，全班默在本子上。

2. 教学新音 zh

出示 zh 的图片，提问"女孩坐在椅子上做什么？"(女孩坐在椅子上织毛衣)教师念织毛衣的织，接着发 zh 的读音三遍，领读三遍，把 zh 写在黑板上，告诉学生：这个音由两个字母合成，前一个是平舌音 z，后一个是舌根音 h(喝)，但 h 在这里不读"喝"，而是表示翘舌音的符号。发 zh 时，要把舌头翘起来顶住上腭。教师示范给学生看，接着念 zh。学生先模仿着念三遍，再分小组轮读。如发现发音不准的学生，要帮助纠正。最后让学生看图，体会一下，图对于记住字形有没有帮助。

告诉学生，zh 这个声母，单念时，要读得响亮，指着 zh 念几遍，拼音时，要读得又轻又短。

然后教学生读课文，指着字母读："zh，织毛衣的织"。学生全会读了，再教图下的整体认读音节 zhi，告诉学生，这个不是声母，而是声母 zh 与韵母-i 拼成的音节，与声母 zh 的读音相同，学会了这个音节，就能认识很多汉字，如织布的织。在有条件的班级中教师还可以启发学生说出更多带 zhi 音的字、词。板书：zhī、zhí、zhǐ、zhì，让学生练习声调，并要求学生说说加了声调符号后，特别韵母-i 的字形有什么变化。(-i 上的一点省略了。)

出示"zh－ú－zhú"的拼式，教师示范拼读，先读 zh，更接连读 ú(采用韵母定调拼读法)拼出 zhú，连拼三遍，要求学生听清楚，然后让学生学习拼读，教师注意听学生的发音，看学生的口形，对拼不准的学生进行个别指导。个别试拼后，小组试拼，全班拼读。最后让学生在 zhu 上加上四声练习。教师帮助学生找找相应的汉字，如"猪"、"竹"、"主"、"住"等。

出示"zh－è－zhè"的拼式，放手让学生试拼，教师注意听音，然后集体练习拼读音节，并读出四声。教师帮助学生试找相应的汉字，如"遮"、"折"、"者"、"这"等。

3. 教学新音 ch

出示 ch 的图片，提问：图片上画着什么？(女孩坐在椅子上吃东西)教师示范发 ch 的呼读音三遍，让学生听准后跟读几遍。然后让学生体会一下，ch 是哪个声母加上一个翘舌动作，该怎么写。板书 ch，组织学生运用各种方法认读。

教师发 zh 和 ch 的音，请学生比较异同。(发 zh 和 ch，舌头都要翘起来，zh，不送气，ch 要送气)学生认读 zh 和 ch 几遍后，指导学生读课文，指着字母读"ch，吃东西的吃"，然后教学整体认读音节 chi，告诉学生，就是吃东西的吃，它和声母 ch 读音相同，但 ch 是声母，chi 是音节。启发学生找一些带 chi 音的字、词，如"吃"、"迟"、"齿"、"翅"。板书 chī、chí、chǐ、chì，让学生练习声调。

出示"ch－á－chá"的拼式，要求学生独立试拼，然后指名试读。读得正确的同学带领全班拼读，组织小组拼读，进行评比。拼读四声，想出汉字，如"插"、"查"、"叉"、"差"等。

出示"ch－ē－chē"的拼式,各人试拼,集体拼读,并读四声,找出相应汉字,如"车"、"扯"、"撤"等。

4. 巩固新音

(1) 用拼音教学卡片复习 z 和 zh、c 和 ch,要求分清平翘舌音。可采用师生对读的方法,如老师连读三遍 z,学生连读三遍 zh,也可小组对读。

(2) 指导学生用拼音小卡片复习。教师读一个音,学生取一张对应的卡片,跟读一遍。

(3) 听音取卡片。教师把 zh、ch、z、c、zhi、chi、si、ci 的卡片挂在黑板上,让学生按老师要求取卡片。如找出"知道"的"知"的音节,"赤豆"的"赤"的音节,"自己"的"自"的音节,或者找出"这"、"刺"、"子"的声母等。

思考与练习

1. 舌尖前音、舌尖中音、舌尖后音之中的"前、中、后"的含义是什么?
2. 什么是发音部位?什么是发音方法?
3. 声母发音部位和发音方法知识在小学语文教学中有什么作用?
4. 小学语文韵母教学中运用韵母知识要注意什么?
5. 小学语文教学中如何运用声调知识指导学生进行声调学习?
6. 在发音教学中,有经验的老师往往编造顺口溜帮助学生记忆,有时也叫学生自己编。这些顺口溜有的根据发音方法编,如:"张大嘴巴 aaa,圆圆嘴巴 ooo,拉扁嘴巴 eee。"有的根据字母的形体编,如:"右下半圆 bbb,右上半圆 ppp。"有的根据教材的插图内容编,如:"写字写字 zzz,刺猬刺猬 ccc。"请你看看小学语文第一册汉语拼音教材,也来编几个拼音教学的顺口溜。
7. 在小学汉语拼音教材中,每个声母、韵母都配有插图,这对开展教学有何帮助?请举例说明。
8. 教学设计:教 a 以及 a 的四声练习。

第三节 音节拼写知识与教学

一、音节的拼读

音节是语音的基本结构单位,一般的音节由声母、韵母和声调组成。拼读音节就是把声母、韵母拼合起来,带上声调,组合成一个音节。拼读音节有这样的要领:"前音轻短后音重,两音相连猛一碰。""前音轻短"是说声母要读得轻些、短些,"后音重"是说韵母要读得响一些,"猛一碰"是指拼读时,声母和韵母之间不能有停顿。

拼读的方法有多种。

1. 两拼法

声母和韵母两个部分相拼。拼音时,声母尽量念得轻而短,紧接着念韵母,快速连续,气流不中断。如：d—a→da(大),l—iang→liang(良)。

2. 三拼法

用声母、介音(韵头 i、u、ü)、韵身(韵母中除去韵头)三个部分相拼。拼音时,三者要连读,要领是："声轻、介短、韵母亮,三音相连很顺当。"如：l—i—ang→liang(良),zh—u—ang→zhuang(庄)。

3. 声介合拼法

先把声母和介音合成一个部分,然后与韵身拼读。如：zhu—ang→zhuang(庄)

4. 直呼音节法

直接读出音节,没有拼读过程。看到一个音节就像看到一个已识的汉字一样,能正确、直接而迅速地读出音节。

二、音节的拼写

请参见《汉语拼音方案》(本书第6页)。

三、音节拼写知识的教学

(一) 拼读音节教学要求

小学汉语拼音教学中,拼音方法多采用两拼法和三拼法。一般不采用声介合拼法,也不专门进行直呼音节法的教学。待学生汉语拼音拼读水平不断提高,在中高年级的一定时段,学生们会各自形成不同程度的直呼音节水平。

小学生学习音节拼读有一个过程,教师要注意示范,适当讲解,引导反复训练。

前面已经说到,和《汉语拼音方案》相比,小学汉语拼音教材中减少了5个复韵母"ia、ua、uo、iao、uai",减少了7个鼻韵母"ian、uan、üan、iang、uang、ueng、iong"。那么怎样弥补呢？变通的办法就是采用三拼的方法。你只要仔细观察就会发现,这12个韵母的韵头都是 i、u、ü,所以碰到相应音节的拼读,用三拼法就可解决问题。

拼读音节时,声调怎么融合进去呢？在目前的小学教学中,不采用音节定调的方法,而是采用韵母定调的方法,即先发声母,然后拼上已带声调的韵母；或先发声母,紧接介音,再拼上带声调的韵母；拼合成声韵调齐全的音节。如：d—à→dà,l—i—áng→liáng。

(二) 拼写音节教学要求

结合小学实际,可让学生在认识书上音节的基础上,逐步领会、学会有关的拼写规则。iou、uei、uen 因为直接教了省写规则,也就减少了记忆内容。至于"ü遇到 j、q、x 两点省略"的规则,老师们有这样的教学口诀："j、q、x 碰到 ü,脱帽行个礼。"

(三) 拼读音节教学基本步骤

以读"ba"为例,教学的基本步骤如下：

1. 看图识词

指导学生看图：一棵桃树,树上长着八个桃子；接着教师顺手用拼音在四线格的黑板上写出音节"ba"；然后教师范读,教学生读,还可以引导学生用"ba"进行扩词练习或说一句话。

2. 分析声、韵、调

首先告诉学生"ba"这个音节是由声母、韵母和声调三部分组成;接着教师拉长发音时间读"b—a→ba",分析出构成这个音节的 b、a 和声调,告诉学生 b 是这个音节的声母,a 是韵母,第一声。

3. 练习拼读音节

按"b"的发音部位,摆好口型,紧接着发韵母"a",前后一口气,挤出 ba。"前音(b)轻短后音(a)重,两音相连接一碰。"

(四) 拼读音节教学案例

顾家漳老师教 ang eng ing ong(第一课时)①

1. 复习检查

出示 an、en、in、un、ün,指名读,分组读,提问:这五个叫什么韵母?(前鼻韵母)它们的发音有什么相同的地方?(它们的尾音都是用舌尖顶住上腭,从鼻子里发出声音来的)集体练习读前鼻韵尾 n。ü、n 跟哪几个声母相拼要省去两点(和 j、q、x 相拼要省去 ü 上两点)

2. 教学新音

(1) 告诉学生,今天要学习后鼻韵母,要发准后鼻韵母,必须先发准后鼻韵尾 ng。

板书 ng。教师发 ng 的本音,范读三遍后,领读,并倾听学生的发音,告诉学生发后鼻韵尾 ng 的方法。(让舌根顶住上腭后部,颤动声带,从鼻孔出声出气,如上海方言里的"鱼"音)接着齐读,分组读,按座位顺序逐个读,要做到每个学生能发准 ng 的本音。

(2) 教学 ang。在发准 ng 本音的基础上,用拼音方法学 ang 的发音。教师在 ng 前加上 a,告诉学生,ang 是由 a 和 ng 合成的。发音时,先把嘴张开,发 a 音,接着发 ng 的本音,就成了 ang 音。教师范读三遍后,领读,个别读,挨个读,了解每个学生掌握发音的情况。

(3) 教学 eng、ing、ong。"eng"由 e 和 ng 合成,ing 由 i 和 ng 合成,ong 由 o 和 ng 合成,教学方法同 ang。

(4) 练习读 ang、eng、ing、ong 的四声。

3. 教学整体认读音节 ying

出示"老鹰"的图片,提问:这是什么?(老鹰)这个词有几个音节?(两个音节)前一个音节是什么?后一个音节是什么?(前一个音节是"老",后一个音节是"鹰")接着认读音节 ying。

练习 ying 的四声,如英、迎、影、硬等。

4. 巩固练习

教师领读几遍新学的后鼻韵母后,指名读,分组读,抽读卡片。

---

① 顾家漳.顾家漳低年级教学教例与经验[M].北京:人民日报出版社,1996:39—41.引用时文字上做了调整。

在学生发准后鼻韵母和认清字形的基础上,出示前后鼻韵母对照的小黑板进行比较:

an——ang en——eng in——ing on——ong

教师范读、领读两遍后,做"猜一猜"的游戏,如教师发 an 音后,问这是什么韵母,再发 eng、ang、en、in、ong、ing、un 等音,让学生讲出是什么韵母。教师发音时可面对学生,也可背对学生,以训练学生的听音能力。接着,教师可任意点一个前鼻韵母或后鼻韵母,叫学生读,听听学生是否分得清,念得准。

5. 小结

这节课,我们学会了后鼻韵母 ang、eng、ing、ong 的读音和整体认读音节 ying,认识了它们的字形,并会读它们的四声。

思考与练习

1. 拼读音节的基本要领是什么?主要方法有哪些?
2. 重读《汉语拼音方案》,理解拼写音节的规则。
3. 在小学汉语拼音教学中,怎样教好两拼法和三拼法?试举例说明。
4. wén jù hé、xiě zì běn,在拼读这几个音节时怎样用好韵母定调法?
5. 教学设计:教学 ai 与 ai 的四声、d、t、n、l 分别与 ai 相拼。(注意:ai 是在学习了单韵母、声母后,第一个出现的复韵母。)

第四节 音变知识与教学

一、音变

在语流中音节与音节、音素与音素、声调与声调之间会相互影响,发生声音的变化,这种变化叫作"音变"。音变一般是语言中的自然现象,在语言表达上没有什么作用,但也有部分音变如轻声、儿化韵等与词义或词性,甚至语法、修辞有关。

(一) 轻声

1. 什么是轻声

在普通话中每个音节都有自己的声调,有些音节由于受到前面音节的影响,使原有的声调变成又轻又短,失去了原有的调值,这种音变现象就叫"轻声"。

轻声是一种语流音变的弱化现象,不是声调以外的一种独立调类。普通话的轻声都是从阴平、阳平、上声、去声四个声调变化来的,变为"无声调音节"。所以,书写时轻声音节不标声调符号。

2. 常见的轻声音节

从语法角度看,常见的轻声音节如下:

(1) 作名词后缀的"子、儿、头、巴、么"读轻声。如:

孩子、盖儿、石头、尾巴、什么

(2) 助词"的、地、得、着、了、过、们"读轻声。如：

绿的叶、慢慢地走、干得好、坐着看、吃过了、同学们

(3) 动词后面表示趋向的"来、去"读轻声。如：

走进来、走出去

(4) 语气词"啊、呢、吧、吗"等读轻声。如：

唱啊、干什么呢、请说吧、对吗

(5) 重叠形式的名词、动词后面一个音节读轻声。如：

星星、宝宝、听听、看看

(6) 表示方位的语素读轻声。如：

桌上、床下、屋里、那边、右面

(7) 量词"个"往往读轻声。如：

一个、每个、这个、哪个、那个

(8) 多数双音节单纯词的第二个音节读轻声。如：

玻璃、萝卜、玫瑰、葫芦

(9) "一"夹在动词之间读轻声；"不"夹在动词或形容词之间、夹在动词补语之间读轻声。如：

看一看、跑一跑、买不买、干不干、高不高、美不美、上不来、站不住

3. 轻声的作用

(1) 能分辨词义。如：

东西 dōngxī（指两个相反的方向）　　　是非 shìfēi（指正确和错误）

东西 dōngxi（指物品或骂人）　　　　　是非 shìfei（指纠纷）

(2) 能改变词性（同时也能区别词义）。如：

买卖 mǎimài（动词，指"买"和"卖"）　　地道 dìdào（名词，指地下通道）

买卖 mǎimai（名词，指经商）　　　　　地道 dìdao（形容词，指纯真无瑕）

(二) 儿化韵

1. 什么是儿化韵

er[ər]本来是一个独立的音节，当它作为词尾附加在别的音节之后，就处于轻读地位，并且由于和前一个音节流利快速地连读而失去独立性，只保持一个卷舌动作，使两个音节融合成一个音节，前一个音节的韵母读音就带上了卷舌色彩。这种语音变化现象就是"儿化"，儿化后的韵母叫"儿化韵"。

2. 儿化的变读规律

(1) 韵母中最后一个元音是 a、o、e、ê、u 的,在发元音的同时卷舌。如：

nǎr 哪儿　　　xiānhuār 鲜花儿　　　fěnmòr 粉末儿　　　xiǎoniǎor 小鸟儿

màimiáor 麦苗儿　　chànggēr 唱歌儿　　bànjiér 半截儿　　niǔkòur 钮扣儿

(2) 韵尾是 i 或 n 的,丢掉韵尾,在发韵腹同时卷舌。如：

拼写形式：xiǎoháir　　实际发音：xiǎohár 小孩儿

拼写形式：dànjuǎnr　　实际发音：dànjuǎr 蛋卷儿

(3) 韵母是 i、ü 的，要在 i、ü 后面加上一个 e，再同时卷舌。如：

拼写形式：yālír　　实际发音：yāliér 鸭梨儿

拼写形式：yǒuqùr　　实际发音：yǒuquèr 有趣儿

(4) 韵母是-i[前]、-i[后]的，加 er 丢-i，如：

拼写形式：guāzǐr　　实际发音：guāzer 瓜子儿

拼写形式：shùzhīr　　实际发音：shùzhēr 树枝儿

(5) 韵母是 in、un 的，丢 n 加 er，如：

拼写形式：jiǎoyìnr　　实际发音：jiǎoyièr 脚印儿

拼写形式：báiyunr　　实际发音：baiyuér 白云儿

(6) 韵尾是 ng 的，丢 ng，韵腹鼻化(即把 ng "化"到韵腹中去，使口腔鼻腔同时共鸣)并卷舌。如：

拼写形式：zhukuangr　　实际发音：zhukuar 竹筐儿

拼写形式：liangfengr　　实际发音：liangfer 凉风儿

3. 儿化的作用

在普通话里，儿化不只是一种语音现象，它还有区别和表达感情的作用。

(1) 区别字义：

眼(眼睛)　眼儿(小孔)　信(信件)　信儿(口信，消息)

(2) 区分词性：

盖(动词)　盖儿(名词)　尖(形容词)　尖儿(名词)

(3) 表示感情：

表示细小、亲切、喜爱的感情色彩：小猫儿　小瓶儿　孙女儿

表示厌恶、不快、鄙弃的感情色彩：小偷儿　破烂儿　没门儿

(三) 语气词"啊"的变音

语气词"啊"是零声母音节，位于句末。在语言中它常常会受到前面一个音节最后一个音素的影响而产生变化，使"啊"变读为"呀"、"哇"、"哪"等。这种变化不是随意的而是有一定规律的。

(1) 前面音节末尾的音素是 a、o、e、ê、i、ü 时，"啊"变读 ya，也可直接写作"呀"。如：

他有胆子真大(dà)啊(呀)！　　怎么不写(xiě)啊(呀)？

(2) 前面音节末尾的音素是 u 或 ao 时，"啊"变读 wa，也可直接写作"哇"。如：

为什么哭(kū)啊(哇)？　　多么可笑(xiào)啊(哇)！

(3) 前面音节末尾的音素是 n 时，"啊"变读 na，也可直接写作"哪"。如：

这面红旗多么鲜艳(yàn)啊(哪)！　　我看不见(jiàn)啊(哪)！

(4) 前面音节末尾的音素是 ng 时，"啊"读 nga，没有这个汉字，仍写作"啊"。如：

大家尽情地唱(chàng)啊(nga)！　　这么做行不行(xíng)啊(nga)？

(5) 前面音节末尾的音素是-i[后]或 er 时，"啊"读 ra，没有这个汉字，仍写作"啊"。如：

这是怎么回事(shì)啊(ra)！　　同志(zhì)啊(ra)！

(6) 前面音节末尾的音素是-i[前]时，"啊"读 za，没有这个汉字，仍写作"啊"。如：

跟你说过多少次(cì)啊(za)！　多么好的字(zì)啊(za)！

(四) 上声变调

上声在阴平、阳平、上声、去声前都会产生变调，读完全的上声原调的机会很少，只有在单念或处在词语、句子的末尾才有可能读原调。

(1) 上声在阴平、阳平、去声、轻声前，即在非上声前，丢掉后半段"14"上升的尾巴，调值由214变为半上声211，变调调值描写为214—211。

例如：

(上声＋阴平)百般 baiban　　摆脱 baituo　　保温 baowen

(上声＋阳平)祖国 zuguo　　旅行 lüxing　　导游 daoyou

(上声＋去声)广大 guangda　讨论 taolun　　挑战 tiaozhan

上声在轻声前调值也变成半上声211。

例如：矮子、斧子、奶奶、姐姐、尾巴、老婆、耳朵、马虎、口袋、伙计

(2) 两个上声相连，前一个上声的调值变为35，即阳平。例如：

(上声＋上声)懒散　手指　母语　海岛　旅馆　广场

(五) "一"、"七"及"八"、"不"的音变

普通话还有"一"、"七"、"八"、"不"的变调。由于普通话中"七"、"八"已经趋向于不变调，学习普通话只要求掌握"一"、"不"的变调。"一"的单字调是阴平声55，"不"的单字调是去声51，在单念或处在词句末尾的时候，不变调。

1. "一"的音变

(1) 在去声音节前调值变为35，跟阳平的调值一样。如：

一半　一旦　一定　一度　一概　一共

(2) 在阴平、阳平、上声前，即在非去声前，调值变为51，跟去声的调值一样。如：

(阴平前)一般　一边　一端　一经　一瞥　一身　一生　一天　一些

(阳平前)一连　一齐　一如　一时　一同　一头　一行　一直　一群

(上声前)一举　一口　一览　一起　一手　一体　一统　一早　一准

(3) 当"一"作为序数表示"第一"时不变调。

例如："一楼"的"一"不变调，表示"第一楼"或"第一层楼"，而变调表示"全楼"。"一连"的"一"不变调表示"第一连"，而变调则表示"全连"，副词"一连"中的"一"也变调，如"一连五天"。

2. "不"的音变

"不"字只有一种变调。当"不"在去声音节前调值变为35，跟阳平的调值一样。如：

不必　不变　不便　不测　不错　不待　不要　不但　不定

二、音变知识的教学[①]

在特定语言环境中，有些字的读音发生了变化。教材里有时候也会作相应的处理。例如：

[①] 聂在富.语言文字知识与小学语文教学[M].北京：人民教育出版社，2006：21—22.

"稻子熟了,黄澄澄的","澄"字教材中注音是 dēng,字典中没有 dēng 的读音;又如,"我知道自己错了,脸上热辣辣的","辣"字注音是 lā,字典中也没有 lā 的读音。有些教师对上面的这种现象觉得不好理解,在教学中遇到这种情况不知道应当怎样向学生解释。

首先要明确,此时教材中所注的不是它们的固定读音,所以字典中找不到这样的读音。这是在特定的语言环境中临时产生的语音现象,这种现象在现代汉语中较为常见,如下列词语:

蓝盈盈　绿油油　红彤彤　黑沉沉　黑洞洞　金煌煌　明晃晃　灰蒙蒙
亮堂堂　沉甸甸　软绵绵　乱蓬蓬　乱腾腾　湿淋淋　湿漉漉　火辣辣
血糊糊　文绉绉　懒洋洋　慢腾腾　热腾腾　乐滋滋　冷飕飕　轻飘飘
满登登　白生生　灰溜溜

这类词语是由一个单音的语素加上一个叠音成分构成的。从构词方式上看,属于附加式合成词,前面是"词根",后面加一个叠音的后缀。具体地说,有如下几个特点:

(1) 充当词缀的叠音语素,意义虚化并发生音变,不论原来是什么声调,都要读阴平。上面列举了 27 个这类词语,最后 6 个词语后面的叠音语素,本来即读阴平;前面 21 个词语后面的叠音语素,其原调是阳平、上声或去声,但是在这里充当了叠音后缀,都发生了音变,都要读作阴平。

(2) 这类词语中前面的单音语素,大多数是单音的形容词,如"黄"、"绿"、"黑"、"热"、"软"、"慢",也有的是由单音的名词或动词加上叠音语素构成的,如"血淋淋"、"水汪汪"、"闹哄哄"。

(3) 这类词语中的单音语素,一般也可以单独构成形容词,可是,在加上叠音语素构成合成词后,词义加深,表现力增强,造句功能也发生了变化。例如,"绿油油"就比单独一个"绿"字显得鲜明生动;从造句来看,可以说"地里的庄稼绿油油的",但不能说"地里的庄稼绿的",可以说"地里的庄稼很绿",但不如说"地里的庄稼绿油油的"更富有表现力。

(4) 这类词语具有明显的口语色彩。文学作品中有一些类似的词语,是仿照这类口头词语的构词方式由作家创造的,这类词语具有明显的书面语色彩,后面的叠音成分仍按原调读,不变阴平,如"白皑皑"(báiáiái)、"金灿灿"(jīncàncàn)、"乐陶陶"(lètáotáo)。

(5) 这种语音现象在现代汉语中不够稳定,这类词语中有一些读音正处在变化之中,其叠音语素不再变读阴平,而按原调来读。

教师在教学中遇到这类词语,可以从词义和读音两个方面向学生作一些说明。词义方面,可以说:有了后面的这两个字,词显得生动形象,能够把意思表达得更好,如,"绿油油"能使人觉得绿色很浓,绿得很有光泽,比单独说一个"绿"字要生动得多。读音方面,如果遇到非阴平字变读阴平的情况,可以向学生说明:这个字用在这里和平常的读法不一样,要读第一声,如,"黄澄澄"的"澄",平常读音是 chéng 或 dèng,在这里要读 dēng。如果叠音成分恰好是阴平字,就不需要说明了,如"白花花"、"暖烘烘"、"紧绷绷"、"甜津津"、"笑眯眯"等。

思考与练习

1. 什么是音变？普通话音变主要包括哪些现象？
2. 什么是儿化？举例说明儿化的作用。
3. 语气词"啊"、"呀"、"哇"、"哪"没有意义上的区别，写作时可以任意选用吗？
4. 上声最主要的变调有哪些？请举例说明。
5. "一"、"不"的变调有哪些？请举例说明。
6. 如果不掌握轻声词会不会影响交际？
7. 下面的文章是小学一年级课文《小海马》，请运用音变知识，读准轻声、儿化音、上声变调、"一"的音变等，读好全文。

小海马

我叫小海马。我生下来的时候，很小很小，像一颗小花子儿。妈妈亲一亲，把我抱给爸爸，爸爸亲一亲，把我抱进他的口袋里。

爸爸的口袋像摇篮，又暖和又舒服。我在爸爸的口袋里，做了好多美丽的梦。等我长大了，头像马，身体像虾，变成会游水的小海马。

第五节　朗读知识与教学

一、朗读知识

（一）什么是朗读

朗读是一种有声语言的艺术，是借助语音形式生动形象地表达作品思想内容的言语活动，是口头的语言艺术。书面语言是用静止的文字把意义反映在书面上，让人们用视觉来理解；朗读则是利用语音的各种手段传情达意，让人们用听觉来理解。但朗读不是机械地把文字变成声音，而是要求朗读者把握文章的思想内容，用普通话正确、流利、有感情地把文章读出来，从而更好地传情达意。

（二）朗读的基本要求

朗读的基本要求是正确、流利、有感情地表达作者的思想。所谓正确，就是用普通话标准音朗读，不能用方言，同时要注意不掉字、不添字、不改字、不读错字音。流利，就是要读得连贯自然，不结结巴巴、不颠三倒四、不重复。有感情是要在掌握文章中心思想的前提下，根据感情线索的发展变化，恰当地运用语调中的语速、重音、停顿等因素，准确地表现爱慕、憎恨、激动、感激、厌恶、欣喜、悲伤等不同的感情。在小学语文教学中，我们主要关注的是重音和停顿。

1. 重音

重音是朗读时某些音节或词语加重读音的现象，有词重音和语句重音两种，平时教学中所说的重音是指语句重音。语句重音是指句子中词语的重读，又分为语法重音和强调重音两种，强调重音也叫逻辑重音。

（1）语法重音。语法重音是按语言习惯自然重读的音节。这些重读的音节大都是按照平时的语言规律确定的。一般来说，语法重音不带特别强调的色彩。在结构简单的短句中，谓语要重读,如,"风停了,雨住了,太阳出来了"。在结构比较复杂的句子中,定语、状语、补语要重读,这些就是语法重音。

(2) 强调重音。强调重音指的是为了表示某种特殊的感情和强调某种特殊意义而故意说得重一些的音,目的在于引起听者注意自己所要强调的某个部分。语句在什么地方该用强调重音并没有固定的规律,而是由说话的环境、内容和感情影响的。同一句话,强调重音不同,表达的意思也往往不同,例如:

我去过上海。(回答"谁去过上海?")

我去过上海。(回答"你去没去过上海?")

我去过上海。(回答"北京、上海等地,你去过哪儿?")

关于重音,还有两点需要说明:

第一,所谓"重音",并不单纯是把音读得重一些。重音,就其实质来说,主要是音强现象,一般是加强力度,但有的重音却要轻轻地读。有人把加强力度的重音叫作"重读重音",而把轻轻读的重音叫作"轻读重音"。不论"重读重音"还是"轻读重音"都与音长有密切的关系,凡重读音,势必要延伸音长,放慢语速。例如,在读"她脸很清秀,可是眼睛瞎了"(《月光曲》)这句话时,"瞎"字就要作轻读重音来处理,字音要延长,语速要放慢。

第二,逻辑重音经常同语法重音相重合,即同一个重音,既是语法重音也是逻辑重音。如前例"眼睛瞎了",按语法结构说,"瞎"是谓语,是语法重音,按表达感情来说,它又是逻辑重音。

2. 停顿

停顿是指进行言语活动时,在词语或句子之间声音上的间歇。实际上是语句和词语之间时间上的间歇。停顿可以分为以下三种:

(1) 结构停顿:题目＞段落＞自然段＞层次＞句子。

(2) 语法停顿:语法停顿是表示句子和句子,意群和意群之间的停顿,分为以下两种。

① 句法停顿。用标点符号表示的句法停顿,时间长短不一,大体上是这样的公式:句号(包括问号感叹号)＞冒号＞分号＞逗号＞顿号。

② 意群停顿。往往有十几个或更多的词,在这些词里,有的关系比较密切,有的关系比较疏远。一些关系密切的词可以结合成一组,另一些关系密切的词也可以结合成一组,这一组一组的词在语言进行中就自然分成了一个个的小段落。这种由于语义上的要求而划分的小段落,就叫"意群"。

为了分清单位,使语义鲜明,在意群和意群之间往往要求有适当的停顿。这种停顿一般都不用标点符号表示出来。但不管怎样变化,作为语法停顿的一种,意群和意群之间的停顿总要受句法制约。如,一般都停顿在较长的主语和谓语之间,动词和较长的宾语之间,较长的附加成分和中心语之间,较长的联合成分之间。

(3) 强调停顿。为了强调某个词语或突出某种感情所运用的停顿,叫强调停顿。这种停顿不是由语句之间的逻辑关系决定的,而是由说话人的意图和情绪决定的,所以也有人叫"感情停顿"或"心理停顿"。

由于每个人说话的意图和情绪是变化多端的,因此强调停顿没有确定的规律。它可以跟语法停顿一致,即强调停顿的地方正是语法停顿的地方;也可以跟语法停顿不一致,即语法上不应该停顿的地方,为了强调刚刚说过或将要说到的词语,也可以停顿。停顿和语速(说话吐字的快慢)有密切关系,一般说话快的时候,停顿可以适当减少,说话慢的时候,停顿可以适当增加。

二、朗读知识的教学

在小学语文教学中教师运用朗读知识指导教学会给教学增添不少色彩,聂在富对此有很好的论述[1]:

运用朗读知识指导朗读,经常需要做两件事:一是激发学生倾注感情,二是指导学生运用技巧。激发学生倾注感情,主要是通过感知生动的描写以及恰当的用词,指导学生感受文章的形象,如身临其境,读起来可以心驰神往;指导学生运用技巧,主要是通过理解文章的思路,弄清语句之间的关系,读起来可以自然地分出轻重缓急。在完成"两种感受"的基础上,学生形成了内心视像和内在语流,朗读就可以成为情感的自然流露。语言好像出自学生自己之口。

例如:

桂林的山真奇呀,一座座拔地而起,各不相连,像老人,像巨象,像骆驼,奇峰罗列,形态万千。(《桂林山水》)

朗读好这段话,引导学生感受形象,主要是想象"拔地而起"、"形态万千"是一种什么情感;引导学生了解句子之间的关系,理解"奇"是全句的纲,"拔地而起"、"形态万千"是全句的两层意思,朗读时要突出"奇"字,在"各不相连"后作较大的停顿。

再如:

杨科已经进了食具间。他每走一步都非常小心,但是恐惧愈来愈紧地抓住了他。在草堆后面,他像在自己家里一样自在,可是在这儿,他觉得自己好像是闯进了笼子的小动物。夜静得可怕,月光偏偏照在杨科身上。杨科跪在小提琴前面,抬起头,望着心爱的小提琴。(《小音乐家杨科》)

朗读好这段话,重点是要找出重读词语和逻辑停顿的位置,设计好指导学生朗读的方法步骤。有的教师是这样指导的:

教师:这段话表现了小杨科怎样的心情?
学生:恐惧,热爱小提琴。
教师:用什么样的语气来朗读才能表现出小杨科的心情?
学生:较快的节奏,较低的语调。
教师:好,请你小声读一下体会体会。
教师:你认为哪些词语应该重读?
学生:已经、非常、恐惧、抓、闯进、偏偏、心爱的小提琴。
教师:请某同学把这段课文再读一下。

---

[1] 聂在富.语言文字知识与小学语文教学[M].北京:人民教育出版社,2006:17—18.

思考与练习

1. 朗读在小学教学中有何重要性？
2. 小学生朗读的要求是什么？
3. 小学生朗读会有下列情况发生，你觉得如何？有哪些修正的办法？
（1）放开嗓子大声叫。
（2）有固定的节奏。
（3）凡是要强调的词句一律加重音量读。
（4）按照标点符号的提示决定停顿的长短。
（5）如表演般朗读文中的人物语言。
4. 朗读教学中会根据讲读的需要用到各种形式的朗读方法，如：指名个别读、男生读、女生读、分角色读、师生对读、齐读等。请举例说明你在教学中会如何合理运用各种朗读形式。
5. 下面的文章是小学二年级课文《狼和小羊》，说说你打算如何示范朗读，并怎样指导学生朗读。

狼和小羊

狼来到小溪边，看见小羊正在那儿喝水。

狼非常想吃小羊，就故意找借口，说："你把我喝的水弄脏了！你安的什么心？"

小羊吃了一惊，温和地说："我怎么会把您喝的水弄脏呢？您站在上游，水是从您那儿流到我这儿来的，不是从我这儿流到您那儿去的。"

狼气势汹汹地说："就算这样吧，你总是个坏家伙！我听说，去年你在背地里说我的坏话。"

可怜的小羊喊道："啊，亲爱的狼先生，那是不会有的事，去年，我还没有生下来哪！"

狼不想再争辩了，龇牙咧嘴，逼近小羊，大声喊道："你这个讨厌的小坏蛋！说我坏话的不是你就是你爸爸，反正都一样！"说着就往小羊身上扑去。

第二章 汉字知识与教学

学习目标

1. 了解汉字的性质,掌握汉字的特征。
2. 了解汉字的起源与字体演变过程,掌握汉字字体教学的要求、内容与策略。
3. 认识汉字字形的结构方式与结构系统,掌握汉字字形教学的要求、内容与策略。
4. 认识汉字的排检法,掌握汉字检字法教学的要求、内容与策略。
5. 认识汉字的规范化、标准化的内涵,掌握小学生错别字的类型、特点与原因,以及减少错别字的教学策略。

第一节 汉字知识概述

一、汉字的性质

一般而言,文字是记录有声语言的书写符号系统。文字把有声的听觉符号转换为无声的视觉符号,打破了信息传播的时空限制,扩大了语言的使用范围,是交际的重要工具。

汉字与古埃及的圣书文字、美索不达米亚的楔形文字一样,是世界上最古老的文字。古埃及的圣书文字、美索不达米亚的楔形文字早已消亡,唯有汉字还"活着",还在使用着,是中国历史文化的活化石。一些学者认为,仅将汉字视为记录有声语言的书写符号系统是不够的,汉字是汉族人创造的,[①]是汉民族思维和交际的重要工具。[②]

二、汉字的特点

(一) 汉字是表意文字

根据符号与音义的关系,可以将文字分为表意文字与表音文字。表意文字记录的是语素,表音文字记录的是音素。

索绪尔将文字体系分为表意体系和表音体系,并清晰阐述了两种体系的区别:

表意体系,一个词只用一个符号表示,而这个符号却与词赖以构成的声音无关。这个符号和整个词发生关系,因此也就间接地和它所表达的观念发生关系。这种体系的典范例子就

---

① 这里的"汉族人"是广义的,包括先后融合的其他民族。
② 申小龙.汉语与中国文化[M].上海:复旦大学出版社,2003:413.

汉字。

通常所说的"表音体系",它的目的是要把词中一连串连续的声音模写出来。表音文字有时是音节的,有时是字母的,即以言语中不能再缩减的要素为基础的。[1]

汉字作为表意文字,表达观念,并不依附语音。古汉字字形表意的直观程度很高,看到 ☉ ,就能从字形上联想到太阳,看到 ㄍ ,就能从"一个人靠在树上"联想开去。随着字体的不断发展演变与形声字的大量出现,字形表意的直观程度有所降低,但是形声字的形旁仍然在一定程度上标识着意义的类属。

(二) 汉字是"音、形、义"三位一体

汉字作为表意文字,在语音上表示音节,不表示音素。音节是汉语语音中最小的结构单位,一般由声母、韵母、声调三部分组成。音素是构成音节的最小单位。一个汉字无论笔画多少,一般只表示一个音节。儿化中"儿"是个例外,它不表示一个独立的音节。读儿化音时,在前面一个音节的韵母末尾加个卷舌动作就可以了,而不把"儿"当作一个独立的音节来读,如"小哥儿",并不读作"xiǎo gē ér",而是读作"xiǎo gēr",所以这个词由三个汉字组成,但是音节只有两个。

汉字记录语言的基本单位是语素,与表音文字以词为单位不同。语素是最小的语音、语义的结合体,以单音节为主要形式,一个语素以一个汉字表示。由于语素是语音、语义的结合体,所以一个汉字既有"形",又有"音"、"义",是"形音义"三位一体的。

汉字的音、形、义关系复杂,存在多种情况,具体如下。

1. 一音一形

一音一形,指的是汉字体系中的单音字现象,即一个汉字只有一种读音,而且没有其他的字和它读音相同。如甭(béng)、暖(nuǎn)、水(shuǐ)等。

2. 一音多形

一音多形,指的是汉字体系中的同音字现象,即几个不同的字表示一个相同的音节,即字形不同,读音相同。如"加、佳、枷、嘉、葭、镓"等,字形不同,读音相同。

3. 多音一形

多音一形,指的是汉字体系中的多音字现象,即一个汉字有两种以上的读音,代表不同的音节。如"降",在"降低"中读作 jiàng,在"投降"中读作 xiáng。

4. 多音一义

多音一义,指的是汉字体系中的多音字,虽然读音不同,但是字义相同。如熟,既可读作 shú,又可读作 shóu,在字典里,这两个读音对应的义项完全相同。

5. 多音多义

多音多义,指的是汉字体系中的多音字,读音不同,字义亦不同。如"属",在"军属"中读作 shǔ,意指"亲属、家属";在"属望"中读作 zhǔ,表示"意念集中于一点"。

(三) 汉字是平面方块型文字

从字形来看,汉字属于平面方块型文字。笔画是汉字字形的基本构件,一个汉字一般有多

---

[1] [瑞士]索绪尔. 普通语言学教程[M]. 高名凯,译. 北京:商务印书馆,2005:50—51.

个笔画构成,这些笔画在一个平面内或相倚或相对,或相交或包围,沿着左右、上下展开,并大致容纳在一个方格内。汉字的合体字一般由不同的部件组成,这些部件左右相合、内外相合、上下相合,组成一个个规整的方块字。拼音文字一般是线型文字,几个字母一个挨着一个书写,像排在一条直线上,位置的组合仅在左右方向上展开。汉字作为平面方块型文字,其笔画与部件不仅有着左右、上下、内外等多种位置组合,而且笔画的长短、笔画间与部件间的距离富有变化,形成汉字复杂多样的特点。

(四) 汉字不实行分词连写

表音文字在连续书写时,运用连词书写的方式,即一个词内各字母连着写,词与词之间以空格隔开。汉字在连续书写时,一个字接着一个字写,词与词之间不用空格分隔。如"我是一个学生"这句话中共有六个汉字,五个词,即"我"、"是"、"一"、"个"、"学生",每个词之间并没有空格,不像英语"I am a student",四个词"I"、"am"、"a"、"student",词与词之间均有空格。汉字不实行分词连写,划分语素比较容易,划分词就要困难一些,这给汉字的阅读和学习,以及汉字的编码与信息处理带来了一定的障碍。

思考与练习

1. 与拼音文字相比,汉字有哪些特点?
2. 为什么说汉字是汉民族思维与交际的重要工具?
3. 请简述音节、语素与词的关系。

第二节 汉字字体与教学

一、汉字的起源

如果认同刻画符号是汉字的萌芽,那么汉字起源于距今八千多年的贾湖文化、大地湾文化和大麦地文化。人们在河南舞阳县贾湖遗址出土的 14 件龟甲、骨器、石器与陶器上发现了 16 个刻画符号(见图 2-1)。这些刻画符号与殷墟甲骨文以及现行的文字结构十分相似。[①] 甘肃秦安大地湾遗址出土的陶器上出现了十几种彩绘符号,有些符号与西安半坡村仰韶遗址发现的刻画符号完全一致。宁夏大麦地岩画中发现了许多抽象符号,这些符号具有中国原始文字的基本象形样态。[②]

在远古时期,作为汉字萌芽的刻画符号大致有三类:第一类是简单的线条,大致对应后世的数字;第二类是具体的图形,大致对应某一种事物;第三类是抽象的几何图案,是某种象征或起标记的作用。在距今四千多年的马家窑文化出土的陶器上,就有上述三种类型的刻画符号

---

① 李运富. 汉字学新论[M]. 北京: 北京师范大学出版社,2012: 25.
② 李运富. 汉字学新论[M]. 北京: 北京师范大学出版社,2012: 23—26.

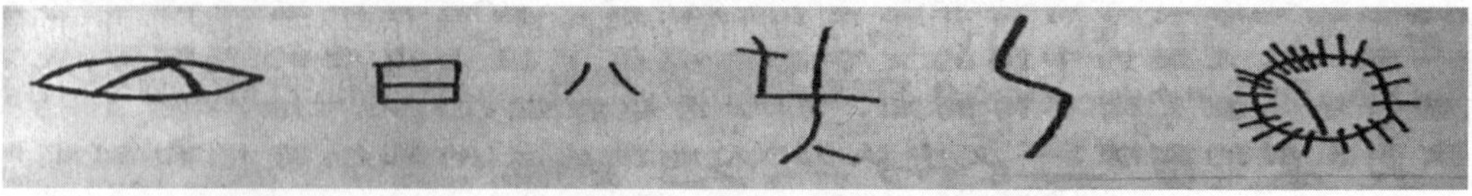

图 2-1　河南舞阳县贾湖遗址上发现的部分刻画符号①

(见图 2-2)。下图中的标明数字 1 的符号表示"十",标明数字 4 的符号表示"五",标明数字 5、10、14、15、16、17、18、19、51 的符号都表示数字。标明数字 8、9、20、21、22、23、26、27 等的符号表示事物。标明数字 49、52、53、55、57、62 等的符号大致也是象征或起标记的作用。

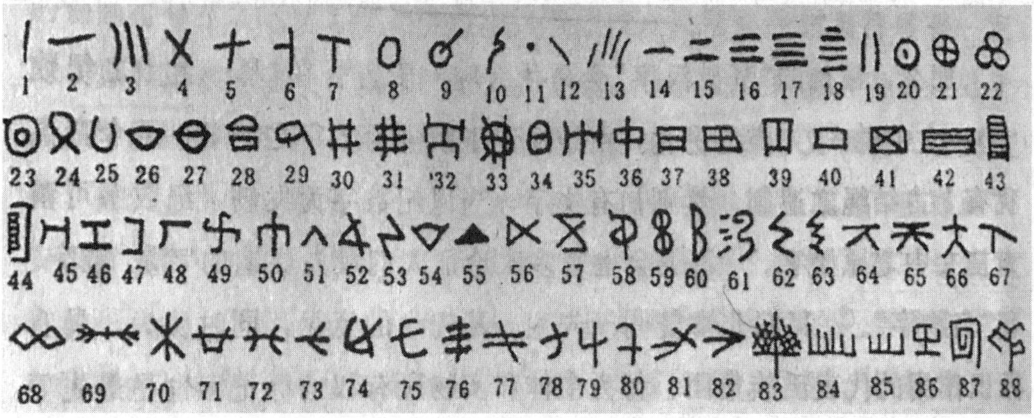

图 2-2　马家窑文化陶器刻画符号②

现代能够看到的最早的成批古汉字材料,是河南安阳出土的甲骨文。这批文字距今已有三千多年,数量在三千五百个左右。从构字方法来看,象形、会意、形声、假借等都有运用,在一些甲骨上还有毛笔书写的痕迹,这表明,八千多年前的刻画符号经过近五千年的发展,已经演变为相当发达的文字了。③

二、汉字字体的演变

字体指同一种文字的不同书写体式。由于书写工具与书写载体的不同,一种文字往往有多种不同的书写体式,它们在笔画的具体样态、组构布局与字的整体形态上各有特点,所以我们也可以把字体称作为书写风格。

汉字的字体演变,主要经历了甲骨文、金文、大篆(六国古文)、小篆、隶书、楷书、草书、行书等几个发展阶段。商代主要用甲骨文;周代主要用金文;春秋战国主要用大篆和六国古文;秦代主要用小篆和隶书;汉代主要用隶书,草书和行书也开始流行;魏晋到现代,主要用楷书,以行书为辅助字体。④

---

① 李运富.汉字学新论[M].北京:北京师范大学出版社,2012:25.
② 李运富.汉字学新论[M].北京:北京师范大学出版社,2012:28.
③ 胡裕树.现代汉语[M].上海:上海教育出版社,2011:135.
④ 胡裕树.现代汉语[M].上海:上海教育出版社,2011:135.

（一）甲骨文

甲骨文（见图2-3）是三千多年前商代通用的字体。当时的王室贵族把有关占卜活动的文字刻在龟甲和兽骨上，因此这些文字被称为"甲骨文"。甲骨文由原始的刻画符号发展而来，因而图画特征较明显，它们大都是刀刻而成的，所以线条纤细，笔道直硬，结构较松散，外形不规整。

图2-3 甲骨文①

（二）金文

金文起源于殷商，盛行于周代，主要指西周时期铸在青铜器上的文字，大都用于记录礼典、征伐、约契等。因为古人把青铜称为"金"，所以青铜器上的文字被称为"金文"；又因为古人将铜器统起来称为"钟鼎"，因此金文又叫"钟鼎文"。西周时期青铜上的文字特征较一致，人们就用"金文"来指称这一时期典型的文字字体。

金文字（见图2-4）有凹凸之分。凹为刀刻，是阴文；凸为阳文，先刀刻，后浇铸。虽然金文与甲骨文的文字体系是一脉相承的，但是由于书写工具不同，两者的书写体式呈现出较大的差异。甲骨文是刀刻而成的，所以笔画细瘦，由于金文刻后还有浇铸，因而线条厚实，笔道圆转，结构紧凑，外形规则，图画特征明显减少，文字特征进一步加强。

（三）大篆和六国古文

大篆是春秋战国时期秦国流行的字体。大篆由西周金文直接发展而来，字体风格与金文十分接近，但字体更加整齐匀称，笔画粗细一致。大篆字体中最负盛名的是"石鼓文"（见图2-5）。石鼓文是我国现存最早的石刻文字，以刻在鼓形石上而得名，它集大篆之成，开小篆之先河，结

图2-4 金文 《司母戊方鼎铭》②

---

① 杨建峰.中国传世书法（上卷）[M].北京：外文出版社，2011：2.
② 杨建峰.中国传世书法（上卷）[M].北京：外文出版社，2011：5.

构方正,匀称适中,用笔起止均为藏锋,圆融浑劲。

六国古文是战国时期秦以外的其他诸侯国使用的汉字字体。战国时期,诸侯割据,连年战乱,造成政治上的分裂和汉字字体的分化。同一个字在不同的诸侯国有不同的写法,在一国内部有时还存在写法上的差异。大致来说,六国古文已经有了笔画特征,便于毛笔书写,往往下笔重,收笔轻。[①]

图2-5 石鼓文[②]　　　　　图2-6 小篆 《峄山刻石》[③]

(四) 小篆

小篆(见图2-6)是秦始皇实行"书同文"政策时颁布的标准字体。秦始皇统一六国后,各地联系与交往日益密切,产生了统一汉字的需求。当时的汉字整理以大篆为基础,废弃了六国古文中与大篆差异很大的一些字,简化了大篆的笔画与结构,固定了偏旁的形体、位置以及汉字的书写笔数,使文字更加简易、规范。与以前的各种字体相比,小篆笔画带弧形,粗细更均匀,分布疏密有致,结构规范,整体呈长圆态势。

(五) 隶书

隶书(见图2-7),起源于战国后期,在汉代趋于成熟,是以"点、横、掠、波磔"等点画结构横向铺开为书写特征的一种字体。秦代推行小篆,虽然小篆的结构要比大篆简单、规整,但其圆转与连绵不断的笔画,书写起来并不方便。一些下层的办事人员,为了快速方便地抄写文书,不完全按照小篆的笔法,而是借鉴民间的一些简体字,对小篆作了一番改造,形成了一种新

[①] 李运富.汉字学新论[M].北京:北京师范大学出版社,2012:122.
[②] 杨建峰.中国传世书法(上卷)[M].北京:外文出版社,2011:11.
[③] 小篆鼻祖李斯峄山刻石全本.http://www.360doc.com/content/14/1219/17/535749_434192572.shtml.2016-11-03.

的字体。这种字体主要供下层官吏、差役使用,因而被称为隶书。①

　　隶书按发展阶段可分为秦隶与汉隶。秦隶又叫古隶,处于隶书发展的初期阶段,带有古文字的特征,点画用笔不突出,波磔不明显。汉隶又叫今隶,是隶书发展的成熟阶段,对小篆的笔画、笔势、结构作了大幅改造,形成了汉字的基本笔画,书写时蚕头雁尾,体式扁方,结构舒展。从秦隶到汉隶,古代汉字的图画特征完全消失了,汉字完全符号化了,所以隶书是汉字发展史上的一个转折点,是古今汉字的分水岭。②

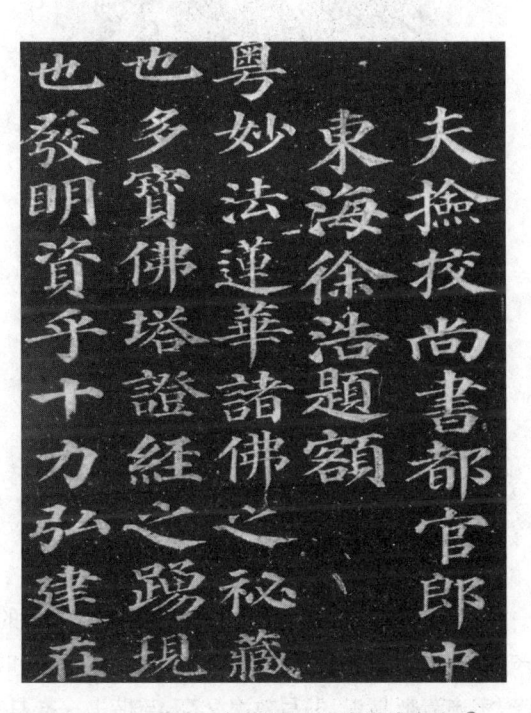

图 2-7　隶书　《曹全碑》③　　　　　　　图 2-8　楷书　颜真卿　《多宝塔感应碑》④

(六) 楷书

　　楷书(见图 2-8)又叫真书、正书,始于西汉,成熟于东汉末年,盛行于魏晋,是现代通行的字体。楷书形体方正,笔画平直,典雅端正。它由隶书演变而来,结构与隶书基本相同,书写特征上稍有差异。如横笔不再上挑,改撇为尖斜向下,增加了斜勾、挑、折等基本笔画。⑤ 现在的印刷体最常用的是宋体、仿宋体、楷体等。

(七) 草书

　　草书是汉代在隶书基础上形成的一种字体。草书分为章草、今草、狂草。章草与隶书的关系密切,字体中保留了隶书的某些波势特征,笔画相连,但字字独立。今草,产生于东汉末年,

---

① 张斌. 现代汉语[M]. 北京:中央广播电视大学出版社. 1988:102.
② 张斌. 现代汉语[M]. 北京:中央广播电视大学出版社. 1988:102—103.
③ 杨建峰. 中国传世书法(上卷)[M]. 北京:外文出版社,2011:39.
④ 杨建峰. 中国传世书法(上卷)[M]. 北京:外文出版社,2011:144.
⑤ 李运富. 汉字学新论[M]. 北京:北京师范大学出版社,2012:122.

是楷书的快写体,不但笔画相连,而且字字相连,书写潦草。狂草(见图2-9)产生于唐代,比今草更潦草、更简化,让人难以辨认。草书打破了汉字的方块形体和结构系统,把笔画与偏旁变成一笔连写的符号,能加快书写的速度,但是由于它太难辨认,所以逐渐失去了记录日常生活的实用功能,成为了一种书法艺术。

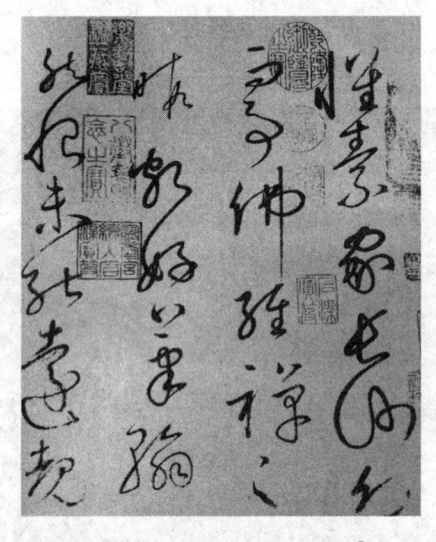

图2-9 狂草 怀素 《自叙帖》①　　　图2-10 行书 王羲之 《七佛圣教序》②

(八) 行书

行书(见图2-10)是介于今草和楷书之间的一种字体,是草书的楷化或楷书的草化。它产生于东汉,由隶书简化而来。行书兼具草书和楷书的优点,近草书但不放纵,近楷书但不拘谨,字迹清晰易识,书写效率又高,与楷书一样具有很高的实用价值。

从汉字字体演变的历史来看,汉字演变的主线是简化,从图画型符号记录到笔画型方块字,汉字的写法和结构趋简,书写越来越便利,通用字型逐渐稳定,同字异形现象不断减少,促进了汉字的标准化与规范化,也有利于人们的沟通与交流。

三、汉字字体的教学

(一) 语文课程标准与汉字字体教学

汉字字体是小学语文教学的内容之一。1950至2011年颁布的语文课程标准与语文教学大纲,都对字体教学的内容和要求作了规定。

1950年的《小学语文课程暂行标准(草案)》不仅明确指出,要使儿童通过写字的研究、练习,能正确、迅速地书写正书(即楷书)和常用的行书,而且还对分年级字体教学的材料、工具、教学内容作了明确规定,具体如下:

---

① 何炳武.中国历代五体书法精品赏析(草书)[M].西安:世界图书出版西安公司,2008:110.
② 杨建峰.中国传世书法(上卷)[M].北京:外文出版社,2011:52.

一年级

(1) 正书的练习

(2) 铅笔的执法和写法

(3) 笔顺的基本规律

二年级

(1) 正书中、小字的练习

(2) 钢笔的执法和写法

(3) 字体结构的辨认

三年级

(1) 正书中、小字的练习

(2) 毛笔的执法和写法

(3) 熟字中简笔字和正书的对照辨认

四年级

(1) 正书大、中、小字的练习

(2) 字体间架结构的研究

(3) 简笔字、常用行书和正书的对照辨认

五年级

(1) 正书大、中、小字的练习,各类应用文件的练习

(2) 简单的文字构造研究

(3) 继续前学年,加以扩充①

如何恰当地选用写字教材开展字体教学,《小学语文课程暂行标准(草案)》的规定是非常具体和细致的:

(1) 第三学年起,可用写字范本。其编法应依笔画的规律和学习的程序,由简到繁、由易到难,系统地排列。充分选用和课本配合的生字,并组成容易理解的语句,以增加儿童学习的兴趣。字体以端正易学的欧字或颜字为原则。

(2) 正书中字如无范本可用,即由教师预选语文课本中的熟字,或儿童姓名等常用字,组成语句,写成范字。每次以4—6个字为一句,各句中如能包括上次练过的一部分字,那就更好。

(3) 正书小字如无范本可用,即选取语文课本中的手写正书作为范本。

(4) 常用行书,如果没有范本,即由教师自行搜集,经过研究后选定一部分应用。

(5) 第五、六学年的应用文习写,要有多种多样的行款程式,并随时变换新材料。

(6) 正书中字以两公分到四公分见方为标准,学年越高,格子可越大。正书小字以一公分到两公分见方为标准;学年越高,格子可越小。第五学年小楷,可单用直行格,以便伸缩自如。

(7) 写字教学用的教师指导书,可依照儿童学习写字的时间、程序,编列教材和教学方法编制,并详述如何执笔、运笔,如何管理写字工具,如何矫正姿势,如何批改、订正,如何给分,如

---

① 小学语文课程暂行标准(草案)(1950) http://old.pep.com.cn/xiaoyu/jiaoshi/tbjx/kbjd/jxdg/201008/t20100818_663533.htm. 2016 - 12 - 03.

何表扬优良成绩等,以便教师应用。①

　　1963年的《全日制小学语文教学大纲(草案)》②、1978年的《全日制十年制学校小学语文教学大纲(试行草案)》③和1992年的《九年义务教育全日制小学语文教学大纲(试用)》④都要求学生掌握正确的写字姿势,学会正确地执笔、运笔,把字写得正确、端正,行款整齐,有一定的速度,并养成认真写字和爱惜文具的习惯。

　　2011年的《义务教育语文课程标准》明确要求学生"能用硬笔书写楷书,行款整齐,力求美观,有一定的速度""能用毛笔书写楷书,在书写中体会汉字的优美"。⑤

(二) 汉字字体教学内容与要求

　　汉字字体的演变、发展是中华文明演变和发展的一个侧面,学习字体知识,掌握书写技能既是学习与生活的需要,又是了解中华文明、传承中华文化的需要。2011年教育部颁发了《关于中小学开展书法教育的意见》,要求在义务教育阶段语文课程中,按照课程标准要求开展书法教育,三至六年级每周需安排一课时的书法课。⑥语文课程中的书法教育以字体教学为核心。

1. 汉字字体教学内容

汉字字体教学内容主要包括以下几个方面:

(1) 楷书。有学者把甲骨文、金文、大篆、六国古文、小篆等古文字体统称为"篆书",将汉字字体归为五类,即"篆、隶、楷、草、行"。这五大字体,小学主要教学楷书,因为楷书是标准字体,也是当今社会通行的、实用性最强的字体之一。

(2) 书写工具的使用。书写工具可分为硬笔与毛笔,硬笔又包括铅笔与钢笔。学生第一学段学习用铅笔书写,第二学段开始,学习使用钢笔和毛笔。

(3) 书写姿势。书写姿势包括坐姿、站姿和执笔姿势。

① 坐姿。坐着书写硬笔、毛笔,要做到"头正、身直、臂开、足安"。头正,就是头部端正,稍微向前,头不低俯在纸前,也不向左右偏侧,有利于把字写端正;身直,即身子要坐得正直,两肩齐平,腰部挺起。臂开,即两臂自然撑开,右手执笔,左手按纸,成均衡姿势;脚平,即两脚自然放平,不要交叉或蜷腿、踮脚尖(见图2-11)。

图2-11　坐姿

② 站姿。站着写毛笔,要做到"头俯、身躬、臂悬、足开"。头

---

① 小学语文课程暂行标准(草案)(1950) http://old.pep.com.cn/xiaoyu/jiaoshi/tbjx/kbjd/jxdg/201008/t20100818_663533.htm. 2016-12-03.

② 1963年全日制小学语文教学大纲(草案). http://old.pep.com.cn/xiaoyu/jiaoshi/tbjx/kbjd/jxdg/201008/t20100818_663529.htm, 2016-09-19.

③ 1978年全日制十年制学校小学语文教学大纲(试行草案) http://old.pep.com.cn/xiaoyu/jiaoshi/tbjx/kbjd/jxdg/201008/t20100818_663528.htm. 2016-10-11.

④ 1992年九年义务教育全日制小学语文教学大纲(试用). http://old.pep.com.cn/xiaoyu/jiaoshi/tbjx/kbjd/jxdg/201008/t20100818_663523.htm. 2016-10-11.

⑤ 义务教育语文课程标准(2011年版). http://old.pep.com.cn/xiaoyu/jiaoshi/tbjx/kbjd/kb2011/. 2016-11-01.

⑥ 教育部关于中小学开展书法教育的意见. http://www.gov.cn/zwgk/2011-08/26/content_1933295.htm. 2016-03-04.

俯，即头向正前方向俯向桌子，与纸面保持一尺多距离，这样能视线正，视角合适，照顾全局，下笔准确；身躬，即身子略向前弯，腰部不宜挺得很直；臂悬，即执笔的右手要全部悬空，胳膊肘和手腕均要离案，以利于掌握行气和章法，左手应按于左边纸上比右手稍前的地方；足开，即两足自然分开，距离与肩宽相当（见图2-12）。

③执笔。硬笔书写，执笔要做到"一寸距、二指圆、三指齐"。一寸距，指握笔的拇指、食指、中指离笔尖的距离都是一寸，约三厘米；二指圆，指拇指食指弯成圆，保证指实掌虚，指端相对不相连，笔杆放在圆中间；三指齐，指勾头托笔的中指上节与拇指端、食指端对齐。毛笔书写，要采用五指执笔法（见图2-13），右手

图2-12 站姿

五个手指各司其职，用"按、压、钩、顶、抵"的方法把笔执稳。大拇指的第一节内侧按住笔杆靠身的一方，大拇指处于略水平的横向状态；食指的第一节与第二节的关节处由外往里压住笔杆；中指紧挨食指，钩住笔杆；无名指紧挨中指，用第一节指甲根部紧贴着笔杆顶住食指、中指往里施加的压力；小指抵住无名指的内下侧。五指执笔法，使五个手指的力量均匀地施加在毛笔的三个侧面，手心虚空，执笔坚实有力，又有助于运笔。

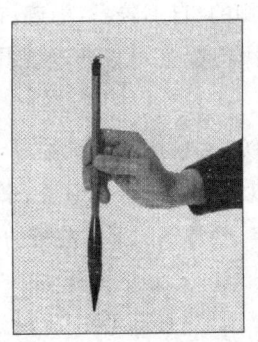

图2-13 五指执笔法

（4）字体的发展、演变。字体的发展、演变，涉及字体的种类、各类字体的主要特征、字体发展演变的简史以及历代书法大家的重要书法作品等。

2. 汉字字体教学的要求

根据《关于中小学开展书法教育的意见》和《义务教育语文课程标准（2011年版）》的规定，小学阶段汉字字体教学的要求为：

（1）掌握正确的写字姿势，养成良好的书写习惯。

（2）能用硬笔书写楷书，行款整齐，力求美观，有一定的速度。

（3）能用毛笔书写楷书，在书写中体会汉字的优美。

（4）初步了解汉字字体的发展、演变过程。

（5）学习欣赏历代重要书法家作品，具有初步的书法欣赏能力。

(三) 汉字字体教学的策略

汉字字体的教学并不是简单的知识传授与技法教学,而是知识获得、技能掌握、兴趣培养、审美培育、习惯养成、文化熏陶等多个方面的统整融合。要有效地开展汉字字体教学,应充分关注以下策略。

1. 兴趣起步

心理学研究表明,兴趣以及由兴趣引发的积极的情感,对认知起着重要的影响作用。培养学习汉字字体的兴趣,让学生由兴趣起步,积极参与汉字字体学习的各项活动,有利于汉字字体的教学取得实效。

低年级学生初学字体,可从篆隶入手。大篆字形变化丰富,具有极强的象形性,如能结合美术课的学习,用水墨游戏的形式让学生体会毛笔的笔性、线条的质感与墨韵,一定能激发学生学习汉字字体的兴趣。隶书与篆书相比,好认易识;与楷书相比,用笔单纯、结构方整便于掌握。学习隶书,能降低学生学习汉字字体的难度。我们还可以采用阅读书法故事、观看书法简史动画的方式,让学生感受汉字字体演变的历史,了解汉字的形体美,引发学生学习汉字字体的强烈动机。

在有了一定的学习兴趣和书法基础之后,中年级学生可以学习结构相对严谨,笔法更为丰富的楷书字体。学习时可采取墨迹摹仿与碑刻摹仿相结合的学习方法,以补充碑刻笔法不清晰之缺,如学习《颜勤礼碑》时,可以参照颜真卿的《自书告身》墨迹;在学习《张黑女墓志》时可以参照智永的《真草千字文》(楷书部分)。[①] 中年级,还可以通过观看书法视频,学讲书法故事,观看书法展览等方法,激发学生的学习欲望。

高年级教师要进一步加强对学生的楷书训练,力求达到准确临摹,尝试创作,并通过多媒体赏析书法作品,讲解书法简史与书法文化,参观博物馆、历史遗迹、书法艺术展演、举办学生书法展览等方式,激励学生热爱各类文体的汉字,欣赏不同字体独特的美,并将喜欢、热爱的情感转为学习汉字字体的强大动力。

2. 经典为本

语文课本以宋体为主要字体,无法为汉字字体的学习提供强有力的支持。教育部 2013 年颁发的《中小学书法教育指导纲要》明确规定:硬笔教学应使用规范汉字,毛笔临帖要以经典碑帖为范本。[②] 接触和临摹经典碑帖是小学生学习汉字字体的必由之路,对学生建构各字体结构和笔法特点起着不可替代的作用,同时也为学生学习字体提供了一个较高的起点。如教学基本笔画"竖钩",可先出示欧阳询的《九成宫醴泉铭》、《化度寺碑》的拓片,让学生细细观察和体味,再配上后世学者临习或者创作的欧体书法作品。这样,学生就有机会了解原汁原味的书法艺术作品,取法乎上,保证了字体学习的质量。

3. 临读结合

从微观来看,汉字字体临摹的过程大致要经历读帖、临帖和回帖等几个步骤。临帖,是临摹汉字字帖的结构和笔法的过程。古人云:碑帖贵熟看,不贵生临,心得其妙,笔始入神。临摹前,

---

[①] 杨子墨. 小学书法教学课程设置初探[J]. 青少年书法,2013(23):26—29.
[②] http://www.moe.gov.cn/publicfiles/business/htmlfiles/moe/moe_714/201301/147389.html. 2017-03-12.

一定要帮助学生养成读帖的习惯,形成"意在笔先"的意识。意在笔先,才能临得似、临得准。

读帖的过程,就是理解的过程,就是学生对字帖上的字进行仔细观察,反复研究。教师可指导学生按"整体—局部—整体"的步骤,有序读帖。先整体地观察一个字,看它的结构,在头脑中形成总体印象;接着观察字的笔画,观察每个笔画的起笔、行笔、收笔,看看各种笔画的不同形态;再整体地看这个字,找出字的主笔,观察主笔的走势,注意笔画间的呼应与避让关系。临写时,要做到循序渐进。初临时,看一笔写一笔,然后可以看几笔写几笔,最后过渡到看一个字写一个字。临写整个字要一气呵成,把整个字写下来,使整个字气势相连。只有读临结合,读为临用,才能有助于字体教学效率的提升。

4. 扶放有法

字体教学过程中,教师要经常示范,扶放有度。开始临帖时,教师应范写,并指点临写要领。当学生有了一定的临写经验后,可以请学生自主发现字体特点,并交流书写要领,教师相机点拨。

教师应运用多种方法开展指导,可以自己范写,也可以提供典型范字,将字中的一笔略去,要求学生补上所缺笔画,并和范字相对照。教师要对学生的作业进行点评,也可以让学生互相批改,交流点评,取长补短。教师可以将课堂教学与课外兴趣小组活动结合起来,将个别辅导与集中讲授结合起来,将全面提高与专长拔尖起来结合,并运用走访名家、举办展览等多种形式,开展丰富多彩的教学指导活动,有扶有放,丰富学生的字体知识,提高学生的字体书写技能,增强对字体学习的热爱。

> 思考与练习

1. 说说汉字字体经历了哪几个演变发展阶段,它们各有什么特点。
2. 说说隶书在汉字发展史上的重要价值。
3. 观察几位小学生的写字姿势,列举他们的错误,并尝试纠正。
4. 查找小学字体教学的案例,结合实例说说字体教学的策略。

第三节 汉字字形与教学

一、汉字字形的结构方式

汉字字形的结构方式指字形构造的方式方法,简称为造字法。汉字的造字法历来有"六书"之说,指象形、指事、会意、形声、假借和转注。严格地说,真正的造字法只有象形、指事、会意、形声四种,假借和转注是用字法。假借,指根据读音,借音近或音同的已有汉字表示新字的一种方法,如"自"原来是"鼻"的象形字,假借用来记录"自己"的"自"。转注指同部首的字,由于意义相近、声音相同或相近而相互注释。如"老"和"考"是一对转注字,它们同属"老部",相互注释。许慎对"老"字的解释是"老,考也",对考的解释是"考,老也"。

(一) 象形

象形,指像实物之形,即用线条或笔画把客观事物描绘出来。许慎将其解释为"象形者,画成其物,随体诘诎,日月是也"。所谓"随体诘诎",指随着物体的自然形状,弯弯曲曲地描绘。"日"的甲骨文"⊙",就像早晨的一轮红日,"月"的甲骨文"☽"就像夜晚的一轮新月。"⛰",是"山"的甲骨文,看上去山峦起伏,群峰林立。"州"指水中的一块陆地,它的甲骨文"〰"用三条曲线表示波浪滚滚的河水,用中间的小圆圈表示河中的陆地。通过描绘事物的样貌造出来的象形字,书写麻烦,加上文字定型化之前,同一个象形字有多种写法,给沟通带来了一定的困难,因此"象形"这一造字法后来被"形声"所替代。

(二) 指事

指事,指用抽象的符号造字,或者在象形符号上加上指示性符号造字。许慎将其解释为"指事者,视而可识,察而见意,上下是也"。要记录"上",先画一条横线,在线上加一个点,就造出了"二";要记录"下",也先画一条横线,在线下加一个点,就造出甲骨文"⌒"。"上"、"下"是纯符号的指事字。要表示树的根,即"本",就在"木"的象形字"木"下部加一个点,就有了"本"的指事字"木"。要表示树梢,即"末",就在"木"的象形字"木"上部加一个点,就有了"末"的指事字"木"。指事字很少,因为绝大部分汉字都不需要用指事的方式来构造,要说明客观事物,可以用象形,要说明抽象的概念,可以用会意。①

(三) 会意

会意,指把两个或两个以上的象形字组合起来,造一个新字,表示一个新的意思。许慎将其解释为"比类合义,以见指挥,武信是也"②,即将事理关联的字素联合起来,构成新字,综合字素的意义,可以知道新字的意义,武、信就是这样造出来的。如,"步"的甲骨文"步",表示两只脚一前一后走路的样子,在两只脚之间加上水,就造出了会意字"涉",即"涉",表示"步行过水"的意思。甲骨文"阜",即"阜",也就是左耳旁"阝",其原意是"土山",组合"阝"和"步",就造出了新的会意字"陟",表示"登山",甲骨文为"陟"。"夅"的甲骨文"夅",就是倒过来写的"步",组合"阝"和"夅",就造出了会意字"降",表示"从高山上下",甲骨文为"降"。

(四) 形声

形声,指一个表意成分和一个表音成分合起来组成新字。许慎将其解释为"形声者,以事为名,取譬相成,江河是也"。清朝文学家段玉裁对此作了这样的注解:以事为名,谓半义也;取譬相成,谓半声也。"江"、"河",二字以"水"为名,譬其声为"工"、"可",因取其声而成其名,其别于指事、象形独体,形声合体。③ 这段注解不仅准确地解释了什么是"形声字",还指出"形声"与"指事"、"象形"不同,"形声"造的是合体字,"指事"、"象形"造的是独体字。

形声字的表意成分叫形旁或意符,表音成分叫声旁或音符。形声字既有声旁又有形旁,有利于大量造字。如"鸟"是个鸟类的总称,鸟的种类很多,样子又很相似,不可能为每种鸟造一个象形字,即使造得出来,字形上可能也难以区分。用"形声"的方法造字就方便多了,将"鸟"作形旁,将其他的字作声旁,如"号、令、卢、古"等,就可以造出"鸮、鸰、鸬、鸪"等字,表示各种不

---

① 左民安. 细说汉字[M]. 北京:九州出版社,2005:11.
② 原文是:"会意者,比类合谊,以见指㩒,武信是也."其中,谊:义;㩒:通挥;指㩒:指向。
③ 左民安. 细说汉字[M]. 北京:九州出版社,2005:12.

同的鸟。虽然甲骨文中形声字的数量不多，但是因为它造字方便，有着强大的生命力，因此越到后世发展越快。汉代的《说文解字》共收字 9 353 个，其中形声字 7 679 个，约占 80%。清代的《康熙字典》，共收字 47 035，其中形声字 42 300 个，约占 90%。[①] 当代的简化字中，绝大多数是形声字。

二、汉字字形的结构系统

汉字字形的结构系统涉及两个方面：一是汉字字形的结构单位，二是各结构单位间的关系。

（一）汉字字形的结构单位

笔画和部件都是现代汉字字形的结构单位。笔画是汉字字形最小的结构单位，部件由笔画组合而成。

1. 笔画

汉字书写时，从落笔始到提笔止，为"一笔"或"一画"。除了"一、乙"等少数几个汉字外，绝大多数的汉字都由好几笔构成，少则二、三笔，多则三十多笔。据统计，现代常用汉字的平均笔画为十笔，大部分汉字在六到十二笔之间。

笔画由点和线构成，笔画的形状叫笔形。"点、横、竖、撇、捺"是构成现代汉字形体的五种最基本的笔形，可以记作"木"。为了适应在汉字所处位置与比例的需要，这五种笔形通过运笔方向的改变或建立相互间的联系，产生了"提、折、钩"三种笔形，这三种笔形可以记作"刁"。"点、横、竖、撇、捺"加上"提、折、钩"，构成现代汉字字形的八种主要笔形。由于这些笔形又有一些其他的变形，合计各类笔形达四十多种（见表 2-1）。

2. 部件

部件，也叫构件，是汉字合体字中由一个以上的笔画构成的结构单位。当一个汉字的形体被用来构成其他字，成为所构字的一部分时，可以将其称为"部件"或"构件"。

依据不同的标准，可以将部件分成不同的类型。按笔画数的多少，可将部件分为单笔部件和复笔部件。单笔部件只有一个笔画，如"一"、"乙"等；复笔部件由两个或两个以上的笔画构成，如部件"日"、"水"等。按能否独立成字，可将部件分为成字部件和非成字部件。成字部件不需依赖其他部件，就能独立成字，如"音"中的"立"和"日"；不成字部件，脱离了其他部件不能够独立成字，例如"同"中的"冂"和"病"中的"疒"等。按部件的构字层次，可将部件分为基础部件和合成部件。基础部件，指不能拆分的最小部件，例如"呆"中的"口"和"木"都是不能拆分的基础部件；合成部件，可以作进一步的拆分，如"章"中的"早"，还可以拆分为"日"和"十"，所以就"章"这个合体字而言，"早"是合成部件，"立"、"日"、"十"是基础部件。按部件切分的先后顺序，可将部件分一级部件、二级部件、三级部件、四级部件。如"戆"，先切分出两个一级部件"赣"和"心"。"赣"还可以切分出两个二级部件"章"和"贡"。"章"可以切分出两个三级部件"立"和"早"，"贡"可以切分出两个三级部件"夂"和"贡"。"早"可以切分出两个四级部件"日"和"十"，"贡"可以切分出两个四级部件"工"和"贝"。

---

① 左民安. 细说汉字[M]. 北京：九州出版社，2005：13.

表 2-1 现代汉字笔形表①②

主要笔形名称	变化笔形及名称		例字	主要笔形名称	变化笔形及名称		例字
横	短横	㇐	月目		竖提	㇙	切民
	长横	一	十丁		竖弯	㇗	西四
竖	短竖	㇑	工主		横折折	㇉	没凹
	长竖	丨	申十		横折提	㇊	讲鸠
撇	竖撇	㇓	月井	折	横折弯	㇟	朵沿
	平撇	㇓	千禾		竖折折	㇞	鼎
	斜撇	ノ	人化		竖折撇	㇅	专传
点	斜点	丶	内夕		横折折折	㇡	凸
	长点	丶	这刈		横折折撇	㇋	及建
	撇点	丶	学羊		横钩	㇇	买宝
	提点	丶	病江		竖钩	㇚	子拧
	竖点	丶	怕令		弯钩	㇁	家豕
	短点	丶	头社		斜钩	㇂	戈弋
捺	平捺	㇔	之延		卧钩	㇃	心必
	竖捺	丶	爪水		横折钩	㇆	刀门
提	长提	㇀	孑细	钩	横斜钩	㇈	飞风
	短提	㇀	坎理		竖弯钩	㇄	扎电
折	横折	㇕	丑片		横折弯钩	㇈	九亿
	竖折	㇄	匡山		横撇弯钩	㇌	阳邓
	撇折	㇜	玄台		竖折折钩	㇡	专传
	横撇	㇇	又冬		横折折折钩	㇆	乃场
	撇点	㇜	好巡				

偏旁是汉字部件的一种,是对合体字做一次切分产生的结构单位,相当于汉字字形的一级部件。③ 人们日常接触的汉字在七千左右,偏旁有一千五百个左右,常用的约五百个。古人把合体字的左边称为"偏",右边称为"旁",如今合体字各部位的一级部件统称为偏旁。根据位置的不同,人们赋予"偏旁"不同的名称。在上部的,叫头,如草字头(艹);在下部的,叫底,如心字底(心);在外的,叫框,如门字框(门);在左右的,叫旁,如单人旁(亻)。

---

① 张斌. 现代汉语[M]. 北京:中央广播电视大学出版社,1988:14—15.
② GB13000.1 字符集汉字折笔规范. http://wenku.baidu.com/view/4362af08443610661ed9ad51f01dc281e53a5637. 2016-03-01
③ 胡裕树. 现代汉语. 上海:上海教育出版社,2011:162.

现代汉字的偏旁,原先是一个一个的字。有些现今依然成字,如"构"中的"木"、"勾";有的已不能独立成字,只是作为构字要素存在于汉字系统中,如"水"在"江"中变成了"氵","心"在"怕"中变成了"忄";有些过去不同的偏旁,现在形体相同了,如"春、秦、泰"中的"龹";有些相同形体的偏旁,现在变得不同了,如"心",在"忙"成了"忄",在"恭"中成了"小"。

人们常将"偏旁部首"组合在一起使用,但偏旁不等于部首。部首是字典、词典排列汉字的依据。中文字典、词典常按汉字的字形结构,对其分部加以排列,每部的第一字便是"部首"。除了少数部首是笔画,绝大部分的部首都是偏旁,但偏旁不一定是部首,偏旁的数量要比部首多得多。

(二) 汉字字形各结构单位间的关系

我们可以粗略地将汉字分为独体字和合体字。独体字是以笔画为单位构成的字,不可切分。合体字以部件为单位构成,可以切分。

1. 独体字结构单位间的关系

独体字的笔画间存在三种空间关系。第一种,相离关系,如"二"、"心"等字,各笔相离;第二种,相接关系,如"上"、"方"等字,每一笔都与另一笔相连接;第三种,相交关系,如"申",第五笔"竖"与"横折"、"横"等笔画相交。

2. 合体字结构单位间的关系

合体字的部件间也存在三种空间关系,第一种,左右关系,如"打"、"形"等字;第二种,上下关系,如"异"、"符"等字;第三种,内外关系,如"团"、"问"等字。一个汉字的各个部件之间可能存在一种关系,也可能存在几种关系。按照汉字部件间的关系,我们可以将合体字分为如下类型:

(1) 左右结构,由左、右两个部件构成,如组、称等。

(2) 左中右结构,由左、中、右三个部件构成,如树、斑等。

(3) 上下结构,由上、下两个部件构成,如星、类等。

(4) 上中下结构,由上、中、下三个部件构成,如曼、裹等。

(5) 全包围结构,由内部件、外部件构成,如国、困等。

(6) 半包围结构,即连续两条或三条边被封住,如厅、区等。

三、汉字字形的教学

(一) 汉字字形教学内容与要求

《义务教育语文课程标准(2011年版)》对三个学段的字形教学内容作了规定,细致地剖析有如下一些内容。

1. 汉字字形教学的内容

汉字字形教学包括六方面的内容:(1)常用汉字;(2)汉字的字形知识;(3)写字规范;(4)写字习惯;(5)独立识字;(6)识字态度。

2. 汉字字形教学的要求

(1) 认识常用汉字 3 000 个,会写 2 500 个,其中第一学段认识常用汉字 1 600 个,会写 800 个;第二学段,累计认识常用汉字 2 500 个左右,会写 1 600 个。

(2)掌握汉字的基本笔画和常用的偏旁部首,能按笔顺规则写字,注意间架结构。

(3)写字姿势正确,书写规范、端正、整洁。

(4)养成良好的写字习惯。

(5)有较强的独立识字能力。

(6)对学习汉字有浓厚的兴趣,养成主动识字的习惯,能感受汉字的形体美。

(二)汉字字形教学的策略

1. 引导学生认识汉字的构字规律

认识汉字的构字规律,可以帮助学生理解字形与字义之间的关系,建立形义之间的牢固联系。20世纪90年代,湖南省岳阳市教科所的贾国均提出的字理识字教学法,着眼于汉字的构字规律,运用汉字形义的关系进行识字教学,通过对汉字象形、指事、会意、形声、转注、假借等造字方法的分析,运用联想、直观等手段破除"字形"这个识字教学的难点,达到提高识字效率的目的。

教师要引导学生认识汉字的构字规律,应在教学中增加字理的教学。字理识字教学法按如下教学程序进行,即:"定向——教学字音——解析字理——分析字形——练习书写"。定向,指在教学字前引导学生进入学习的准备状态,让学生产生对新知的趋向心理;教学字音,即按常规办法教学生认读汉字;解析字理,即引导学生理解汉字构字的规律;分析字形,根据字理分析汉字形体;练习书写,每教完一个生字,就让学生抄写一次,然后引导学生对照范字,改正。象形字是最基本的汉字,可通过展示汉字形体演变过程的办法阐明字理,即:实物彩图——概括抽象图——古体汉字——正楷汉字。实物彩图是与汉字形体相对应的具有典型意义的图画;概括抽象图是实物图的抽象,是帮助儿童由图到文形成认识通路,进而理解和识记汉字的重要条件;古体汉字是既具象形意义又与楷体相近的金甲文或篆体;正楷汉字是与教材要求一致的字体。如教"火"字,教师可先出示火焰图,再展示火焰的概括抽象图,然后出示小篆"火"字,最后展现楷书"火"。教学时,教师边展示汉字形体演变过程边阐明字理。阐明字理时,结合将楷体字各部位与古体字和客观物体各部位进行对应分析。

要引导学生认识汉字的构字规律,应重视联想法和比较法的运用。联想法,指在解析字理时引导学生进行合理联想,如教"旦"字时,引导学生联想太阳从地平线升起的情景;教"册"字时,引导学生联想古人用竹简编书的画面等。比较法,指将汉字与汉字进行比较,通过分析汉字的部件和特征,从汉字的构形理据上发现它们的异同。如学生常将"束"写成"朿",可用比较其音形义的方法教学。两字整体字形相似,相同的都是从"木",不同的是"朿"中部从"囗","束"中部从"冂"。"囗"像捆木之物,"冂"由刺形变来。因此,"朿"即刺树的象形,即"刺",而用绳索捆木为"束"。

如黄亢美在《人字家族》一课中对"爽"字的教学,其运用联想的方法,讲清了字形与字义的关系,学生既学得愉快,又记忆深刻。

师:这个字念什么?
生:爽。

师:"爽"这个字中有"人"吗?

生:有。

师:在哪?

生:大字。

师:中间什么字?

生:人。

师:人?

生:大。

师:哦,"大"字表示人怎么样?手……

生:张开。

师:哦。这还有叉叉呢,这些叉叉表示什么意思啊?清楚吗?

生:应该是古时候有人拿剑来刺他。

生:应该是人被风吹着很爽。

师:被风吹着很爽,有点意思,风很大、被暴风吹你说爽不爽?非常热的时候,清风徐来,这时候就非常爽,这与风大有关系。同学们,我们现在快速读下《雷雨》这篇课文(人教版二年级下册)。(师生齐读课文)这时候打开窗户,清新的空气迎面扑来,这风从哪里扑进来的?

生:外面。

师:是啊。这是窗格子(在黑板上画),有窗格子,有两扇窗,下雨的时候把窗户关起来,现在天亮起来啦,我们把窗户打开。(叫一生上台)刚才下雨的时候,天气很闷热是不是?外面很黑是不是?满天乌云一层层压下来是不是?现在雨停了,把窗户打开,做个打开的样子,脚打开,手打开,首先看看这个样子像什么字?

生:大。

师:再看看胳肢窝下面有什么?

生:叉叉。

师:有叉叉是不是?叉叉表示什么?哦,窗户就是窗格子。打开窗一看,外面亮不亮?

生1:亮。

师:风从窗格子里面吹进来爽不爽?

生1:爽。

师:禁不住大声地说了声:啊,真……

生1:啊,真爽啊!

师:你们说爽不爽?

生:爽。

师:是啊,很爽吧,(对生1)那就很爽快地回到座位。这个爽字多有意思啊,四个叉叉,表示窗格子,打开窗户,阳光明媚,清风徐来,这个景象多么美啊!所以我们禁不住地喊了一声:啊,真(师生齐声)爽啊! 是啊,真爽啊。①

2. 遵循学生识记字形的心理规律

心理学研究表明,人的短时记忆是以组块为单位的,短时记忆的容量为5—9(平均为7)个组块。一个组块可以是一个字母或数字,一组字母或其他材料,甚至一组词或一个句子。利用组块记忆可以大大增加人的记忆容量,提高记忆的效率。心理学研究还表明,将当前学习的信息与以前习得的信息联系起来,以熟带生,也能提高记忆的效率。

遵循学生识记字形的心理规律,应理清适合小学语文教学需要汉字字形的基本知识,按照由易到难,由简单到复杂,以熟带生,循序渐进地开展教学。20世纪的许多识字教学实验在这方面取得了丰富的成果,值得借鉴。

1958年,辽宁黑山北关实验学校开始了集中识字的实验。具体的做法是分步走:第一步,学习汉语拼音,打好识字基础。第二步,学习一批基本字。一组字中共同含有的最基本的构字部件,叫作"基本字"。采用"看图识字"、"比一比"、"认一认"、"分解合体字"等方法学习150个构字能力较强的基本字,同时学习24种基本笔画、26个偏旁部首和7种笔顺规则。第三步,以基本字带字开展集中识字。先学基本字,再学由基本字和其他部件构成的一组字。如先学"令"这个基本字,再学习含有"令"这个部件的一组字,如"拎、玲、伶、铃、聆"等。在学习这些字时,由于学生已经熟悉和掌握了"令"这个部件,所以教师可以将教学重点放在每个字不同的其他部件上,对字形进行分析比较,以熟带生,强化记忆。②

1960年,北京景山学校借鉴辽宁黑山北关实验学校集中识字的经验,也开始着手改革识字教学。他们按照汉字构造特点归类识字方法,即按象形字、形声字、基本字带字和其他方法,集中识一批字,读一批课文,再集中识一批字,再读一批课文。他们把汉字分为三类:第一类,基本字,即象形、独体字;第二类,形声字,如"吧、芭、笆、把、靶、爸"等;第三类,基本字带字,由一个基本字加偏旁部首或加其他的基本字,这些字构造类似形声字,形义密切相关,但读音不如形声字那么有规律,如由基本字"工"带出的"江、扛、缸"等字。低年级的识字教学,大体上分为以下几个步骤:(1)拼音教学;(2)识字的基础知识教学,包括基本字(100个)、偏旁部首(先学20个)、汉字笔画名称(20个);笔顺规则(7个);(3)第一批形声字、基本字带字及其他方法识字共300多个,阅读第一批课文;(4)第二批形声字、基本字带字及其他方法识字200多个,阅读第二批课文。写字、默字、组词在每一个步骤中结合进行。就这样,如"滚雪球"一般,一批一批,越滚越大,直到第四个学期完成认识两千多个常用字的任务。景山学校的"分批集中识字"实验,由少到多,由简到繁,基本字、形声字到基本字带字,循序渐进地开展教学。在学习过程中,学生先学一批基本字,从中归纳出汉字的构字规律,再运用构字规律去认识新的汉字,由感性认识到理性认识,再运用理性认识学习新的感性材料,这一认识的过程,比较符合

---

① 肖康. 演绎汉字魅力,传承中华文化:特级教师黄亢美《人字家族》教学赏析[J]. 文教资料,2015(9):57—60.
② 辽宁省黑山北关实验学校. 集中识字,大量阅读,分步习作,大幅度提高学生的语文水平[J]. 人民教育,1991(3):34—37.

儿童的心理特点和认知规律。[①]

在北京景山学校开展"分批集中识字"实验的同时,上海实验学校的袁瑢也着手探索集中识字教学。袁瑢根据汉字的特点,将笔画、独体字、偏旁部首作为字形知识的基本结构,并把它们作为低年级字形学习的基础。关于字形知识的基本结构包括笔画 20 种、独体字 150 个、偏旁部首 51 个。笔画 20 种,包括:最基本的笔画 6 种,即点、横、竖、撇、捺、提;关于钩的简单笔画 6 种,即竖钩、弯钩、斜钩、竖弯钩、横钩、竖提;关于折的笔画 4 种,即横折、竖折、撇折、横撇;关于钩的比较复杂的笔画 4 种,即横折钩、横折弯钩、横折折钩、竖折折钩。独体字 150 个,包括天、日、月、水、土、木、禾、衣、示、王、子、女、手、口、看、牛、田等。偏旁部首 51 个,分为 4 类:

第一类,跟独体字写法相同或只有一两笔不同的,如:木、禾、衤、礻、竹、土、王、子、火、灬、皿、口、囗、女、牜、页、隹、足、日、月、目、马、鸟、虫、欠、广、穴等 27 个;

第二类,跟独体字写法差异较大的,如:冫、氵、讠、亻、彳、扌、钅、饣、纟、刂、忄、犭、攵等 13 个;

第三类,取某字某一部分的,如:宀、冖、艹、疒、虍、夂、辶等 7 个;

第四类,其他,如:卩、阝(左耳旁)、阝(右耳旁)、灬等 4 个。

袁瑢的集中识字实验分三步进行:第一步,引导学生认识一定数量的笔画名称、独体字、偏旁部首;第二步,引导学生认识一定数量的合体字,并尝试自己分析比较字形;第三步,引导学生反复实践,内化分析比较字形的方法。

遵循学生识记字形的心理规律,可以对汉字的部件进行命名,引导学生进行组块记忆。1965 年,河北沧州地区孟村回族自治县城关小学利用汉字构字规律,开始了"部件识字法"实验的探索。他们认为,学生初学汉字是化整为零的过程,随着学生记忆里储存的部件和汉字表象的增加,又要逐步化零为整。他们将汉字的学习划分为三个阶段:

第一阶段,笔画分析阶段。这一阶段主要是教学独体字,并结合教独体字教给学生汉字的笔画名称和笔顺。这一阶段,还要教给学生"一、厶、⺈"等 12 个部件,引导学生运用这些部件初步分析"去、角"等字,了解部件分析的方法。

第二阶段,部件分析阶段。这一阶段以学习合体字为主。在已学会的独体字和 12 个部件基础上,学生需学习新的部件以及合体字的合成方法,如"上头"、"中腰"、"下底"、"左旁"、"右边"、"内心"、"外框"、"皮"、"托"等。汉字上下结构的上部一律叫"头",如"分"的上面叫"八字头";汉字上中下结构的中间部分叫"腰",如"攀"字的中间叫"大字腰";汉字上下结构的下部一律叫"底",如"照"的下部叫"四点底";汉字左右结构的左边一律叫"旁",如"银"的左边叫"金字旁";汉字左右结构的右边一律叫"边",如"伏"的右边叫"犬字边";汉字半包围、全包围及左中右结构的中间部分一律叫"心",如"句"是"口字心";汉字半包围、全包围结构的外部,三面或四面包起的一律叫"框",框又分为"方框、上框、下框、左框"四类,如"团"有"方框";半包围、全包围结构的左上或右上披的部分叫"皮",如"疾"的左上部分叫"病的皮";有的汉字一部分托着另一个部分,起托的作用的那个部件,就叫"托",如"起"字就有"走字托"。分析上中下结构或上下结构的字,要先"上头",后"中腰",再"下底",或先"上头",再"下底",如分析"吉"字,就是"上

[①] 刘蔓华等. 集中识字二十年[J]. 人民教育,1979(11):24—27.

下结构,士字头,口字底"。分析左中右结构或左右结构的字,要先"左旁",后"内心",再"右边",或先"左旁",后"右边",如分析"构"字,就是"左右结构,木字旁,勾字边"。分析半包围、全包围结构,先"外框",后"内心",如分析"问"字,就是"半包围结构,门字框,口字心"。分析带"皮"、"托"的字,先分析"皮"、"托",再分析"内心",如分析"疼",就是"半包围结构,病的皮,冬字心"。

第三阶段,组合部件分析的阶段。当学生掌握合体字的合成方法和一定数量的部件后,对分析字形应当提出更高的要求,要扩大构字单位,采用组合部件分析法。部件识字法让每个汉字变成了可以分析的对象,让识字成为主动积极的智力劳动过程。部析的出现,简化了学生对字形的识字过程,激发了学生识字的兴趣,发展了其观察、分析、综合等方面的能力。[①]

3. 培养学生独立识字的能力

创建良好的识字环境是培养学生独立识字能力的首要条件。良好的识字环境包括丰富、开放的识字资源以及安全、积极的识字氛围。要建立丰富、开放的识字资源,教师应充分利用学校生活的环境,引导学生留心观察同学的姓名、各学科的课本、教室里的汉字、宣传栏、指示牌,随时识字,处处识字。教师也可以开设识字活动课,或结合综合性学习活动,鼓励学生自主探索、发现、展示、交流自己在生活中认识的字。教师还可以鼓励学生利用生活识字本,随时剪贴、记录生活中发现的汉字。教师要利用各种手段鼓励表扬学生的识字表现,如口头表扬,实物奖励,召开识字交流展示活动,举办识字大王比赛等,创设安全积极的学习氛围,引导学生多多识字,主动识字,独立识字。

引导学生学习并掌握识字的工具与方法,是培养学生独立识字能力的关键。所谓独立识字,就是指学生运用各种识字方法与工具自主识字的过程,所以方法与工具的掌握,是发展学生独立识字能力的核心。

识字的工具主要有三套:第一套,字形知识与构字规律;第二套,汉语拼音;第三,统整汉语拼音和字形知识的汉语字典、词典。在识字的起步阶段,从教给学生汉字字形的知识,启发识字的方法,到引导学生运用学过的知识和方法自主识字,这些对培养学生的独立识字能力是极其有益的。如袁瑢老师在教《我爱首都北京》一课时,首先带领学生学习与生字密切相关的偏旁部首,要求学生仔细观察、展开想象,比较生字的异同,然后让学生运用观察、想象、比较的方法自学生字,并反馈交流。

师:现在我们要学习生字了。为了帮助同学们识好字,我们先来学几个偏旁部首。(教师把一块小黑板挂起来,上面写着:宀)谁知道它叫什么名字?
生:宝盖头。
师:对。跟我读,宝盖头。
生齐声:宝盖头。
师:想想看,宝盖头像什么?

[①] 河北省沧州地区孟村回族自治县城关小学. 运用部件分析字形进行识字教学的做法[J]. 文字改革,1982(1):24—26.

生：像顶帽子。

生：宝盖头像一个水壶上的盖头。

师：她想得多好！宝盖头就像水壶上的一个盖头。盖头上有一个点子。宝盖头怎么写呢？点、点、横勾。

(全体学生书空,教师领读宝盖头三遍)

师：(又挂出一块小黑板,上面写着"纟")它叫什么名字？

生：绞丝旁。

师：跟我读,绞丝旁。

生齐读：绞丝旁。

师：(拿出一束丝)看,这是一束丝。(用手绞丝)你们看,跟"纟"有点像吗？

生齐说：像的,很像。

师：绞丝旁怎么写呢？撇折、撇折、提。

(全体学生书空,然后齐读三遍。教师又出示小黑板,上面写着"禾")

生：禾字旁。

师：大家比较一下,禾字旁与禾字有什么不同？(边说边写上"禾"字)

生：禾字旁最后一笔是点,禾字最后一笔是捺。

师：对,禾字旁最后一笔是点,禾字最后一笔是捺。要注意,不要搞错。

生：这两个字还有不同的地方。禾字是胖胖的,禾字旁是瘦瘦的。禾字的一横是长长的,禾字旁的一横是很短的。

师：噢,你看得很仔细。禾字是胖胖的,禾字旁是瘦瘦的。禾字旁往往写在一个字的左边,它要让出一点位置,右边还要写上另外一部分,所以它是狭长的,瘦瘦的。

(出示小黑板：方)这也是一个偏旁,谁给它起个名字？

生：方字旁。

师：对,看看方字和方字旁有什么区别？

生：方字是胖胖的,方字旁是瘦瘦的,因为它旁边还要写一个部分,所以是瘦瘦的。

师：讲得好,刚才老师讲的你已经学会了。(拿起课本)现在小朋友自学生字。课文中注上拼音的共有十一个字,其中一个是多音字"华",这个字我们之前已经学过了,还有十个是生字。先看拼音,拼拼看,把字音读准确,再看看这个字是怎么写的,想办法记住它。

(孩子们一个个用手指点着书上的生字,轻声地读,同桌的同学互相读、听,帮助。老师巡回指导)

师：小朋友们都学得很认真,现在我们来看看哪些同学已经学会了。(在黑板上的"天"字上面写上 tiān)

生：天,白天的天。

生：天,天安门的天。

生齐读：天,天安门的天。

师：谁能告诉大家"天"是怎样写的？

生：横、横、撇、捺。

师：怎么记住它呢？

生：天，上面一横，下面是个大。

师：对，天是一横下面加个"大"，但上面一横要写得短些。（在黑板上的"安"上面写上"ān"）

生：这是安。

师：安字怎么写？

生：安是上下结构，上面是宝盖头，下面是个女字。

生：宝盖头，女字底。

生：女孩子头上戴一顶帽子，就是安。

师：你想得真好。这样就容易记住了。（在黑板上的"旗"字上面写上 qí）

生：qí，旗，红旗的旗。

师：谁知道旗是什么？

生：一面旗帜的旗。

生：旗就是人家大人下飞行棋、象棋的棋。

师：噢，飞行棋，象棋可不是这个"旗"。（在黑板的一角写上"棋"）飞行棋，象棋是木头做的，所以是木字旁的棋。旗帜的旗，是方字旁，因为最早的旗大多是方形的，所以是方字旁。现在呢，有的旗是长方形的，有的是三角形的。颜色也有各种不同的，有红旗、黄旗、绿旗，都是旗。这个旗字笔画比较多，注意不要写错。（在黑板上示范写"旗"字，在写右半边时，边写边讲笔画笔顺）

（全体学生书空"旗"字。教师在黑板上的红字上面写上 hóng）

生：hóng 红，红旗的红。

师：红怎么写，怎么记住它？

生：红是左右结构，左边是绞丝旁，右边是工。

师：对啊（在黑板上的"星"字上面写上 xīng）这个字读什么？

生：xīng，星，五星红旗的星。（教师展开长卡片，出现"五星红旗"）

（生齐读：五星红旗）

师：准备写字。（挂出一块有田字格的小黑板，上面是一个"旗"字）看好，大家注意，写"旗"字，左边比较窄，右边宽一点。（在小黑板的另一个田字格里写"旗"字，一边写一边讲笔画名称和书写位置）把本子翻开，写"旗"字。要看好书上田字格里的字，一笔一笔地认真写，要写得对，写得好。①

尊重学生，充分发挥学生主体的学习积极性，是培养学生独立识字能力的有效保障。在教学中，教师应充分信任学生，给予学生探究的时间，保证学生探究、发现与交流的时间，及时给

---

① 上海教育出版社. 小学低年级识字教学实验及课堂教学纪实[M]. 上海：上海教育出版社，1980：30—49.

予正面积极的反馈。如下文中的教师有效引导学生归类识字,发现汉字构字规律,并鼓励学生运用学到的构字方法,去认识与发现更多的汉字,有效培养了学生的独立识字能力。

  师:你们发现了吗,这一期《动物世界》的内容就是我们课文中的归类识字(三)中要学习的内容,请你们打开课文,自己读一读下面的句子,你能回答课文中提出的问题吗?(自由朗读,同桌你问我答)

  生:哪些动物天上飞?

  生:天上飞的动物有黄鹂、喜鹊和海鸥。

  师:这篇课文有10个生字,请你们联系词语去读一读,看看有什么发现?

  (学生回答时,大屏幕上在每一类词的后面出现:鸟——"鸟"、昆虫——"虫"、野兽——"犭")

  师:通过学习,你们发现了每一类字都有一个相同的表义形旁。"鸟"旁告诉我们它们是鸟类,"虫"旁告诉我们它们是昆虫类,"犭"旁告诉我们它们是兽类。请你们再学一学这10个生字,看看还能发现什么规律,可以帮助我们更快地记住这些字。你们可以再次小组合作学习,把具有同一规律的字排在一起。

  (生小组合作操作计算机:将分成三类偏旁变红的10个生字按规律排列学习、识记)

  师:哪个小组来向大家汇报一下你们的学习结果,是按什么规律来记住这些字的?

  (教师拖动鼠标根据学生的问答将生字按规律排列)

  生:鹂、蝴、蚊、狮、猩,加偏旁读音相同。

  生:猪、鸥,加偏旁读音不同。

  生:蝶,换偏旁读音相同。

  生:鹊、蝇,换偏旁读音不同。

  师:你们通过小组合作学习,发现可以用加偏旁、换偏旁等规律来记读音、认字形,既简便又容易记住。现在你们都记住了吗,自己试一试。谁会读?

  (生自由读、个别读、开小火车读)

  师:今天学的这10个生字,你觉得哪个最难写?同学们自己可以看着田字格先写一写,你觉得应该提醒大家什么。

  (生交流,并写字)

  师:通过这一课的学习,知道了狮子、猩猩、野猪都带有"犭"旁,告诉我们:它们是动物中的兽类;黄鹂、喜鹊、海鸥都带有"鸟"旁,它们是鸟类;蝴蝶、蚊子、苍蝇都带有"虫"旁,它们是昆虫类。你还知道哪些动物的名称中也带有这些形旁,表示它们也是这些家族的?课本中学过的也可以,自己从课外书中学到的也可以,我们来个竞赛,看哪个小组认识的字最多,知识最丰富。

学生操作计算机,输入带有"犭、鸟、虫"偏旁的动物名称。①

4. 激发学生识字、写字的兴趣

兴趣指人们力求认识某种事物和从事某项活动的意识倾向。它表现为人们对某件事物、某项活动的选择性态度和积极的情绪反应。兴趣以需要为基础,人们若需要某件事物或某项活动,就会积极观察并投身到这项活动中去。兴趣与认识、情感有密切的关系。深刻的认识与积极的情感会引发兴趣,兴趣又能带来良好的情绪反应与深入认知的动力。

以博大的文化激发识字的兴趣。教师要将识字与获得丰富的知识、认识中华的文化联系起来,让学生通过识字认识周围的世界、认识源远流长的文明,体验识字的快乐,并以这样的快乐体验,激发学生持续探究汉字的兴趣。如下文会意字"牧"的学习,教师通过出示图片,引导学生探究,让学生理解"牧"的来源与意思,获得发现的乐趣。

学习会意字"牧":

(1)出示图片。

(2)请学生说说图上画了什么。

(3)出示"牧"。请学生找一找哪个部分是"牛",哪个部分是"手",哪个部分是"小棒"。

(4)教师一边指着"牧"字中相应的部分,一边说:手拿根棒,准备放牛;在古时候放牛就叫"牧"。

(5)出示"牧"字,指读,开火车读,最后强调:"牧"的意思就是放牛。

(6)给"牧"字找朋友,如放牧、牧牛、牧草、牧场、游牧等。②

以丰富的情境激发学生识字的兴趣。教师可以运用结合生活展现情境、利用图画呈示情境、激发想象描绘情境、编写歌诀创设情境、依托媒体建构情境等多种方法让学生愿意识字、乐于识字。如教"踢"、"拍"等字时,可以结合生活情境,让学生做这些动作,体会这些汉字的部首与意思之间关系;教"口、耳、目"等字时,可以先让学生认真观察图片,看看口、耳、目的形状,然后出示汉字,让学生进行图文对照,在活跃的气氛中学会生字;教"誓"等字时,可引发学生展开想象:传说古时候的人在发誓时,常把一根柳枝举在头顶,发完誓,就把柳枝一折为二,表示永不违背自己的誓言,所以"誓"的上边是个"折"字,下边是个"言"字。教学"泡、饱、跑、抱、袍、炮"等字时,可结合儿歌"有水把茶泡,有饭能吃饱。有足快快跑,有手轻轻抱。有衣穿长袍,有火放鞭炮"展开教学,不仅富有趣味,而且教学有效。

以多样的游戏激发识字的兴趣。游戏是为了得到某种结果而进行的有规则的活动,游戏一般有规则、有挑战、有互动,令人身心愉悦,引人主动参与。教师可以利用多种游戏,如摘果子(把认识的字当作果子摘下来)、开火车(比赛谁或者哪个小组认字认得又快又好)、踩石过河(认识河中石头上的生字才能过河)、猜字谜等多种游戏方法,让学生积极主动地识字,并取得良好的识字效果。

以有选择的活动激发识字的兴趣。当识字的任务是开放的,具有一定的选择性,且学生作

---

① 柳涟.让学生自己去发现:《归类识字》教学设计[M].教学月刊,2002(5):32—33.
② 秦玲.《识字7》(第一课时)教学设计[M].小学教学参考,2011(8),8—9.

为识字主体的身份得到尊重时,学生识字的主动性和积极性就会得到激发,他们的思维就会活跃起来,兴趣也会加强。如允许学生选择识字任务,允许学生运用自己的学习方法识字,允许学生运用自己喜欢的方式汇报识字的成果等,这都会激发学生识字的兴趣。

5. 重视写字教学

要遵循学生写字的心理规律。学生从开始学习写字到熟练地书写汉字大致经历三个阶段。第一个阶段是要素阶段:学生能注意写字的诸要素,如坐姿、握笔姿势、字的笔画等,一笔一画地写;第二个阶段是结构阶段:学生能注意字的整体结构,逐个书写,不是看一笔写一笔;第三个阶段是连贯书写:学生的书写达到自动化,一次能写一个句子或几个句子,能注意行款整齐,大小匀称。小学第一学段,学生写字处于第一、第二阶段;第二、第三学段,学生写字逐步发展到第三阶段。第一学段,要引导学生关注写字姿势,并做好写字基本功的训练,引导学生写好基本笔画,掌握基本笔顺,掌握汉字的间架结构,把字写得正确、端正、整洁;第二学段、第三学段,要引导关注字与字的匀称,行与行的整齐。

要加强写字的示范与指导。在写字教学中,教师的示范非常重要。教师要练就一手规范的字,能用铅笔、钢笔、粉笔和毛笔进行范写,做到正确、端正、工整。批改学生作业和课堂板书,还要做到字迹清楚。在重视示范的同时,教师还要重视指导,要结合范字,讲清要领。指导的内容包括:写字姿势;汉字的基本结构、笔画、笔顺;在田字格、方格与横线格书写的位置;易错的笔画;书写的格式;文具的使用方法;观察、比较与修改的要求;等等。下面这个案例中的老师授课有示范、有指导,要领明确,指导步骤清晰。

师:在这节课上要写这样几个字和一个词语,刚才,我们已经把"匀"和"组"字写过了,现在看"睡"和"距离"。先来看这个"睡"字。

师:(指导写"睡")左边是? 右边是? 把眼皮垂下来,可就要睡觉了。右边的笔顺可不好写了,伸出手,我们跟电脑老师一起写。撇、横、竖、横、竖、竖、横、横。再跟张老师写一遍。

师:(板书)左右两边团结在一起,互相让着点。"目字旁"写窄一点。再看一看这个词语。距离是一个词语,要连书书写。这两个词语要写得差不多大小才合理,首先看"距离"的"距"。左右结构,左右一般高低,看清楚了吧,再看"距离"的"离",这个字是上下结构,上面要窄一点,下面要宽一点。慢慢写,好吗? 请小朋友跟张老师写"距"、"离"。

(学生书空"距"、"离")

师:请小朋友认认真真地把"睡"和"距离"在书上描一遍,写一遍。

师:(边巡视边指导)记住,一看二写三对照,一个要比一个好。

(学生在书上描字、写字)

师:你的写字姿势最正确。慢慢写。要注意一尺、一拳、一寸。[①]

[①] 张文花.《数星星的孩子》教学实录. http://blog.sina.com.cn/s/blog_4c5fec3b0100pczo.html. 2017-01-04.

要关注写字习惯的培养。写字是一项技能,需要长期的训练。教师要在指导学生练习的过程中,培养学生的写字习惯,包括爱惜书写文具、讲究书写卫生、掌握正确的写字姿势和养成一丝不苟的书写态度等。

思考与练习

1. 说说形声字造字法为什么能成为汉字主要的造字法。
2. 说说独体字对于汉字学习的意义。
3. 试画出笔画、部件、偏旁、部首等概念的逻辑关系图,并说说它们的逻辑关系。
4. 说说集中识字实验对当代的小学识字教学有何启示。
5. 下列几个汉字,在指导小学生分析字形和书写时,需提醒学生注意哪些方面?
   采 剌 猬 板 凳 椅 边

第四节　汉字排检法与教学

一、汉字排检法

汉字字典、词典是提供汉字音韵、意思解释、例句、用法等方面内容的工具书。[①] 我国古代的字典常叫作"字书",直到《康熙字典》问世,字典才以"字典"命名。现代的字典、词典大致分为两类:一类是综合性的,如《新华字典》;一类是专门性的,如《异体字字典》。

汉字字典、词典中的条目按照一定顺序排列,要查找一个汉字或一个词条,按照排列顺序检索,方便又快捷。按一定的顺序排列和查检汉字或词语的方法叫汉字排检法。

一般而言,字典是以单个汉字的读音、部首、笔画等方面的特点为依据来排列汉字的,词典以每个词第一个汉字的读音、部首、笔画等方面的特点为依据来排列词条。所以会查字典,就会查词典。

常用的汉字排检法主要有部首排检法、汉语拼音顺序排检法、笔画笔顺排检法和四角号码排检法。

(一)部首排检法

部首排检法,指利用汉字偏旁的同一性来编排和查检条目的方法。将具有同一偏旁的合体字集合在一起,成为"部"。将该部共有的偏旁列在同部合体字之首,则该偏旁即称为"部首"。每部统属的字再按笔画多少排列。

部首排检法始见于东汉许慎的《说文解字》。许慎根据"六书"的原则分析汉字的字义,找出表示固定意义的意符,将一些汉字共同具有的意符作为部首,将结构、形态复杂而又极不规则的9 000多个汉字分别编排在540个部首之下,为人们查字释义提供了极大的方便。

当代的《新华字典》以楷书规范字为对象,精简了部首数目,不再沿用"从义归部"的原则,

[①] "词典"与"辞典"一般意义上可以通用,也有细微差别,即"辞典"与"词典"的范畴稍大些,"辞典"可以包括"词典",但"词典"不能包括"辞典"。本文在一般意义上使用"词典"一词,将"辞典"与"词典"不作严格区分。

而完全依据字形定部,形成了一个眉目清晰、精练实用且能反映汉字形体演变特征的部首体系,进一步强化了部首排检法的实用性。《现代汉语辞典》、《四角号码新辞典》的"部首检字表",以及《古汉语常用辞典》等一些词典的"部首检字"均采用了《新华字典》的部首编排方法,即按笔画数目排列部首,同部首的字按部首以外的笔画数目排列顺序。同笔画的,一般再按书写时第一笔及其后笔画的"一"(横)、"丨"(直)、"丿"(撇)、"丶"(点)、"→"(折)的顺序排列,①如"极、材、杠、杏"等同在如"木"部第三画下,按"杠、材、杏、极"的顺序排列。另外,突破"从义归部"的原则,将一些具有几个部首的字,同时收在几个相应的部内。如:"思"收在"心"部、"田"部,"古"收在"十"部、"口"部,给使用者提供多种检索的途径。对一些分不清部首的字,按起笔分别列入"丶"、"一"、"丨"、"丿"、"乙"五个单笔部首内。如,"为"收在"丶"部,"书"收在"乙"部。

(二) 汉语拼音顺序排检法

汉语拼音顺序排检法,指按照汉语拼音方案所用的字母顺序编排和查检汉字的方法。先以汉字音节第一个字母的顺序确定汉字的编排和查检顺序。第一个字母相同的,再按第二个字母的顺序编排和查检,以此类推。同一音节的字再按阴平、阳平、上声、去声的顺序排列和查检。

如果知道汉字的读音,可以运用拼音排检法快速查到汉字。如果不知道汉字的读音,或者读者不准确,不熟悉汉语拼音方案,就需要借助部首排检法等其他方法来查检汉字。

(三) 笔画笔顺排检法

笔画笔顺排检法,指按照汉字笔画数的多少和笔顺的先后查检汉字的方法。笔画少的汉字在前,笔画多的汉字在后。笔画数相同的汉字按照书写时第一笔及其后笔画的"一"(横)、"丨"(直)、"丿"(撇)、"丶"(点)、"→"(折)的顺序排列。运用笔画排检法,能正确使用一些字典、词典的"笔画索引"或"难检字笔画索引",方便、快速地查检到汉字。

(四) 四角号码排检法

四角号码排检法,即按一定规则给汉字的四角取号,再接号码的大小,由小到大排列和查检汉字的方法。20世纪20年代,商务印书馆在编纂《辞源》时发明了四角号码检字法。

四角号码排检法是以方块汉字为基础创造的。它将每个汉字都看作有四角的汉字,把四个角的笔形,按照"横一垂二三点捺,叉四插五方框六,七角八八九是小,点下有横变零头"的规则,分为头、横、垂、点、叉、插、方、角、八、小等十类,分别用数字0—9表示。再按照左上、右上、左下、右下的顺序,根据汉字四角笔形的类别,为每个角取号,组成四位号码,将号码与汉字建立对应的关系,如"立"对应的号码是"0010","去"对应的号码是"4073"。最后将汉字按"0000—9999"的顺序排列。

四角号码排检法具有见字识码的特点,检字方法比较简单,检索比较方便,所以成了当代重要的检字方法之一,不少词典、辞书都用这个方法编排条目。我国汉字数量多,字形复杂,有时不知道读音,有时部首很难确定,影响查检速度。运用四角号码排检法就能有效解决这个问题。但是有些汉字笔形不好确定,新旧四角号码检字法的取号规则不完全一致,给学习、掌握

---

① 这里的笔形"一",前文中称为"横钩","横钩"是广义的"折"的一种。

和运用四角号码检字法带来了一定的困难。

二、汉字检字法的教学

汉字排检法即涉及汉字的排序,又涉及汉字的查检。对小学语文教学而言,重要的是引导学生掌握汉字的检字法。

(一)汉字检字法的教学内容与要求

《义务教育语文课程标准(2011年版)》要求小学第一学段学会查字典,第二学段学会查字典、词典,排检方法的学习涉及音序检字法和部首检字法两种。学会音序检字法,就是要根据汉字的读音,利用字典、词典的《汉语拼音音节索引》或《音节表》,在字典、词典中找到字词的字头或条目,知道字词的意义与其他信息。学会部首检字法,就要根据汉字的字形,确定汉字的部首,在字典、词典的部首检字表中找到该部首字在检字法表中的页码,再根据笔画数和起笔笔画的先后顺序找到汉字及页码,进而找到字词的字头或条目,知道字词的意义与其他信息。

(二)汉字检字法教学策略

1. 做好四项准备

音序检字法和部首检字法的学习都是为了掌握字典、词典的运用方法,所以第一项教学准备,就是工具的准备。要让每位学生准备好《新华字典》《现代汉语词典》等字典、词典。字典、词典的版本最好一致,以免因为版本的不同引发编排的不同,导致同一汉字的页码不同,给教学带来困难。第二项教学准备,是要让学生认识千以内的数字。《新华字典》七百多页,如果学生不认识千以内的数,在翻查字典时就会遇到障碍。第三项教学准备,是要让学生熟悉汉语拼音方案,知道声母、韵母的前后顺序,以便为音序检字法的学习和理解汉字字头、条目的排序奠定良好的基础。第四项准备,是要让学生具备初步的汉字字形知识,即关于偏旁部首、笔画笔顺等方面的初步知识。

2. 细化教学步骤

查字典、词典的教学有着明确的步骤,一步没讲清,学生没明白,就有可能影响教学效果,因此在查字典、词典教学的初期,教师应细化教学步骤,讲清每一步,并且讲练结合,让学生牢固掌握使用音序和部首检字法的基本步骤。如下例中老师的教学:

在认识了《新华字典》后,老师从课本中选择字义比较具体的"楼"作例字,讲解查字典的方法,具体步骤如下:

第一步,看"楼"字的声母l,让学生在"汉语拼音音节索引"中找到它的大写字母L;

第二步,在L下找到音节lou,告诉学生lou后的汉字"搂"是"楼"同音字,"搂"后的"316"就是页码,翻到这一页,就能看到很多读音是lou的汉字。

第三步,翻到316页,让学生从316页往后找,说说"楼"字在第几页。待学生在317页找到"楼"字后,挂出字典上关于"楼"的解释,给学生讲解❶、❷表示什么,再让学生理解"楼"的两个义项,还要让学生明白"∽"这个符号用来代替"楼"这个字。

第四步,请学生看一看,说一说读音是lou的汉字是如何排列先后顺序的,得出按先四声、再按笔画数多少排序的规则。

查完"楼"字后,老师请学生想想查字的全过程,总结归纳音序检字法的四个步骤,即:

一看声母,找大写。二找音节,查页码。三查正文,找例字。四按声调,查生字。

在学生知道了音序检字法的基本步骤和同音汉字的排列规则后,老师就要求学生查"想"字,说一步,查一步,直到全班学生查到这个字。再要求学生独立思考,运用音序检字法按步骤查出其他四个字,以巩固所学到的知识,增强学生独立查字的信心。①

3. 科学指导学习

第一、第二学段的孩子,知识经验和认识能力还比较有限,教师在指导学生查字典时,必须合理设计学习任务。一篇课文可能有多个生字新词,教师备课时要对这些生字新词作一番分析。例如:哪些是常用的,哪些是不常用的,哪些是学生已经掌握的,哪些是掌握起来比较困难的,哪些词义简单,哪些是课文中的关键词语,然后再分轻重缓急,通盘考虑,确定几个关键字词,让学生通过查阅字典、词典解除认知障碍,培养和锻炼学生查字典的能力。在开始教学查字典、词典的时候,教师不宜提出快速查阅的任务与要求。随着学生查字典、词典熟练程度的增加,再逐步要求学生加快速度。一些字词查到以后,如果学生看不懂注解的内容,教师还要带领他们读一读,必要时还需作些讲解。对于每一个孩子而言,翻查字典的速度的快慢也是不一样的。教师要做个有心人,针对不同的情况,进行个别的具体指导。

4. 重视习惯培养

查字典、词典是一项技能,需要多次的练习,才能牢固掌握,并养成习惯。教师可以运用歌诀、比赛等多种方法激发学生查字典的兴趣,鼓励学生多多练习,以利于习惯的培养。如编写"小小字典用处大,我有困难请教它;先数部首有几画,部首目录找到它;看清页码去检字,去掉部首查几画;对照页码找到字,会读懂义乐开花"等歌诀,让学生边念边查。又如,要求学生每天闲看10页字典,参加定量计时查字典比赛或参加查字典高手评比活动,让学生感受查字典、词典的快乐,体会会查字典、词典对于识字、阅读、作文的帮助,喜欢查字典,热爱查字典,养成勤查字典的习惯。

> **思考与练习**
>
> 1. 请指出下列汉字的部首:
>   学 辉 曲 觉 整 赛 念 辑 克 意 史 之
> 2. 请说说各种汉字排检法的优势与不足。
> 3. 用部首检字法在《新华字典》查检"瞧"字,一共有哪几步?

第五节 汉字的规范化、标准化与教学

一、现代汉字的规范化与标准化

传统汉字存在繁与乱的问题,笔画繁多,异体纷呈,读音歧异,给汉字的学习与运用带来不便。时代的发展,对汉字提出了规范化与标准化的新要求,具体内容包括定量、定形、定音、定

---

① 杨传玲.有效提高低年级学生查字典的能力[M].科学咨询,2016(22):90.

序等四个方面。唯有不遗余力地开展汉字的规范化与标准化工作,才能做到字数有定量,书写有定型,认读有定音,排检有定序。

(一) 定量

定量,即规定现代汉字用字的总量。从古至今积累下来的汉字约有五、六万之多。《汉语大字典》收有五万多,其中近90%是今天已被弃用的异体字、繁体字。《新华字典》重排本收字11 000多个,其中异体字、繁体字也有4 000多个。[①] 定量就是要在现代汉语用字中,排除那些历史上曾经使用过,如今已基本不用的字,并对异体字加以整理,确定现代汉语的通用字,以适应语言教学、信息处理、文化交流与社会生活的需要。

1988年,国家语言文字工作委员会、国家教育委员会发布了《现代汉语常用字表》,共收常用汉字3 500个,其中一级常用字2 500个,二级次常用字1 000个。当年5月,国家语委与新闻出版总署发布《现代汉语通用字表》,确定通用汉字7 000个。2001年1月起正式实施的《中华人民共和国国家通用语言文字法》规定:公民有学习和使用国家通用语言文字的权利;国家为公民学习和使用国家通用语言文字提供条件;地方各级人民政府及其有关部门应当采取措施,推广普通话和推行规范汉字;国家机关以普通话和规范汉字为公务用语用字;学校及其他教育机构以普通话和规范汉字为基本的教育教学用语用字;汉语文出版物应当符合国家通用语言文字的规范和标准;公共服务行业以规范汉字为基本的服务用字;等等。2013年6月,国务院发布《通用规范汉字表》。该表在整合《第一批异体字整理表》(1955年)、《简化字总表》(1986年)、《现代汉语常用字表》(1988年)、《现代汉语通用字表》(1988年)的基础上制定,共收录汉字8 105个,分为三级。一级字表为常用字集,收录字3 500个,主要满足基础教育和文化普及的基本用字需要。二级字表收录字3 000个。一、二级字表合计6 500字,主要满足出版印刷、辞书编纂和信息处理等方面的一般用字需要。三级字表共收录字1 605个,主要是姓氏人名、地名、科学技术术语,以及中小学语文教材文言文用字中未进入一、二级字表的较通用的字,以满足信息化时代与大众生活密切相关的专门领域的用字需要。[②]

(二) 定形

定形,即规定现代汉语用字的标准字形。汉字一字多形的情况十分常见,增加了学习和用字的困难。1955年,中国文字改革委员会和文化发布《第一异体字整理表》,列出异体字810组,1 865个字,淘汰了重复多余的异体字1 053个。1956年国务院发布的《汉字简化方案》,是汉字简化与定形的规范。1964年编印的《简化字总表》,1986年重新发表,该表不仅简化了汉字,而且对简化字的字形作了规范。《简化字总表》共分三个表:第一个表有350个不作偏旁用的简化字;第二个表有132个可以作偏旁用的简化字和14个简化偏旁;第三个表是2 235个简化字。经过局部删除、偏旁更换、全部更换等方法,一些汉字的笔画减省了近一半。[③] 为解决一些汉字的结构和轮廓基本相同,但笔画数目有出入、笔画形状有差别、构字部件有不同的情况,文化部和中国文字改革委员会于1965年1月联合发布《印刷通用汉字字形表》,规定了

[①] 令怡.汉字规范化、标准化的四定要求[M].小学语文教师,2010(10):68—69.
[②] 《通用规范汉字表》(全文)2013年6月5日国务院公开发布. http://www.360doc.com/content/13/0820/18/10886293_308575160.shtml. 2016-12-30.
[③] 胡裕树.现代汉语[M].上海:上海教育出版社,2011:180—183.

通用汉字印刷体（宋体）的标准字形，规定了所收字的笔画数目、笔画形状、笔画顺序和部件位置，它既是印刷体的标准，也是手写体规范的依据，对促进汉字字形标准化有着重要的意义。2013年《通用规范汉字表》的发布，基本确立了现代汉字的标准形体。

（三）定音

定音，即规定现代汉语用字的标准读音。要规范汉字的读音，就要对异读词加以审定，消除异读现象，使每个汉字都有明确规定的普通话读音。

1957至1962年间，普通话审音委员会发布了《普通话异读词审音表初表》的正编、续编和第三编，并于1963年发表《普通话异读词三次审音总表初稿》，共计审音1 800多条。1985年，国家语言文字工作委员会、国家教育委员会和广播电视部联合发布《普通话异读词审音表》，继承了《普通话异读词三次审音总表初稿》的研究成果，又重新审订了某些读音。这是关于异读词读音规范的最新标准，也是我们规范异读字读音的主要依据。

（四）定序

定序，即规定现代汉语用字的排列顺序。定序其实就是汉字排检方法的标准化与规范化。部首排检法的规范化，主要指部首数量、字的归部原则要有标准。笔画笔顺排检法的规范化，主要指笔画数相同的字如何排序要有标准。音序排检法的规范化，主要指按汉语拼音方案字母表的拉丁字母顺序排列汉字。四角号码排检法的规范化，主要指笔形与号码的对应关系、取号规则要有标准。

二、汉字信息处理的规范化与标准化

随着社会的转型、计算机的广泛应用、国际间交流与合作的扩大，对语言文字的规范化与标准化提出了新的要求。

1980年，国家标准总局发布GB2312-80《信息交换用汉字编码字符集·基本集》，将其作为简体中文汉字编码的国家标准，共收录汉字6 763个。GB2312-80的实施，保证和满足了一般汉字处理技术的基本要求，奠定了中文信息处理的基础，但它收字量过小，与随后发布的《现代汉语通用字表》又有很多不一致的地方，所以使用中出现了一些问题。

1993年，信息产业部发布GB13000.1-93《信息技术通用多八位编码字符集（UCS）第一部分：体系结构与基本多文种平面》国家标准，运用这个标准对世界上的所有文字进行统一编码，实现了世界上所有文字在计算机上的统一处理。这个标准收录汉字20 902个。

1995年，国家技术监督局标准化司、电子工业部科技与质量监督司联合发布《汉字内码扩展规范》，简称"GBK字符集"。它对GB2312编码作了扩充，共收录汉字21 003个汉字。

2000年，国家又发布GB18030-2005《信息技术中文编码字符集》。这是我国继GB2312-80和GB13000.1-1993之后最重要的汉字编码标准，是我国计算机系统必须遵循的基础性标准之一，共收录27 484个汉字，为国际交流、汉字研究、古籍整理等领域提供了统一的中文编码规范和标准，并且为中文信息在国际互联网上的传输与交换提供了保障。

三、汉字正字法与教学

汉字正字法，主要指以正确的、合乎规范的写法保证汉字的规范化。正字法的重点在于纠正错别字。在小学语文教学中实施正字法,分析小学生错别字的类型,采取有针对性的预防和纠正策略,不仅能帮助学生更好地掌握汉字,提高教学质量,而且有益于全社会规范使用汉字。

（一）小学生错别字的类型

1. 错字类型

错字指形体被写错了的字,这种字不符合现代汉字的书写标准,字典上也查不出来。小学生错字的主要类型有:

（1）增减笔画类错字。由于增添、删减或错写一些笔画而造成的错字。如把"香"下面部分的"日"写成"目",将"着"下半部分的"目"写成"日",将"有"的最后一笔写成"丨"等。

（2）写错部件类错字。由于错写汉字的部件而造成的错字,如将"脚"的"月"字旁写成"足"字旁。

（3）结构出错类错字。由于改变汉字的形体结构而造成的错字。如将"落"写成了以"三点水"为偏旁的左右结构。

（4）乱造汉字类错字。按照臆想随意编撰笔画、部件、结构而造成的错字。将"门"和"T"组合成一个不存在的新字,用以表示问题。

2. 别字类型

别字,指把一个字误写成了另一个字。别字的主要类型有:

（1）音近或音同类别字。由于两者同音或音近,将此字写成彼字。如将"十字路口"的"十"写成"识"。

（2）音义相近或相同类别字。由于字音、字义相近或相同,将此字写成彼字。如将"甜蜜"的"蜜"写成"密"。

（3）形近类别字。由于字形相似,将此字写成彼字。如将"已经"的"已"写成"己"。

（4）意义不明类别字。由于不理解字义,将此字写成彼字。如将"班门弄斧"的"班"写成了"搬"。

（二）小学生写错别字的特点

（1）写错字与年龄有关。错字的多少与年龄的高低成反比。年龄越小,错字越多;年龄越大,错字越少。

（2）写错字与汉字笔画、结构有关。写笔画少而简单的字,易产生增笔错误;写笔画多而复杂的字,易产生减笔错误。字形结构复杂的字,出错率最高。

（3）增减笔画类错字最多。在所有的错字中,增减笔画类错字最多;在增减笔画类错字中,减笔类错字最多。

（4）细节部分写错最多。字形错写的部分大多不在字的轮廓,而出现在字形的细节隐藏部分,如"配"的左边"酉"少写一笔,变成了"西"。

（5）别字总体比错字少。别字最多的是音近或音同类别字。

（6）别字比错字晚出现。小学生一开始识字就会写错字,当识字量达到一定程度后才会写别字,时间相差半年至一年左右。

（7）别字的出错率与年级有关。一年级别字少,二年级后开始增加,四、五年级后又开始减少。[1]

(三) 小学生写错别字的主要原因

1. 学生方面的原因

小学生观察事物笼统,不精确,精细辨别能力较差,容易在一些细节笔画方面出错,如写"鸟"时,常常漏掉点(、)。由于年龄原因,儿童只能注意到一些孤立的现象,却不能看出事物之间的联系。反映在识字上就表现为字形结构出错,如"荷花"的"荷"本来是上下结构,学生写成了左右结构。艾宾浩斯遗忘曲线表明:人在识记之后,遗忘的速度是先快后慢,部分学生学习生字之后没有及时复习巩固,就会出现字形混淆的现象。

2. 汉字方面的原因

汉字的音、形、义比较复杂,是造成学生写错别字的重要原因。汉字历经甲骨文、金文、大篆、隶书、楷书、草书、行书6 000多年的演变,虽然已经逐渐简化,但是还是有较多字笔画多,结构复杂,如"藏"、"鼎"等字。许多汉字字形相似,一笔之差就是另外一个字了,如"身体"的"体"和"休息"的"休"。一个部件加上不同的部首就能出现很多不同的字,表达的意思也不尽相同,因此一旦学生记忆出现偏差则很容易出现错误,如"忘记"的"记"与"年纪"的"纪"。汉字中同音字也很多。据统计,普通话中共有1 000多个单音节同音字。如果不计声调,汉字仅有400多个音节,每个音节平均有同音异形的常用字700多个。如"独自"的"自",学生易写成"子","工作"的"工",学生易写成"公"。

3. 教师方面的原因

教师的教学与学生错别字的发生密切相关。如果教师对易错的字音与字形、对易混淆的字义未加以重点关注,也未采用有效的办法预防和纠正错别字,那么学生写错别字的现象就会愈加严重。

(四) 减少错别字的教学策略

1. 强调易错笔画

教师要在教学中运用具体的、直观的媒介和工具,如黑板演示、动作演示、教学挂图以及多媒体演示识字等,采用放大易错部分或用彩笔标出易错笔画,强化刺激,提醒学生,以达到加深记忆减少错别字的目的。如"本领"的"领"左半边最后一笔点,"着急"的"着"下半部分应该是个"目"而不是"日"。

2. 利用造字规律

要重视汉字造字规律,利用规律,揭示字音与字形、字形与字义的关系,帮助学生建立牢固的音形义联系,以减少错别字的发生。如"晴、蜻、睛、请、情"等一组字,可利用形声字的构字规律进行学习指导:"晴"是日字旁,与太阳有关;"蜻"的形旁是虫,与昆虫相关;"睛"的形旁是目,指眼睛;"请"的形旁是言字旁,与语言有关;"情"是竖心旁,指感情,与心理活动相关。采用换部首的方法,将这五个形声字放在一起识记鉴别,学生会记得更牢,用得更准。

3. 比较辨析汉字

音近字和形近字特别容易混淆,采用比较辨析的方法能有效地减少错别字现象。教学中,

---

[1] 朱作仁,祝新华. 小学语文教学心理学[M]. 上海:上海教育出版社,2001:100—101.

可让学生以小组活动的方式,对一些同音字、形近字进行比较辨析,发现不同汉字的特点,加深记忆,提高学生对汉字的识字能力。如"复"和"夏","荷"和"河","进"和"进","人"、"八"和"入"等字,可以从字形和字义两个方面进行比较,找出汉字各自的特点,减少错别字的出现几率。

4. 结合语境强化

针对同音错别字现象,采用结合语境强化的方法,让学生在熟悉的、真实的生活世界中去使用汉字,强化对汉字的记忆。如同音字"做"、"作"、"坐"、"座",学生很难辨别什么时候用什么字,如果结合语境,让学生做一做,想一想,填一填,如:"小红(　　)在自己的(　　)位上,认真地(　　)着老师布置的(　　)业",就让学生对这些汉字的字义加深理解和记忆,从而降低写错的可能性。

5. 编写字谜故事

一些汉字笔画较多或者字形结构较为复杂,难记易错。教师可引导学生采用编写字谜或者编写故事的方式帮助学生认识汉字、记忆汉字。如教学"碧",可以把"王"想象成王大哥,把"白"想象成白大哥,这个字就变成了"王大哥、白大哥并肩坐在石头上",形象而有趣。又如:"破草屋里十口人,你说苦不苦(苦)"、"一女力气大,推倒一座山(妇)"、"太阳跳出地平线(旦)"等。这些生动形象的字谜与故事,让学生运用思维对字形、字义进行了深度加工,提高记忆的强度。

6. 建立纠错机制

及时纠错,也是减少错别字的重要方法。让学生准备纠错本,每次做完作业后将错别字及时地记录在纠错本上,经常回看复习,对易错的地方加以重点记忆,可以帮助每个学生了解与认识自己识字和写错别字的情况,并通过自己的努力把字写规范、写正确。

7. 加强巩固训练

艾宾浩斯研究发现遗忘是有规律的,遗忘的进程先快后慢。学生如果不及时复习,通常学得的新知识一天后只剩原来的25%。随着时间的推移,遗忘的速度减慢,遗忘的数量减少,及时的巩固复习就能克服遗忘,帮助学生正确识写汉字。所以教师在教完生字之后,应多次引导学生复习、巩固前面学过的生字,以便循环识字,加强记忆,科学地减少错别字的发生。

思考与练习

1. 请说说汉字规范化与标准化的意义。
2. 请指出下列词语中的错别字:

穿流不息　甘败下风　不骄不躁　温文而雅
一股作气　一愁莫展　爱屋及乌　言简意赅
白壁微瑕　蝉连冠军　安份守己　暗然泪下

3. 请收集小学生常写的错别字,并有针对性地提出帮助他们减少错别字的策略。

第三章　词汇知识与教学

学习目标

1. 掌握语素、词、词汇的基本概念,知道词汇的主要类别。

2. 知道词的构成的类别,会分析合成词的内部结构。能基本把握小学语文教学中"渗透"构词知识的要求与方法。

3. 懂得词义的特征;会区别词的概念义、附加义、基本义、引申义;能辨析近义词。知道小学词义教学的要求与要则,掌握解释词义的方法,以及帮助学生积累词语的方法。

4. 了解各类熟语的意义特点和结构特点;知道小学生学习熟语的要求,以及学习、积累熟语的方法。

第一节　词汇知识概述

一、词、词汇和词汇学

(一) 词

词是能够独立运用的最小的语言单位。它代表一定的意义,具有固定的语音形式。例如:"我们是小学教师。"在这个句子里,可以这样把词分析出来:

我们　是　小学　教师

确定什么是词,最要紧的是看它是否同时符合"能够独立运用"的语言单位和"最小"的语言单位这两个条件。"能够独立运用",指的是词可以独立充当各种句法成分,排斥了比词小的语言单位,如语素;"最小",排斥了比词大的语言单位,如短语。例如上句中的"我们",如果拆成"我"和"们","们"是不能独立运用的,它只是一个语素。"小学教师"是一个短语,不是最小的语言单位,它由"小学"和"教师"这两个可独立运用的词组成。所以,在这个句子中,"我们"、"是"、"小学"、"教师"都是能够独立运用的最小的语言单位——词。

(二) 词汇

词汇是一种语言里所有词和熟语的总汇。词汇,是一个集合的概念,词汇和词是集体与个体的关系,单个的词语不能称为词汇。

词汇可以指语言在一定时期内的词语的总汇,如在汉语发展的不同阶段所使用的全部词语:"古代汉语"、"近代汉语"、"现代汉语"中的词语,我们现在学习的就是现代汉语的词汇知识。词汇也可以指不同民族、不同方言中所使用的全部词语,如法语词汇、藏语词汇,吴方言词汇、粤方言词汇。词汇还可以指某个人所掌握的或某部著作里所使用的词语的总和。就个人来说,掌握的词汇量越大,语言表达能力就越强。

(三)词汇学

以语言的词汇研究为研究对象的学科是词汇学。词汇学是语言学中的一个重要分支。研究各种语言词汇的共同规律的是"普通词汇学",研究词汇的起源、历史发展的是"历时词汇学"。研究某种语言的某个时期的词汇系统的叫"描写词汇学"。"现代汉语词汇学"属于描写词汇学,它以现代汉语词汇,即普通话词汇为研究对象,主要研究现代汉语的词的性质、构成,词义的性质,词义之间的关系,词汇的构成,词典的编纂等。在现代汉语里,词汇还包括作用相当于词的熟语——成语、惯用语、歇后语、谚语等。

二、现代汉语词汇的基础与当代发展

(一)现代汉语词汇的基础是北方方言

现代汉语的规范化,从词汇方面看,是"以北方方言为基础方言",也就是说普通话词汇以北方方言为基础。

在我国,不同地区历史地形成了许多种方言,作为现代汉民族的共同语——现代汉语的词汇,总要以某个地区的方言词汇作为基础。将北方方言词汇作为现代汉语词汇的基础有其历史的原因。黄河流域一直是汉民族活动的主要地域,北方方言也一直是汉民族共同语言的基础方言。北京是辽、金、元、明、清多个朝代的政治、经济、文化中心,这使得北京话为代表的北方方言成为我国各个方言中影响最大的一种方言,北方方言词汇得以较大的推广和发展。北方方言区又是一个十分辽阔的地域,人口众多,这也为汉民族共同语词汇的最终确定奠定了基础条件。

以北方方言为基础方言,并不等于将北方方言的词汇完全划归到现代汉语之中。在现代汉语中,不吸收北方话中(包括北京话)那些地方性很强的土词土语。在确定现代汉语词汇的工作中,语言工作者们做了大量筛选、净化、丰富的工作。除了保留北方方言中的大部分词语外,还从古汉语、外语、其他方言中吸收了相关的词汇。

(二)现代汉语词汇极其丰富

语言的三要素是语音、词汇和语法。其中,词汇是最丰富、最活跃的部分。现代汉语词汇是现代汉民族共同语的词汇,与任何一种汉语方言词汇相比,它都是最为丰富的,数量也是最大的。它最具博取各方言词汇中有用成分的可能与能力。也就是说,它所蕴含的词汇,是任何一种方言无法相比的。

现代汉语从古代汉语、近代汉语发展而来,吸收了大量有生命力的词汇,并广泛吸收其他方言、其他民族语言的词汇;随着现代社会的飞速发展,又不断"新生"出许多词汇。因而,现代汉语词汇数量极大。近年出版的《现代汉语词典》收录词语六万多条,《应用汉语词典》四万条,《50000词现代汉语词典》五万条。这是能够满足日常使用、一般查考需要的词语的数量。用于专门研究的《汉语大词典》收录汉语词语三十五万条,这个数字也远不是汉语词汇的全部。据《语言和语言学词典》的说法,"英语的'全部'单词估计有100多万个",具有悠久历史和当代创生力的现代汉语词汇的总量肯定会大大超过这一数量。

(三) 改革开放以来，现代汉语词汇更显其活跃性

改革开放这几十年来，随着社会各项事业的迅猛发展，反映新事物、新思维的新词汇不断产生，数量之大、速度之快前所未有。港台文化的影响、与他国交流的需要、互联网的高速推进，使得现代汉语词汇中又增加了港台词语、西文词语、网络词语等。《当代汉语词典（修订版）》的词语就有以下 10 类：(1)当代使用的语词；(2)字母词；(3)新词；(4)缩略词；(5)大陆及港台同义异形词对照(如：客人——人客)；(6)英文字母类网络词语；(7)阿拉伯数字表义类网络词语；(8)汉语拼音类网络词语；(9)符号象形表义类网络词语；(10)逆序词。现代汉语词语，不仅数量上在快速增加，形式也在发生某些变化，如有些词是由西文字母和中文组合而成的。这是时代发展的真实记录。

现代汉语词汇库，既是承继传统、不断出新的宝库，也是吐故纳新、源源流变的活库。词典的反复修订体现了词汇库的这一特点。如 2005 年出版的《现代汉语词典（第 5 版）》对 2002 年的第 4 版进行了修订，在原有词语中删去了 2 000 余条，增加了 6 000 余条，全书收词约 65 000 条。2012 年出版的第 6 版增收新词语及其他词语近 3 000 条，增补新义 400 多项，删除了少数陈旧的词语和词义，共收条目 69 000 余条。

三、词汇的主要类别

根据不同的标准进行划分，现代汉语词汇可以有不同的类别。从多个侧面认识词汇，有利于全面掌握词汇的特点。

(一) 基本词和一般词

根据不同的性质和作用分，可以分为基本词和一般词。

1. 基本词

在现代汉语词汇中，那些使用得最多、意思最明确的词，称作基本词。基本词是词汇中最主要的部分。基本词的集合体叫基本词汇。

基本词举例：

表示自然、自然现象的：天、地、山、水、花、草、太阳、地球

表示生活用品、劳动工具的：房屋、衣服、饭、碗、笔、灯

表示人体各部分、人体器官的：人、口、手、心脏、血管、脑子

表示亲属关系的：父、母、弟、阿姨、丈夫、奶奶

表示动作行为、变化的：吃、睡、推、笑、喜欢、变化

表示事物性质、状态的：高、好、绿、短、和气、美丽

表示方位、处所、时间的：左、上、周围、前面、今年、冬天

表示数量、数量关系的：九、三十、千、个、只、加、减

表示指称、代替的：我、它们、谁、什么、这儿、怎样

表示程度、范围、关联、语气的：最、都、与、或者、所以、了、吗、啊

"基本词汇"这一概念是斯大林在《马克思主义和语言学问题》中提出来的。他说："语言的词汇中的主要东西就是基本词汇"，"基本词汇比语言的词汇窄小得多，可是它的生命却长久得多，它在千百年的长时期中生存着，并且为构成新词提供基础"。根据这一观点，一般认为，基

本词汇有如下特点：

（1）全民性。凡是要用现代汉语进行交际的人，无论阶层、行业，无关年龄、文化程度，基本词汇都是不可或缺的，人人必使用。

（2）稳固性。基本词从历史的长河中积累起来，它代表的事物、概念长期、稳定地存在于社会生活中，有很强的生命力。

（3）能产性。基本词中的很多词，特别是基本词中的单音节词，具有很强的构词能力。例如"水"是基本词，在它的基础上可以构成"水表、水产、水车、水分、水稻、水荒、海水、风水、蒸馏水、千山万水、山穷水尽"等词语，在《现代汉语词典》中，以"水"字为开头的词语就有近190个。

以基本词为基础构成的新词，也有一些成为基本词。

2. 一般词

现代汉语词汇中基本词以外的词都属于一般词。一般词的集合体叫一般词汇。

一般词与基本词相比，区别主要是：从数量上看，一般词要多得多。有专家认为，基本词在3 000—5 000之间，一般词则无法测定其数目。从人们掌握的这两类词的熟悉程度看，基本词具有全民性，人人能懂能掌握；一般词则因为内容广、门类多，人们不可能全部接触、掌握，一个人只能熟悉和运用与自己的生活、工作有关的那部分词汇，包括基本词和相关的一般词。此外，和基本词比较稳固不同，一般词比较活跃，不断涌现的新词，主要是一般词。

基本词和一般词没有绝对的界限。随着社会的发展，有些原本属于基本词所表示的事物、概念在社会生活中变得不是那么重要了，甚至过时了，这些词就会退出基本词，成为一般词；相反，有些原先的一般词，它们所表示的事物、概念在社会生活中变得越来越重要，这些词就会进入基本词。

在小学语文教学中，小学生首先学习的多为基本词。

（二）常用词和非常用词

根据使用的频率分，可以分为常用词和非常用词。

使用频率比较高的词称为常用词。绝大部分基本词都是常用词。

提出"常用词"这一概念，是基于语言学习的需要。学习一种语言，必须要掌握这种语言的一定量的词汇，"常用"便成为筛选词汇的一个重要指标。在语文教学、成人扫盲、对外汉语教学中，常用词教学都是词汇教学的基本内容。

确定常用词，需要严格科学的统计、研究工作。20世纪80年代我国出版了第一部汉语频率词典《现代汉语频率词典》，收词31 159条，为汉语常用词的划定、分类奠定了基础。

（三）古语词、方言词、外来词

根据词语的不同来源分，可以分为古语词、方言词、外来词。

1. 古语词

古语词包括文言词和历史词。文言词，在内容和形式上已经不适合现代社会的应用。如：鄙夫、稽首、俸禄、敦聘。历史词，表示历史上的事物，现在只是从文字作品中见到。如：宰相、贵妃、社稷、弩、单于。

但是，由于古典文学和文言作品传播的影响，一些古语词还是进入了现代生活之中。现代汉语吸收了古语词中有生命力的成分，丰富了词汇的表现力。

适当使用古语词,能使文章简练、庄重。如:在合适的场合运用"拜谒、诞辰、铭记、辞世、致哀"等词语,显得庄重、严肃。一条新闻标题"××函××,冀……",运用古语词把新闻的内容作了概括,还显出了书卷气。一些现代汉语中的关联词也用到了古语词,如"倘然"、"则"、"于是乎"、"以至于"等。"之(中)"、"(及)其"、"以(便)"这些文言文中的代词、虚词也沿用于现代汉语中。

2. 方言词

方言词原本的含义是指流行在方言地区的词;又一含义是指已经进入现代汉语词汇系统的来源于方言、带有方言色彩的词。

方言词能进入共同语,有的是因为对应的方言词更有表现力。如普通话中已有了"炒菜"、"沏茶",又从江浙话中引进了"烧菜"、"泡茶";已有了"内行",又从湘方言中借入了"里手"。方言中有些词语表示的意义,在普通话里没有适当的词语,这样的方言词也有部分进入了普通话。如"蹩脚"、"坍台"、"拆烂污"、"煞有介事"。强势方言对普通话的影响很大,比较典型的是改革开放后粤语在全国的流行。"炒鱿鱼"、"发烧友"、"冰激凌"、"冲凉"这些粤语词现在已经成为普通话的词语了。

还需一提的是近年来港台词语的影响。港台是使用汉语的两个地区,由于历史的原因,在词汇运用上与内地有一定的差异。大部分词能在普通话系统中找到对应的词,但并不等同。我们对港台词语的接纳要取慎重的态度。

3. 外来词

外来词指本民族语言中从外国或其他民族语言里吸收过来的词。现代汉语中的外来词主要有以下几类:

(1) 完全音译的外来词。这是指整体上按照外族语的读法翻译过来的词。如:"奥林匹克"、"派对"、"拷贝"、"克隆"、"沙发"、"卢布"、"磅"。

(2) 音译加意译的外来词。如:"啤酒"、"沙丁鱼"、"芭蕾舞"、"迷你裙"、"脱口秀"、"因特网"。

(3) 借形词。近代日语中有许多用汉字书写的词,现代汉语将其借来使用。如:"手续"、"场合"、"积极"、"消极"、"交涉"、"服务"、"集团"。近年来,随着国门的开放,出现了借用英文字母或英文字母加汉字表示的词。如:"WTO"、"NBA"、"GPT"、"卡拉OK"、"AA制"、"VIP卡"。

(四) 新造词

一定的社会发展时期,都会涌现反映新事物、新现象的新造词。改革开放以来,新造词的数量急剧增加,其表现形式也更为丰富了。

现今的新造词,一般在语言形式上都遵循汉语构词法的一般规律,我们还可以看到:

用缩略语、简称构成新词的数量增多。如:博士生导师——博导,加入世界贸易组织——入世。

由词缀派生一系列新词的数量增多。如:度——知名度、透明度,准——准新娘、准妈妈,迷——球迷、影迷,族——打工族、追星族、上班族。

运用修辞等形象方法造成新词。如:"菜篮子工程(豆腐渣工程)"、"软着陆"、"鸟巢"、"北漂"。

夹用字母或完全用字母造成新词。这里的字母或外语字母,或汉语拼音,有时还用上阿拉伯数字。如:"APEK"(亚洲太平洋地区经济合作组织)、"GDTV"(广东电视台汉语拼音加外文字母)、"GB"(国家标准,汉语拼音缩写)、"MP3"(外文字母加数字)。

"流行词"的评选也在近些年热闹起来。流行词如能长久被人们使用,就会最终进入现代汉语词汇系统。有不少流行词会随时间流逝渐渐淡出。

(五)行业词

根据词语使用的范围,可以分出专门词语、社会用语等。行业词就是各个行业使用的专门词语。如:

军事——战斗、前线、阵地、枪支、导弹

戏剧——舞台、角色、背景、伴奏、化妆

语言学——语音、词汇、语法、修辞、汉语、外语

语文教学——教科书、教学法、启发式、授课、识字、默读、作文、讲评

(六)熟语

现代汉语中还有一种固定的词组,称为熟语。它们有很强的语言表现力。本章第四节将具体介绍。

思考题

1. 请解释下面的概念:词、词汇、词汇学、基本词、常用词。
2. 下面的说法正确吗?请你判断,并简要说明。
(1) 语言诸要素中,词汇是最活跃的部分。
(2) 普通话词汇采用北方方言。
(3) "之、乎、者、也"这些文言词在现代汉语的一些结构中还保存着。
(4) 基本词都是单音节词。
(5) 新造词大部分进入一般词汇。
(6) 网络词语比较混乱,不能进入现代汉语词汇系统。
(7) 字母词中的字母,除了采用外语字母,也有采用汉语拼音字母的。
(8) 流行词都是规范的词。
3. 基本词汇和一般词汇有什么区别和联系?
4. 语言中为什么会不断出现新造词?新造词有哪些特点?
5. 一段时间以来,"APEC 蓝"一词频繁出现在网络上,请你查一查这个词产生的背景,说说它的含义,它的构词特点,思考它为什么会成为一个"热词"。对这个词能否最终进入现代汉语词汇系统,你有什么见解?

第二节 构词知识与教学

一、语素

(一)语素及语素的确定

1. 语素

汉语的词是由语素构成的。语素是语言中最小的语音语义结合体,也就是语法上最小的

结构单位。例如：

　　我们学习语言知识，这是提高语文教学水平所必需的。

这句话按"词"为单位划分，为"我们、学习、语言、知识、这、是、提高、语文、教学、水平、所、必需、的"，共13个语言单位。如果再往下分，分到最小的语言单位，为："我、们、学、习、语、言、知、识、这、是、提、高、语、文、教、学、水、平、所、必、需、的"，共22个语素。

语素在口头发音时表现为音节，书面上表现为汉字。

2. 语素的确定

确定语素，通常用"替代法"。可以用别的有意义的单位替代的，就是语素，反之就不是。如："弹奏"一词，"奏"可以用"琴"替代，成"弹琴"；"弹"可以用"演"替代，成"演奏"。"弹"和"奏"就都是语素。"弹奏"一词就有两个语素。"玻璃"一词，"玻"和"璃"都不能由其他有意义的单位替代，所以"玻璃"是一个语素。如果一个词中，有一个音节能被其他意义单位替代，另一个不能，那么这个词也只有一个语素，如"螃蟹"。

3. 语素的同一性问题

语素具有语音、语义和功能。语素的同一性，就是指语素在语音、语义和功能上相同的；如果在语音、语义、功能的某个方面有明显不同，语素便不具有同一性。了解这一点，在词汇教学中是有意义的。要区分下面的情况：

同样的语音形式，在不同语言单位中有不同的含义，但是这几个含义在意思上都是相关联的，那么，这个语音形式就是同一个语素。如：分裂、分布、分店、分工、分家，这几个词中"分"的含义不尽相同，但是都联系着一个核心的意思：使整体事物变成几部分。所以，这几个"分"就是同一个语素，它们具有同一性。

同样的语音形式，在不同语言单位中有不同的含义，而且这几个含义在意思上各不相关，它们就是不同的语素。如：白色、白天、告白、对白，前两个"白"含有"像霜、雪的颜色"，或"光亮、明亮"的意思，是同一个语素；后两个"白"是"说明、陈述"，或"戏剧中说的语句"的意思，是同一个语素。但是，这两组"白"的含义是完全不同的，所以是不同的语素。在词典中，像这样音同形同意义不同的字词，一般都分立条目。如上面的"白"字就分立两个条目，分别说明、举例。

还有一种情况，同样的语音形式，所包含的意义也有某种关系，但功能上有差别，这也是不同的语素。如：锁门、门锁，前一个"锁"具有动词的功能，表示动作意义；后一个"锁"具有名词功能，表示工具意义。这两个"锁"是两个语素，两个同音的语素。

(二) 语素的分类

对语素可以从不同的角度进行分类。

1. 按音节数目分：单音节语素和多音节语素

(1) 单音节语素。一个音节的语素是单音节语素。单音节语素读出来是一个音节，写下来是一个汉字。汉语的语素大部分是单音节的。如：上、大、我、想、和、吗、而、对。

(2) 多音节语素。两个或两个以上音节的语素是复音节语素。复音节语素在汉语中所占比例较小。如是双音节语素,读出来是两个音节,写下来是两个汉字,但是它们只是整体上表示一个意义;多音节语素也是同样的情况。

多音节语素中有几种值得注意的类型:

① 联绵语素。这是古代汉语遗留下来的,由两个音节连缀成义。根据读音又可分为——

双声联绵(两个音节声母相同):蜘蛛、踌躇、弥漫、斟酌。

叠韵联绵(两个音节韵母相同):蜻蜓、彷徨、叮咛、蹉跎。

非双声叠韵联绵:蝙蝠、葡萄、妯娌、呻吟。

② 叠音语素。两个重叠音节构成,除了关于人的亲属的称呼外,单个音节没有意义。如:弟弟、蛐蛐、冉冉、孜孜、潺潺。

③ 音译语素。或古或今的外来词,音译而成。如:喇嘛、蒙太奇、歇斯底里、布尔什维克。

④ 拟声语素。模拟自然界的声音或人发出的声音。如:滴答、哎呀、叮叮当当、叽叽喳喳。

2. 按构词能力分:自由语素和不自由语素

能独立成词,也能同别的语素组合成词的语素是自由语素,如:山、书、美、葡萄;不能独立成词,只能同别的语素组合成词的语素是不自由语素,如:祖、习、第、阿、化、丽。

3. 按所处位置分:定位语素和不定位语素

和其他语素组合成词时,其位置是固定的,或居前,或置后,这样的语素叫定位语素。前定位语素如:阿(阿妈、阿哥、阿三),老(老总、老鹰、老外、老百姓)。后定位语素如:员(团员、演员、服务员、公务员),子(孩子、椅子、筷子、面子)。

和其他语素组合成词时,其位置是不固定的,这样的语素叫不定位语素。如:动(动人、动力、动静、流动、被动、劳动),美(美丽、美景、美好、壮美、幽美、健美)。"动""美"在词中的位置可前可后。

4. 按意义实虚分:实语素和虚语素

具有实在意义的语素叫实语素。没有实在意义,只是表示某种虚化意义的语素,叫虚语素。如"阿妈"一词中,"妈"是这个词的主要意思,是实语素;"阿"没有实在意义,是构词成分,为虚语素。同样,"黑乎乎"一词中,主要意思是"黑",为实语素,"乎乎"是虚语素。

实语素大多是不定位语素,虚语素大多是定位语素。实语素也可称词根,虚语素也可称词缀。

二、词的构成

(一) 单音节词和多音节词

按照词的语音形式音节数目分,现代汉语的词可分为单音节词和多音节词。

1. 单音节词

由一个音节构成的词。如:

风、鸟、他、红、很、呢

2. 多音节词

由两个或两个以上音节构成的词。如:

关系、赞成、粉丝、回扣、拍卖、开放、失联、忽然

常用词、男子汉、全天候、静悄悄、生产关系、浪漫主义、上海师范大学、英特纳雄奈尔

在现代汉语词汇中,双音节构成的词占多数。

(二) 单纯词和合成词

按照词的内部结构分,现代汉语的词可分为单纯词和合成词。

1. 单纯词

由一个语素单独构成的词叫单纯词,包括单音节单纯词和多音节单纯词。

单音节单纯词:

雪、看、你、啊

多音节单纯词中,双音节单纯词数量大、类型多。上面提到的多音节语素,对应了以下各种词:

联绵词:(双声)忐忑、璀璨,(叠韵)腼腆、从容,(非双声叠韵)垃圾、邂逅

叠音词:猩猩、皑皑、泱泱、翩翩

音译词:色拉、克隆、冬不拉、维纳斯

象声词:吱吱、扑通、哗啦啦、叽里咕噜

2. 合成词

由两个或两个以上语素构成的词叫合成词。现代汉语词汇中,合成词占绝大多数。

(三) 合成词的构成

合成词的构成可以分为两类多项。由词根(实语素)加词根构成的是复合词,由词根加词缀(虚语素)构成的是派生词。

1. 复合词

(1) 联合式。两个语素并列融合而成。又有几种情况:

① 同义联合。相同或相近意义的语素构成。如:

道路、树木、书写、评论、丰富、遥远、辛辣、自己

② 反义联合。相反或相对意义的语素构成。如:

是非、矛盾、裁缝、出纳、开关、好歹、反正、始终

③ 平行联合。构成语素的关系非同义非反义,而是平行并列关系。如:

缝补、笔墨、血汗、心肠、删改、冷静

要了解联合式复合词的意义,必须避免望"字"生义,因为语素含义与合成词的意义之间,有种种不同的关系。有的合成词的意义等于两个语素含义的加和,如:道路、遥远。有的合成词的意义以其中一个语素的意义为主,另一语素的意义或消失或起附加作用。如:"国家"一词,主要是"国"的意义;"干净"一词,主要是"净"的意义。还有一些词的意义不能仅从语素义来理解,它有了新的含义,如:领袖、骨肉、皮毛、笔墨。

联合式复合词中还有一些词,两个语素的顺序可以互换,意义相同。如:喜欢——欢喜、气力——力气、离别——别离、感情——情感。有的词,两个语素的顺序可以互换,但词义有了变化。如:生产——产生、计算——算计。

从词类角度说,以上联合式复合词可以分别是名词、动词、形容词、代词、副词等。

（2）偏正式。语素之间有修饰、限制等关系。通常是前一个语素修饰、限制后一个语素，整个词的意义以后一个语素义为主。如：

低碳、微博、手表、食物、围观、热爱、函授、雪白、百货、高丽参

偏正式复合词从词类说，主要是名词、动词。

（3）动宾式。语素之间有支配与被支配的关系。前一个语素表示动作或行为，后一个语素表示动作或行为所支配的对象。如：

领队、助教、知己、屏风、监工、举重、待业、扫黄、作秀、点赞、开心、吃香

动宾式复合词可以是名词，如上面前5个；也可以是动词，如上面后5个。也有少数是形容词的，如：开心、吃香。

（4）补充式。语素之间有补充说明的关系。用后面的语素补充说明前面的语素，词义以前面的语素义为主。如：

改善、缩短、理顺、说明、割断、建成

以上这些都是动词，后面的成分表示前面动作的结果或趋向。

还有一种补充式复合词，前面的语素表示一种事物，后面的语素表示计量单位。这些都是名词。如：

纸张、马匹、人口、书本、房间、船只、冰块、花朵

（5）陈述式。语素之间有陈述与被陈述的关系。前面的语素是被陈述的对象，后面的语素是陈述的情况。这些词是形容词或名词。如：

年轻、冬至、胆怯、耳鸣、心虚、肉麻、海啸、地震、脑震荡

复合词中还有连动式，两个语素所表示的动作有先后承接关系。如：

剪贴、认领、伏击、查封

还有兼语式，前面的语素有使令意义，后面的语素是隐含对象所发出的行为。如：

逗笑、劝降、请示、召开

2. 派生词

（1）前缀型派生词。词缀在前，构成虚语素加实语素的叫前缀型派生词。

常用的前缀及相应的词有：阿——阿姨、阿哥，老——老虎、老兄、老婆、老板，可——可恶、可靠、可爱、可笑，"非"、"反"、"第"、"超"等。

（2）后缀型派生词。词缀在后，构成实语素加虚语素的叫后缀型派生词。

常用的后缀及相应的词有：子——孩子、蚊子、箱子、沙子，儿——盖儿、帽儿、杏儿、活儿，手——能手、水手、鼓手、拖拉机手，化——绿化、美化、现代化，"性"、"者"、"式"、"家"、"员"等。

词缀的意义比较抽象，但往往有标示词性的作用。例如，带前缀"第"的都是序数词，带前缀"可"的都是形容词，带后缀"者"、"家"、"员"、"手"、"长"的都是名词，表示人。带后缀"化"的是动词或名词，带后缀"气"的是名词或形容词。

三、构词知识的教学

（一）构词知识教学要求

总体说来，对小学生没有系统学习和掌握构词知识的要求；但在词义教学中，学生会接触

到一定的构词知识,在掌握词义的过程中,他们会根据自己的认识经验,凭借一定的语感,感受到某些构词规则。实际上,他们会接触到各种构词样式的词,并且试图运用。

根据小学生的认识实际和语言学习的特点,对小学生构词知识学习的要求,就可以分为显性与隐形两个侧面。显性的要求是:学生要能基本做到"在句子中划分词",了解某些构词知识,以提高掌握词义的能力。

对小学语文教师来说,在备课的过程中,要全面了解文中的词语,尤其对其中的生字词、难点词、重点词逐个分析,包括必要的构词情况的分析,以确定词语教学的内容与方法,确定如何在其中穿插必要的构词训练。从这个意义上说,教师较全面地掌握词与语素的概念、构词方法,对帮助学生理解词义,对改进教学是极为有利的。

(二)显性构词知识教学要则

教师要把握好显性构词知识教学的"度",做到"适量"、"渗透"与"得法"。

所谓"适量",是指控制数量,总体说来要求学生初步了解的构词知识是有限的。"渗透",是指无需专门讲授、专题训练,只是依附于常规的教学环节,主要是词义教学的环节进行。"得法",是说不讲术语,不下定义,用学生可以接受的方式进行,在不经意间让学生感受一些构词知识。

比较主要的教学环节有两类,一是生字词教学环节。如:教二年级学生"飞翔"一词(其中"翔"是生字),先让学生通过查字典了解"翔"的意思是"飞",教师相机告诉学生,"飞翔"一词中,两个字的意思都是"飞",整个词就是"飞"的意思,以后还会碰到这样的词语。教师的一番话,用简单明白的语言,在解释词义的过程中传授了联合式复合词的一些最基本的知识。

还有一种情况,就是在阅读教学中抓重点词、难点词的时候,如果这个词适合在构词方面展开,也可以渗透一点知识。人教版语文教材第十册有一篇课文叫《飞夺泸定桥》,"飞夺"一词是全文的灵魂,表明我军战士"抢时间、争速度"地去夺桥,全文围绕"飞夺"展开。教师紧紧抓住"飞夺"一词,先让学生理解"夺"义,再问学生:"夺"字前面加一个"飞"字,是什么意思,表明了什么。同学们热烈地讨论起来,用书上的事例和自己的认知体会到了"在一个又一个困难面前不低头,争分夺秒"的意思。这里,教师没有讲构词知识,却通过抓重点词的构词特点,巧妙地进入了课文讲读,效果颇好。教师这样设计教学,反映了教师有一定的语言功底,也有一定的教学智慧,在"不经意间"让学生在构词知识方面有所得。

(三)显性构词知识内容举例

1. 词与句的联系

对一二年级学生,教师常常让他们从一个句子中把"词"划分开来。教师不用讲述"词"的概念,只需示范,学生一般就能根据意义感觉把句按词自然地分开。有些虚词学生可能在划分上有困难,这并不要紧。一般说来,重点是实词的划分。

在一年级还有一种常见的建立词、句联系的练习,就是连词成句。先给学生一些词,再让学生把这些词连成一个句子。"句中划词"是从句到词,"连词成句"是从词到句。

让学生初知词与句的联系,有利于他们建立词的概念。这是了解构词知识的基础。

2. 象声词

单纯词中的象声词往往能引起学生们的注意。教师们应要求学生把发声源与所学的象声词联系起来记忆,如:风声——呼呼,鸟声——叽叽喳喳,并让学生了解,象声词整体模拟某种声音,不需要做什么分析。

3. 联合式复合词

如"飞翔"一词这样的联合式复合词,词的两个语素意义相同或相近,词义就是两语素含义的加和。这样的知识,可以让学生了解。如"干净"般,两个语素中以一个的意义为主的,这样的知识可讲可不讲。如"笔墨"般,词的意义不能从语素上分析的,就不需要讲了,直接理解词义。

4. 偏正式复合词

如"智取"这样的偏正式复合词是小学语文教学中比较关注的一类词。低年级的"扩词"训练常常是针对这类词的。如:(　　)花——红花、小花、鲜花、桂花。可视情况对学生讲解两语素的关系。

5. 前缀型派生词

一些前缀没有特别的意义,如"老(老虎)"、"阿(阿姨)",也有一些前缀有一定附加意义,如"可"、"准"、"超"等,可向学生做一些简单的介绍。

6. 后缀型派生词

有一些后缀有标示作用,可以说说,如"家、者、手"作词尾,是表示人的名词。

(四)教学设计举例

课文:三年级第一学期《赵州桥》(人教版)

备课说明:本课有生字词10个,经备课钻研,确定将其中的"石匠"、"坚固"两个词列入需要"渗透"构词知识的词。其中"匠"、"坚"是生字。

表3-1　备课记录

---

1. 匠——石匠
(1) 课文中的石匠指谁?(李春)
(2) 为什么称李春是石匠呢?(在石桥建造方面有很高的技艺)
(3) 查字典,理解"匠"。(工匠,手艺很好)
(4) 师讲解:一个词的最后是"匠",常常表示某一类人。
(5) "×匠"这样的词你们还能举出一些例子吗?(木匠、铁匠)
(6) "×员""×家",也常常表示某一类人。请你举举例子。(服务员、演员;作家、发明家)
2. 坚——坚固
(1) "坚"是生字,请同学们做组词练习。(坚决、坚定、坚持、坚固)
(2) "坚固"一词中,"坚"是什么意思?可查字典。(硬)
(3) 师分析:"坚固"一词中的"固",也是一样的意思。"坚"和"固"合成一个词,整个词的意思就是坚硬、牢固。汉语中有些词的意思就是这么有趣。
(4) 师再引导:本课书中的"雕刻"也属于这样的词。

> **思考与练习**

1. 读下面的句子,先把句子划分成词,再进一步划分成语素。

　　　　　　　我给我们伟大的人民点赞。

2. 确定语素的方法是什么?请举例说明。

3. 判断下面的说法是否正确,并说明理由。

(1) 汉语词汇由单音节词占优势向双音节词占优势发展。

(2) 单纯词都是单音节词。

(3) "窗户"一词的意义主要以语素"窗"义为主。

(4) 联合式复合词的意思,就是把两个或几个语素的意义相加。

(5) 联绵词朗读起来有一种音乐美。

(6) 要对小学生细致地讲解构词知识。

4. 分析下列单纯词的类型,填写在表格里。

蹒跚 法郎 惆怅 崎岖 乒乒乓乓 蝈蝈 哈达 枇杷 枸杞 缥缈 窈窕 浃决 劈里啪啦 冉冉 尴尬 迪斯科 吉他 玛瑙 饽饽 汪汪 朦胧 徘徊 吱吱

类型	词
双声联绵词	
叠韵联绵词	
非双声叠韵联绵词	
音译词	
叠音词	
象声词	

5. 分析下列合成词的构成方式,填写在表格里。

立春 认清 牙齿 弹性 亚健康 可怜 中国梦 操控 国营 冻僵 甘苦 英语角 超女 碧绿 枪支 常态 普遍性 人为 追赃 冰冷 得罪

复合词		派生词	
联合式		前缀型	
偏正式		后缀型	
动宾式			
补充式			
陈述式			

6. 下面的合成词中都含有"水"字,请从构词方式角度指出每个词的类型。

水平 水壶 水滴 吃水 水晶 自来水 水火 汗水 水患 酒水 水旱

7. "头"在不同的词中充当不同类型的语素。"头脑"中的"头"是实语素,"头脑"是联合式复合词;"木头"中的"头"是虚语素,"木头"是后缀型派生词。请你以"老"、"家"、"化"、"界"为例,说说它们可以构成复合词,也可以构成派生词。

8. 偏正式复合词是汉语中比较主要的构词方式,而且是能产的。做主体的语素前面,往往可以受多种语素的修饰或限制。如:(　　)河——大河、黄河、江河。请你也举几个例子加以说明。

9. 五年级课文《开国大典》中有一些主要的词：宣读、宣布、诞生、肃立、瞻仰、检阅、秘书长。请选择2—3个词做"构词知识教学设计"。

附：词所在的句子：

中央人民政府秘书长林伯渠宣布典礼开始。

毛泽东主席宣布："中华人民共和国中央人民政府今天成立了！"

毛主席在群众一阵又一阵的掌声中宣读中央人民政府的公告。

正是这战斗的声音（注：指国歌），曾经鼓舞中国人民为新中国的诞生而奋斗。

30万人一齐脱帽肃立，一齐抬头，瞻仰着鲜红的国旗。

两个半钟头的检阅，广场上不断地欢呼，不断地鼓掌。

第三节　词义知识与教学

一、词义的特性

词义就是一个词代表的意义。语言中的每一个词都有特定的含义，并表现出以下的基本特性。

1. 客观性

词义是反映客观事物或现象的，是客观存在在人们头脑中的反映。离开了客观世界，就无所谓词以及词的意义了。"天"、"地"、"花"、"鸟"，这些词的意义反映了客观的自然事物，反映了人们对这些事物的认识。"股市"、"特区"、"光盘"、"互联网"这些新词的意义我们都能从身边的社会生活中感受到。

2. 概括性

词义是将同一类事物或现象的共同点归纳、抽象出来的结果。例如"桌子"的词义是："上有平面，下有支柱，在上面放东西或做事情。"这一词义概括了一切桌子的形态与功能，舍弃了作为具体桌子的大小、样式、质料、颜色等区别。"桌子"的词义是概括性的。

3. 发展性

社会在变化，人们的认识在变化，词义也会相应发生变化，呈现出词义扩大、缩小、转移等种种情况。如"问"一词，古代有"赠送"、"音信"、"询问"等多种意义，现在只用"询问"义。又如"下海"一词，原指"到海中去"、"（渔民）到海上（捕鱼）"等意义，近年来新添了"指放弃原来的工作而经营商业"的意思。

了解了词义的以上特征，我们还要看到词义的另一个重要特点：当一个词置于一定的语境之中，有了上下文之后，这个词的意义就发生了变化，由概括的变成了具体的，意义变得十分确定了。如："回到家，我看到桌子上放着妈妈买来的点心。"这个句子中，"桌子"是具体的，指"我家"的那一张，大小、样式、质料、颜色都是可以眼见的。

二、词义的分析

（一）词义的概念义和附加义

词义包括概念义和附加义。

词义中概括人们对客观事物的主要认识的是概念义,它是词义的核心内容。因为是客观概括,所以比较理性。

词义中,还有除了概念义之外的附加意义,表达人们的主观态度、客观事物的形象特点、词的语体特点等。它依附于概念义。因为主要是主观反映,所以偏于感性。如"诞辰"一词,概念义是"生日",附加义有对祝贺对象的敬意,多用于所尊敬的人。并不是每一个词的词义中都包含附加义的。例如,"教员"、"教师"、"老师",这三个词有相同的概念义:"担任教学工作的人。""教员"一词就不包含附加义,读起来感觉很客观。"教师"则多了一份敬意。"老师"一词常常用在称呼上,有"当面称谓"的附加意义。

附加意义通常有下面几种:

其一,感情附加义。这是表示人们的主观情感、评价态度。汉语中有一部分词富有感情色彩,如常说的褒义词、贬义词。

其二,形象附加义。这是表示事物或动作的具体形象。如:驼背、佛手、血红、笑哈哈。

其三,语体附加义。口语和书面语是两种不同的语体。有的词义中附有口语色彩,有的词义中含有书面语色彩。如:今天——今日,玩——玩耍,发抖——颤抖,原谅——鉴谅。每组词中前面的词带有口语色彩,后面的词带有书面色彩。

(二) 词义的类聚

以上讲的是单个词的意义。现在在看看词与词之间的关系。如果它们之间的意义存在相同、相近、相反、相对的关系,它们就存在聚合关系,我们称其为词义的类聚现象。如,"亲近、亲热、亲切"都有"感情较好,比较接近"的相近的意义,这就是一组近义类聚。

词义类聚有多重类型:一是"同义",词义完全相同。如:相互——互相,妈妈——母亲——娘。二是"近义",词的基本意思相同。如上面"亲近"一组词。三是"反义",词义相反。如:直——曲。四是"相对义",词义对立,之间存在中间概念的词。如:东——西,先进——落后。

还有另一种词义的类聚现象,这些词在意义上属于同一种类别。如:风、云、雨、雪,这些都是"自然现象"。又如:京剧、沪剧、川剧、锡剧,它们都属于"戏剧"。运用这类词要注意类别的层次性。如:京剧——戏剧——文艺,层次逐级提高。教学——语文教学——小学语文教学,层次逐级向下延伸。

三、词义与词音、词形的关系

(一) 词的多义性——多义词

一个词的意义可以是单一的,也可以是多项的。只有一个意义的词是单义词。如:电脑、手机、摄影机,这些是常用事物的名称;还有一些专用名称、专用术语,意义也是单一的,如:上海、巴金、针灸、光年、声调。

有两个或两个以上意义且意义有关联的词叫多义词。例如:

高:①从下向上距离大;离地面远(与"低"相对)。如:高楼大厦。②高度。如:书桌高80厘米。③在一般标准或平均程度以上的。如:高速度;见解比别人高。④等级在上的。如:高年级。⑤敬辞。如:高见。

上面所列的 5 个意义,它们之间都有关联。第①项是讲"从下向上距离大"。第②项讲"高度",跟从下向上的距离有关。第③、④项是讲比较抽象的向上的距离。第⑤项,是一种感情上的距离,因为是"向上"的,有"敬意"色彩。

词义的多义现象是语言发展的结果。随着社会的发展,语言也要发展。一方面,会涌现越来越多的新词;另一方面就是在原有词语上找途径。汉语中,语音形式有限,词义则可不断增加,于是形成了越来越多的多义词,其意义或范围扩大,或区分更加精细,或表现力更为丰富多样。

多义词的意义可以分为基本义和引申义。

1. 基本义

多义词的几个意义之间并不是并列的关系,其中有一个意义是最基本、最常用的,叫基本义。基本义使用频率高,我们提到某一个词,首先想到的往往就是基本义。如说到"高",我们首先想到第一个意义:"从下向上距离大。"

从词源的角度看,一个多义词最初具有的意义叫"本义"。如:兵——兵器,心——心脏,老——年纪大,走——跑。多义词的基本义可以就是本义,两者一致。如:"年纪大"既是"老"的本义,又是它的基本义。也有不一致的情况,如:"走"的基本义是"步行",而不是"跑"。本义体现了词义的历史发展,基本义体现的是词义在共时条件下的区分结果。

2. 引申义

在基本义基础上派生出来的意义叫引申义。如上面例举的"高"的第②—⑤项就是引申义。又如:"回味"的基本义(也是本义)是"食物吃过后的余味",引申为"从回忆里体会"的意思。

引申义与基本义都有相似、相关的联系。以下几种比较常见。

(1) 直接引申义。由基本义直接推演出来的派生意义。例如:"老"由"年纪大"的基本义引申为"老年人"、"很久以前就存在的"、"对某些方面富有经验的"、"陈旧"、"很久"、"经常"、"死亡"等。"修饰"的基本义是"修整装饰使整齐美观",引申义有"梳妆打扮"、"修改润色,使语言文字明确生动"。

(2) 比喻义。在基本义的基础上通过比喻用法产生固定的新意义。如"包袱"的基本义"包衣服等东西的布",比喻义"比喻某种负担";"虎口"的比喻义"比喻危险的境地"。

(3) 形容义。在基本义的基础上通过形容类似现象或采用象征手法产生的新意义。如"苦涩"的基本义"(味道)又苦又涩",形容义"形容内心痛苦";"红豆"原是红豆树或它的种子,用来象征"相思"义。

单独看,一个词的意义常常是多义的,但是在具体的语言环境中,这个词有了上下文,它的词义就是单义的了。

(二) 词的同音现象——同音词

语音形式相同但意义没有关联的两个或一组词叫同音词。同音词又分两种。

1. 同音同形词

语音形式和书写形式都相同的是同音同形词。如:

花:可供欣赏的植物(开花)——花:耗费(花时间)

和：平和、和缓(温和)——和：连词，表示联合(我和你)

丈：长度单位——丈：丈夫

纠：集合(纠集)——纠：督察、检举(纠察)

这类同音词在词典中一般都分条列出，能帮助我们区别。

2. 同音异形词

语音形式相同，书写形式不同的是同音异形词。如：

后——厚，原因——元音，越剧——粤剧——乐句，微信——威信——唯心——违心

同音词在语言中有一定的积极作用，使用得巧妙，能加强语言表现力。如："用'掌声记录仪'监测春晚语言类节目的'笑果'"。临时新造词"笑果"与"效果"同音，在"效果"的一般意义中还包含了观众鼓掌发笑的含义，十分逼真。同音词可以构成同音双关的修辞手法，表达一定的思想感情。

同音词有时也会造成意义的混淆。如："娇气"和"骄气"，"期中考试"和"期终考试"。需要用一定方法加以区别。

(三) 词的同义现象——同义词

意义相同或相近的两个或一组词叫同义词。同义词又分两种。

1. 等义词

意义几乎完全相同的词是等义词。一般情况下可以互相替代。如：

衣服——衣裳，力气——气力，番茄——西红柿

这类等义词没有区别意义的功能，在汉语词汇中数量也很少。

2. 近义词

近义词的概念义基本相同，但附加义或用法上有种种细微的差别。如：

传——递，赠——送，合格——及格，自豪——自满，爱惜——珍惜，缺点——弱点，时代——时期，如果——要是

近义词在汉语词汇中大量存在，同一概念可以用不同的几个、十几个，乃至更多的词来表达，这是造成词汇丰富的重要原因。丰富的近义词，有助于精确细腻地反映事物的细微差别，有助于人们选择恰当的词表达自己的态度和感情，有利于展示语言表达上多样的风格特点、色彩变化。近义词的存在有十分积极的作用。

要掌握近义词，就要学会辨析。近义词的特点是大同小异，同中有异。辨析，就是要找到"同"，区别"异"。

(1) 从意义方面辨析：

① 辨词义范围。有些近义词的差别主要在于词义所指事物的范围的大小，一般是近义的名词表现出来的差异。如："事情、事件、事迹"一组中，相同处是三个词都是指"人类生活中的活动和社会现象"，主要差异是范围不同。"事情"可以指人类社会一切活动和现象，意义范围最大。"事件"特指历史上或社会上发生的不平常的大事情，范围有所缩小。"事迹"则是指个人或集体以前做过的比较重要的、好的事情，范围最小。又如：战争——战役——战斗，教育——教学，每一组词的范围由大至小。

② 辨词义轻重。有些近义词的差别主要在于词义的轻重不同(如程度、特征)，这一般是

近义的动词、形容词、副词表现出来的差异。如:"竭力、尽力、努力"一组词中,相同的意思是"非常用力,以达到预期目的"。主要的差异是语义有轻重。"竭力",程度最重,"尽力"次之,"努力"多指在长时间中不断尽量使出力量,程度更轻。又如:陌生——生疏,显著——明显,优秀——优良,恳求——请求,毁坏——损坏,每一组的语义由重到轻。

③辨感情色彩。有些近义词所表示的概念意义是一样的,但是附加的感情色彩不同。有的词,说话人赞同,是褒义词;有的词,说话人反对,是贬义词;还有的词,属于中性词。如:"成果、效果"都指结局,但"成果"是褒义词,只指好的结果;"效果"是中性词,可指好、坏结果,好的结果居多。又如:"爱护、保护、袒护",分别是褒义词、中性词、贬义词。果断——武断,团结——勾结,这是成对的褒义词和贬义词。

(2) 从语体风格方面辨析:有的近义词的差别主要表现在语体风格上。也有几种情况。

①辨口语、书面语。例如:卖——售,妈妈——母亲,礼拜——星期,吓唬——恫吓,马上——立即,前者多用于口语,后者多用于书面语。

②辨普通用语、特殊用语。有的词只在某种语体中使用。例如:这——此,可以——准予,后者多用于公文。又如:飞——翱翔,寂寞——寂寥,后者多用于文艺作品。

(3) 从功能方面辨析:

①辨搭配关系。汉语中有一些习惯用法,搭配习惯。如:"交流"和"交换"是近义词,它们的搭配关系是:交流——思想、经验、物资、文化,交换——物品、意见、资料、场地。"履行"和"执行"是近义词,它们的搭配关系是:履行——合同、诺言、手续、义务,执行——命令、计划、任务、政策。

②辨词句功能。近义词一般词性相同,也有不同的或不完全相同的(词性兼类)。不同词性的近义词在用法上就有差别了。如:"深刻"和"深入","深刻"是形容词,"深入"是动词,能作动词用,两者在具体使用中有不同。

(四) 词的反义现象——反义词

意义相反或相对的两个或一组词叫反义词。反义词又分两种。

1. 绝对反义词

在两个反义词之间没有表示中间状态的词,这两个反义词就是绝对反义词。如"生"与"死",肯定了"生",也就否定了"死"。绝对反义词是一种非此即彼的关系。这样的反义词有不少:动——静,正——反,对——错,主观——客观,合法——非法,出席——缺席。

2. 相对反义词

在两个反义词之间存在表示中间状态的词,这两个反义词就是相对反义词。如:"冷"和"热",在两者之间还有"不冷也不热"的状态。有些词的意义并没有严格的对立关系,但出于语言习惯常常对举使用。如"黑"与"白",非"黑"不一定是"白",可能是红、黄、蓝等。"春"和"秋"也是这样的情况。

值得注意的是,反义词并不是固定不变的。一个多义词可以有几个不同的反义词。如根据"老"的不同意义可以有"少"、"新"、"嫩"等几个对应的反义词。一组同义词也可以有相同的反义词。如:创新、革新——守旧,称赞、表扬、夸奖——批评。

反义词在语言表达上有积极的作用,可以揭示事物的对立关系,可以构成对偶、对比、反语等修辞手法。如：

<u>虚心</u>使人进步，<u>骄傲</u>使人落后。

"到那时，……<u>富裕</u>将代替了<u>贫穷</u>，<u>康健</u>将代替了<u>疾苦</u>，<u>智慧</u>将代替了<u>愚昧</u>，<u>友爱</u>将代替了<u>仇杀</u>，……"（方志敏《可爱的中国》）

反义语素和反义词可以构成大量合成词和成语，有十分丰富的语言表现力。如：沉浮、冷暖、古今、起伏、甘苦、得失、古为今用、此起彼伏、取长补短、深入浅出、喜新厌旧、白纸黑字。

（五）词的同形现象——同形词

书写形式相同但语音形式和意义都不相同的一组词叫同形词。如：

好：hao（第三声）优点多，合宜，表示赞许等。

　　hao（第四声）喜爱。

的：de（轻声）用在定语的后面，如：幸福的生活。构成"的"字结构。

　　di（第二声）真实，如：的确。

同形词表面上看是一个词，其实它们是几个词，不属于一词多义。上面所列是有不同意义的两个"好"字，还有不同意义的两个"的"字。

四、词义知识的教学

（一）词义知识教学要求

2011年教育部制定的《义务教育语文课程标准（2011年版）》对各学段学生的词义学习提出了具体的要求。

一二年级：结合上下文和生活实际了解课文中词句的意思，在阅读中积累词语。

三四年级：能联系上下文，理解词句的意思，体会课文中关键词句表达情意的作用。能借助字典、词典和生活积累，理解生词的意义。

五六年级：能联系上下文和自己的积累，推想课文中有关词句的意思，辨别词语的感情色彩，体会其表达效果。

由上可见，《义务教育语文课程标准（2011年版）》对学生理解词义的要求逐年段提高，从低段的"了解"，到中段的"理解"、体会词的作用，再到高段的"辨别"、"感情色彩"；并且提出了了解词义的三个方法：联系上下文、联系生活实际和借助字典、词典。在理解词义的同时，还要注意积累词语。

（二）词义教学要则

1. 把准词义教学的阶段性

在小学五、六年级的语文学习中，词义教学一直是一项重要的任务。但是，在不同阶段由于内容、任务的差异在教学指导上也有一定区别。

（1）从词义教学的过程看。在一年级，学生的词义学习基本上是与识字教学紧密相连的。也就是，生字词即要求学生掌握的新词，简短的课文中并不需要"挖掘"更多的新词，集中精力抓好识字教学，抓好生字的字义，即新词的词义，也就主要地抓好了一课书的词义教学。从二年级开始，除了要继续抓好生字词教学外，还需要"寻找"课文中的其他新词。到了高年级，词义教学将完全纳入阅读教学中。教师将根据阅读的需要开展词义教学，并使词义教学成为推进阅读教学的一个重要途径。

（2）从掌握词义的要求看。小学生学词，首先大量接触单音的基本词，"山、水、风、云"之类，这些词义的主要特征是具有具体性、稳定性，学生主要通过具体事物的形象，联系生活实际来把握词义。这些词是整个词义教学的基础。而后，双音节常用词大量出现，各种构词结构的词逐步呈现在学生面前，他们要学习用各种合适的方法去把握词义。随之，熟语也越来越多地出现。到了高年级，又将出现各种形象丰富、表达细腻的词，这就要求学生在理解概念意义的基础上，进一步理解词的附加意义，表达色彩，学会区别近义词之间的细微差别。学生们就这样一步一步走进词汇的殿堂。

从释义的方法看。释义的方法有许多种类。低年级当用比较直观的方法，中高年级可以运用词素分析、词义辨析等方法。

2. 认真做好"选择"工作

（1）词的选择。除了生字词以外，一篇课文中出现的词语是很多的，不可能也不需要全部都抓。这就需要"选择"。选择的标准大致有以下几条：

其一，从词语在课文中的地位看，要选择表现课文重点、课文主题的词语。

其二，从学生的学习基础看，要选择学生比较陌生、不太了解的词语，包括带有文言色彩的词语、成语等。

其三，从词语的特点看，要选择有训练的基础价值或普遍价值的词语。

（2）释义方法的选择。解释词义的具体方法有许多，根据词语本身的特点和学生的认识实际，要选择合适的方法。例如，同样是复合词，在不同的年级，释义的方法并不一样。

斯霞老师在教授一年级学生理解"饱满"一词的词义时是这样进行的。课文中有这样一句话："颗颗稻粒多饱满。"斯老师要同学们用"饱满"造句。学生说："麦子长得很饱满。""豆子长得很饱满。"这时斯老师忽然走到教室门口，胸脯略略挺了挺，头微微扬了扬，两眼炯炯放光，问学生："你们看，老师今天精神怎么样？"大家不约而同地回答："老师精神饱满！"而后斯老师又让学生们挺起小胸膛。——教"饱满"，斯老师没有涉及构词特点，她先用造句的方式让学生"意会"了"饱满"的基本义"丰满"，接着用自己的身体直观让学生"意会"了"饱满"的引申义"充足"。

有个教师在教人教版六年级下册《一夜的工作》一课时，这样引导学生学"审阅"一词：讨论时，有同学认为是"审查"的意思，也有同学认为是看得仔细。前者是抓了"审"，丢了"阅"；后者是一种想当然的解释，认为周总理一定看得非常仔细。此时老师引导学生运用先解释语素，再解释整个词语的方法。用了这个方法，学生说得很好："审"是审查，"阅"是阅读，"审阅"就是审查、阅读。这时再让学生说说"审阅"与"仔细地看"有什么不同。学生回答："审阅"一定是仔细地看，但仔细地看不一定是"审阅"。比如我们小朋友阅读一份材料，即使非常仔细，也不能说"审阅"，因为这份材料是不会要小朋友来审查的。这位老师让学生采用语素分析法理解词义，并用比较法提示了运用时要注意的地方。

当然，就某个词而言，释义的方法可以是多样的，要选择最恰当的。

3. 在具体的语言环境中展开教学

大多数词是多义的，但是在具体的语言环境中，一个词的词义就是具体的、单一的。语文学习中,学生学习的词都是置于具体的文章之中的,它应该有确切的含义。这就要求我们,在开展词义教学的时候,不要抽象地概括地去解读,或者说,不要只是停留于抽象概括地解读,而是要进一步联系具体的语言环境,联系上下文,这是词义教学的一个十分重要的原则。

把词义解释置于语言环境中,不仅使词义单一了,也能使学生对词义的理解更加具体形象,因而更深入地进入脑海。例如人教版四年级下册在《桂林山水》一文中,有这样一句:"漓江的水真清啊,清得可以看见江底的沙石。""清"是需要讲读的重点词。"清"有"纯洁无混杂的东西"、"寂静"、"公正廉洁"等意义,在这里当然是第一项意义。但如果停留于此是不够的。联系下文,学生就可体会"清"是如何之"纯洁无混杂"的,就连江底下的沙石都能看得清清楚楚。这样的词义学习是十分有意义的。

把词义解释置于语言环境中,还能让学生对词义的理解更细腻、更精准。部编版二年级上册《狐假虎威》中有一句话:"老虎被蒙住了,松开爪子。""蒙住"是什么含义呢?

生:"蒙",我查了字典,是讲"欺骗",这里是老虎被狐狸欺骗了。

师:"蒙"是欺骗,"被蒙住"在这里不全是受骗了。你们再读读课文的上下句想想。

(生默读课文)

生:老虎听狐狸这样说,看到大家这样做,它弄不清是怎么回事了。

生:老虎给狐狸搞糊涂了。

师:对了,这里的"蒙住"是说老虎听了狐狸的话被搞糊涂了。

联系上下文,"蒙"、"被蒙住"的意思更加确切了。

4. 引导掌握方法,扩展学习

从方法上引导学生,让他们逐步掌握方法,自主学习,这是我们追求的目标。

学生是学习的主体,但他们从不会到会,有一个渐进的过程,需要教师适度的引导。解释词义的种种方法,积累词语的各种途径,教师们要一步步教,又要一步步"放"。每一种方法的教学,都有一个逐步放手的过程。最终,在小学毕业时,学生将达到应有的水平。在教学过程中,教师的导语、启发语、讲解语、评价语、结语等,都有一个引领的"度"的问题,需要认真把控。

薛法根老师在教学苏教版三年级下册《槐乡五月》一课时,就体现了"沉入词语"的教学艺术,以及对学生学习能力的充分相信。文章文质兼美,情感丰富。薛老师抓住词语,统领全课:导入课文时,对"槐"、"槐乡"进行了细腻的教学;初读课文时,提出了一个聚焦目标为词语的问题:"你从这篇课文中又学到了哪些新鲜的词语?读给大家听听。"精读课文时告诉学生:"读课文一定要注意这样的词,重叠的,想一想还是原来的意思吗?"升华阅读时这样问:"五月,是槐花飘香的季节,你能引用课文中的内容,将'槐花飘香'四个字的意思说具体吗?"薛老师的课将词语教学完全纳入阅读教学中,推动了全篇教学,其间引导学生自主学习,细细品味词语,感受作者情感。

词语学习完全依赖课堂是不行的,也是不现实的。社会上层出不穷的新老词语的各种形式的呈现、交流,时时出现在学生们的生活中。引导学生在学校学习的基础上,适当地扩展学习,不仅能提高他们学习语言的兴趣,也能提升他们学习语言的效果。

(三) 释义的要求与方法

1. 释义的要求

解释词义的标准是什么?是追求精确,还是允许模糊?是要求"能言说",还是也允许"意会"?对精确与模糊,要辩证地看,具体地看。有时需要精确,有时可以模糊,有时可以是精确与模糊的组合。同样,"意会"也应是理解词义的一种方法。

斯霞老师对一年级学生解释"祖国"一词的案例值得我们研究。

　　师:什么叫"祖国"?
　　生:"祖国"就是"国家"。
　　师:美国是一个国家,日本是一个国家,我们能说美国、日本是祖国吗?(顺势反问,提出疑惑)
　　生:(发觉有问题,但不知如何作答)
　　师:祖国,就是我们自己的国家。我们的爸爸、妈妈、爷爷、奶奶、爷爷、奶奶的爷爷、奶奶,祖祖辈辈生活在我们祖国的大地上。我们的祖国有一个响亮的名字——
　　生:中华人民共和国!

"我们自己的国家"这一解释中,"国家"的含义并没有具体解释,让学生的生活感受来弥补,"我们自己的"这样的说明是极其重要、十分准确的,说得十分明白,学生也能理解。所以斯老师对"祖国"的解释是"精确"与"模糊"的有机组合。

2. 释义的方法

(1) 最基本的方法——联系上下文。前面已经说过,任何词在课文中的意义都是确定的,所以,解释词义无论如何也离不开具体的语言环境。把"联系上下文"定为释义的最基本的方法是合适的。

当然还有多种释义的方法,但不管采用哪种方法,都必须与"联系上下文"的方法结合起来使用,或者说,所释之义都要受到"上下文"这一具体语言环境的"检验"。

值得注意的是,《义务教育语文课程标准(2011年版)》在各年段的词义教学中,都提到了"联系上下文"这一基本方法。

(2) 最通用的方法——查字典,找注释。学生学习的任何常用词都可以从字典、词典中找到答案。故而,这是最通用的方法。

但是在实际教学中,并不要求字字(词词)查字典、词典,要做具体分析。学生从一年级第二学期或二年级起就接受查字典方法的训练,但真正利用字典解释词义一般要从二年级第二学期开始,中高年级使用得较为频繁。开始阶段,教师要"指定"一定的字(词)让学生查词义,到了高年级的某个时段,应让学生自由地运用字典、词典,养成查字典、词典的习惯。

运用查字典、词典的方法,必然是"注释"词义,注释义一定要与上下文建立关联,要与实际运用关联。教师作注释介绍,要做到确切、易懂。学生自己找注释义,教师要合理引导理解,或补充说明、举例说明等。

袁瑢老师在教《少年闰土》一课中的新词"秕谷"("秕"是生字)时,她首先问学生"秕"和"秕谷"的意思,因为学生已经查过字典,回答说:"'秕'就是不饱满。'秕谷'就是谷子不饱满,是瘪的。"老师说:"你们说得很对。那么枣子干了,能不能说'秕枣'呢?"学生说不能。老师进一步说明,"秕"一般只用于不饱满或空的谷子,所以是禾木旁,别的东西不饱满,或干瘪了,不能用这个"秕"字。袁老师在学生查字典基本了解词义的基础上对词的运用范围做了明确的讲解,这个词学生以后就不会用错了。

(3) 直观法。直观的方法是把学生不理解的比较理性的意义具体化、形象化,让学生实在地感受到。具体的办法有多种,如实物直观、模象直观、言语直观、动作表情直观等。

有篇低年级课文出现了"拿、灌、插、放"四个词,为使学生能理解、区别这些词,老师准备了花瓶、水和一束花。上课时,她一边演示一边讲述:"拿来一个花瓶,把水灌进花瓶里,把花枝插进去,再把花瓶放在窗台上。"随着老师的演示,学生领会了这些词义。这是一种"实物直观意会法"。

结合上课画简图是一种简单有用的直观方法。老师如有画图基础,可结合讲读随时作画,往往效果极佳。李吉林老师常常这样做,她有练简笔画的功底。教屠格涅夫的《麻雀》一课,她引导学生朗读课文,想象课文描写的画面。根据学生的回答,李老师随手用简笔画再现了课文的情景。她一口气画了四幅画,深深吸引了学生们。老师和学生都完全进入了课文情景,为之后的词义学习和篇章学习打下了很好的基础。有时,李老师也让学生在学习课文的过程中自己作画,在作画过程中了解词义、了解课文。

现在,配合课文内容播放视频的情况比较普遍。在使用这一比较现代化的直观方法的同时不要忽略传统的直观方法。有的传统方法十分简便,而且有效,如斯霞老师的身体直观法、李吉林老师的画简图等。同时,教师还要防止视频播放的滥用情况。

(4) 联系生活法。有些词说的是生活中的事、物,把学生熟悉的生活场景加以展示分析,学生就会明白词义。

(5) 分析比较法。基于学生的已有经验,通过比较、分析,能引导学生由旧知到达新知。如利用学生已知的熟词与新词作比较,这样的比较学习从低年级就开始了。中高年级,有不少近义词、反义词、多义词的比较练习。近义词比较,常用到语素对比分析法,如:创造—制造。有些词要从范围、色彩、语体、功能等方面来区分。褒义词、贬义词的学习与比较也需合理安排。反义词有时可用加否定词的方法来理解,如:凌乱—不整齐,没有秩序。要注意的是,反义词并不是一一对应的,要看语言环境。

在人教版第十册《再见了,亲人》一课中提到了"战争"、"战役"、"战斗",这三个词怎样作区别?教师先画了这样一个简图(图 3 - 1)。

看了简图,学生初步明白了三个词义范围的大小。接着,老师又作了这样的讲解:"'战争'的使用范围最大,它包含着若干次'战役',课文中写到的五次战役各是朝鲜战争的一个部

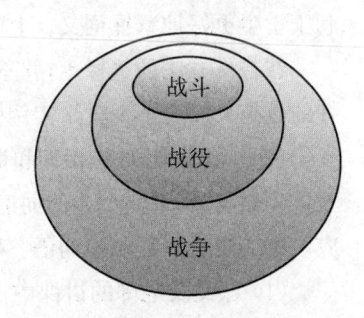

图 3 - 1 战争、战役、战斗的范围比较

分。'战役'呢,它的使用范围又比'战斗'大,一次战役包括着若干次战斗。"老师还设计了这样一道填空题:"上甘岭(战役)是抗美援朝(战争)中最激烈的(战役),其中夺取敌人占领的597.9高地的(战斗)是最关键的一仗。"通过教师的讲解和词语的运用,学生进一步准确理解了词义。

(6) 描写法。有些词义教师较难对学生讲清,或停留于"注释"学生可能还是不太明白,那就可以用叙述、描绘的方法加以解释。

如部编版二年级上册《狐假虎威》一课有"纳闷"一词——

生:"纳闷"就是奇怪的意思。

师:"纳闷"究竟什么意思?我们读课文再来讨论。

师:第3节,讲野兽怎么样?

(生读:"森林里的野猪啦,……都很纳闷。")

师:为什么纳闷呢?

生:它们想,平时狐狸贼头贼脑的,鬼鬼祟祟的,今天怎么这么神气呢?觉得很奇怪。

生:野兽们想,平时狐狸总是东跑西窜的,今天怎么大摇大摆地走过来,和往常不一样,所以纳闷。

生:书上写的,野猪啦,兔子啦,只有兔子怕狐狸,其他野兽狐狸见到都是怕的,要逃的。今天怎么狐狸不逃走,而是大摇大摆的?所以纳闷。

师:你们讲得对,这些动物脑子里有个问号,这就叫"纳闷"。

学生们通过想象描述,把字典中"纳闷"的意思"疑惑不解"理解得很清楚了。

字典、词典中对有些词义的介绍也采用了描写法。如"寒潮":"从寒冷地带向中、低纬度地区侵袭的冷空气,寒潮过境时气温显著下降,时常有雨、雪或大风,过境后往往发生霜冻。"

(7) 尝试运用法。有的词义并不需要专门解释,而是直接通过运用来体会。造句就是常用的办法。有些近义词的差别在于搭配习惯不同,这就直接用说短语、造句子的方法帮助理解。

尝试运用法还常常与其他方法结合在一起用,这样既有"理解"环节,又有"运用"环节,有利于学生更好地掌握词义。上面的"饱满"例、"战争"例中,都让学生尝试运用词语。

在释义方法的选择上,并不完全是单一的,很多时候两种方法或多种方法组合使用有更好的效果。以上不少教学实例就是这样的。

(四) 积累词语(包括词和词组)

积累词语,提高个人的词汇量,有利于提高语言表达水平。小学生在语文学习的过程中,应该始终注意不断积累词语。积累词语的途径和方法有很多:

(1) 课文及老师的讲课中,会出现不少积累词语的提示与方法。学生可利用这些提示和方法,把"积累"延续下去。如:有一套教材在三年级第二学期和四年级第一学期分别出了这样的积累题:

人教版三年级下册《绿》,课文第二节的内容如下:

从哪儿去找这么多的绿:

墨绿、浅绿、嫩绿,

翠绿、淡绿、粉绿,

绿得发黑,绿得出奇。

请你积累描写绿色的词语。

人教版四年级上册《火烧云》,出了这样的习题:

请你按照下面的分类积累表示颜色的词语:

葡萄灰　血红

黑乎乎　红艳艳

翠绿　　赭黄

显然,四年级对学生的要求有所提高。首先,表示颜色的词语的类型多了,要求学生细细琢磨每一类词的特点;其次,要求学生在学习本课的基础上扩展开来,把过去学到的内容也归纳进来,还可以把在课外阅读中学到的有关词语加以收集。

(2)利用课本的单元练习、课后附页上的"词语表",做积累练习。"词语表"一般都是按照课文的次序编排的,可要求学生分类整理。

(3)在课外阅读时,记录、整理词语。学生在课外阅读时,也会学到不少新词,以及他们认为的"好词"。要鼓励学生记录下来,积累了一定量后再加以整理。

(4)有意识地集中收集有关词语。为了表达的需要,有时要收集一些词语。例如:描写春夏秋冬的词语,描写风云雨雪的词语,描写动物植物的词语,描写人物肖像表情的词语,描写人物性格品德的词语等,每一部分还可以细分。

积累词语一般要注意分类整理,这样便于记忆,便于使用。分类可以从意义角度考虑,也可以从表达形式上考虑。下面是表示时间的词语:

早晨　清晨　清早　晨练时　东方露出了鱼肚白　太阳从东方冉冉升起

正午　午饭时　中午12点　红日高悬头顶

每一行表示一个时间段,有的词概指某个时间,有的词确切地指某一个时间点(如12点),有的用描写的方法介绍时间。

思考与练习

1. 举例说明词义的特性。

2. 为什么说"联系上下文"和"查字典"是最主要的释义方法?

3. 指出下列词的基本义和引申义。

　　一　小　包　手　挤　基本　沐浴　破绽　淋漓　计算

4. 什么叫同音同形词?下面的哪些词有同音同形词?

　　棒　皮　如　局　竟　敬　出　寄　介　五

5. 可以从哪些方面辨析同义词?请辨析下列各组同义词。

维持——保持　　果断——武断　　天气——气候　　爱护——爱戴　　生日——诞辰

伤害——危害　　吓唬——恫吓　　安排——部署　　请求——恳求　　小气——吝啬

6. 有些词在不同的语境中可以构成不同的反义词,请你填写出来。

开：⓪车——⓪车　　　　正：

7. 小学语文教学中有"多音字"一说。如：降（jiang第四声）、降（xiang第二声）。你怎样理解这一说法？教学中可采取怎样的方法？

8. 你在教学中怎样使用恰当的解释词义的方法？有什么经验和教训？请举例说明。

9. 仔细阅读小学教材中的《桂林山水》一文,作简要的词语教学设计。

教学中主要抓的词（词语）
释义方法（具体说明）

10. 教学下面的文章,你应该怎样引导学生积累词语？（可从多种角度考虑）

赏秋观红叶

秋天的太湖源红叶满山,野菊漫坡,酷似一幅色彩绚丽的油画。

红叶顺山势升高,色彩变幻,层次分明。不同的树叶,不同的颜色。枫叶的红,红得艳丽；檫叶的红,红得深沉。就是同一棵树上的叶,色彩也迥然不同。树梢的叶,鲜红亮丽；枝间的叶,红里透黄；底层的叶,黄绿交融。有时同一片红叶,也红得灿烂各异。正面猩红,背面赭红；叶尖血红,叶柄嫩红；片片嫣红,叶脉紫红。

山峦岗坡的色彩,更是景象非凡。溪涧谷底,红叶点缀在浓郁的苍绿之中,像一簇簇燃烧于绿浪中的火焰；山腰陡坡,红叶一大片一大片镶嵌于漫坡的苍翠之中,如一块墨绿色挂毯中一朵朵盛开的火玫瑰；高岗峰峦,红叶撒落在苍松灌木林间,犹如色彩斑斓油画中那一抹抹艳丽的红亮。

来过太湖源头的游客都说,如此五彩缤纷的红叶,真可与北京香山媲美。在太湖源头赏秋观红叶,宛如欣赏一幅名家的长轴画卷,无论从哪个角度鉴赏品味,都能尽享多姿多彩的迷人秋韵。

第四节　熟语知识与教学

一、熟语知识

现代汉语中的一些固定短语称为熟语。熟语包括成语、惯用语、歇后语、谚语、格言等。成语、惯用语和歇后语在使用时相当于一个词,是完整的意义单位。谚语和格言是独立的句子。

(一) 成语

1. 成语的来源

汉语成语有悠长的历史。有专家对注明来源的 4 600 条成语做了统计,结果发现,来源于先秦的有 3 128 条,占总数的 68％;来源于魏晋南北朝的有 690 条,占总数的 6％;来源于隋唐的有 414 条,占总数的 9％;来源于宋的有 276 条,占总数的 6％;来源于元明清的有 92 条,占总数的 2％。

成语的具体来源是多方面的。

(1) 源自古代神话或寓言。如:开天辟地、女娲补天、精卫填海、渔翁得利、狐假虎威、愚公移山、南辕北辙、守株待兔

(2) 源自历史事件或故事。如:卧薪尝胆、负荆请罪、完璧归赵、三顾茅庐、退避三舍、四面楚歌、指鹿为马、图穷匕见

(3) 源自古典作品或名句。如:不耻下问、一鼓作气、如虎添翼、世外桃源、何去何从、后生可畏、血气方刚、温故知新

(4) 源自群众的口语。如:青红皂白、半斤八两、少见多怪、改头换面

(5) 后世产生的。如:五湖四海、鼓足干劲、古为今用、百花齐放

2. 成语的结构

成语绝大多数是由四个字组成的,结构匀整。这个格式经千百年使用得以流传。在古代汉语中相当于四言诗句,在现代汉语中相当于两个双音节词。两字一顿,大多平仄相对,音律和谐。成语中也有少量非四字成语,如:莫须有、吃一堑、长一智,人怕出名,猪怕壮,姜太公钓鱼、愿者上钩。

具体细分成语的结构,主要有以下几种:

(1) 联合式。如:耳闻目睹、赤手空拳、博古通今、起承转合、丁是丁卯是卯

(2) 偏正式。如:燃眉之急、沧海一粟、侃侃而谈、循循善诱、九牛二虎之力

(3) 动宾式。如:饱经风霜、初出茅庐、平分秋色、重整旗鼓、冒天下之大不韪

(4) 补充式。如:重于泰山、束之高阁、近在咫尺、名落孙山、呆若木鸡

(5) 陈述式。如:铁树开花、马到成功、四海为家、秋风扫落叶、巧妇难为无米之炊

3. 成语的作用

成语以精炼的富有表现力的语言样式将丰富的内容呈现出来,言简意赅,能收到以少胜多的艺术效果。那些脍炙人口的神话、寓言、故事、史实、哲理,通过简简单单的一个词语就能展现,这是人们十分喜爱的语言样式。

成语的表意十分传神生动,常用形容、比喻、夸张等修辞手法来表述,如:画饼充饥、同床异梦、一毛不拔、勃然大怒。成语能大大增强语言的感染力。

成语多为书面语,文中使用成语能增添书卷气息,加上成语富有音律与节奏,读来很有韵味。

4. 成语的释义

要了解成语意义的整体性。有一部分成语,从字面上就可理解其意义,如:顾此失彼、风平浪静、大公无私。但更多的成语不能只采用语素分析法,不能只去找寻字面意义,而是要进

一步探究引申义、比喻义。如:"破釜沉舟"表面上是说"砸破饭锅沉掉船",实际意义是"比喻下决心不顾一切干到底"。"画饼充饥"的实际意义是比喻借空想来安慰自己。

很多时候还要注意成语的感情色彩。有的成语含有褒义,如:入木三分、同舟共济、投桃报李、无微不至。还有的成语含有贬义,如:拈轻怕重、巧言令色、目空一切、处心积虑。有些成语意义相仿,但一褒一贬,如:侃侃而谈——夸夸其谈。

(二) 惯用语

1. 惯用语的结构

惯用语以三音节为主,也有四音节或更多音节的。如:

开后门　走过场　开夜车　爱面子　唱高调　敲警钟

打游击　磨洋工　出洋相　挤牙膏　夹生饭　碰钉子

钻牛角尖　吃定心丸　拿人当枪使　拼个你死我破　牵一发而动全身

惯用语的结构有一定的灵活性。不少惯用语的结构成分可以扩展,可以前后颠倒。

敲警钟——敲了一次警钟　警钟敲了起来

出洋相——出尽了洋相　出了好几次洋相

2. 惯用语的释义

惯用语通过引申、比喻的方式产生新的整体意义。如:"兜圈子"形容说话拐弯抹角,不直截了当。"放空气"比喻故意制造某种气氛或散布某种消息。

惯用语多来自群众口头语,因而通俗、平易、明快,常带幽默感。不少惯用语含贬义色彩。如:吹牛皮、拍马屁。

(三) 歇后语

歇后语是由近似谜面、谜底两个部分组成的形象而俏皮的口头用语。歇后语的前半部分是个比喻或隐语,后半部分作意义的解释。歇后语的两部分之间有间歇,书面上用破折号来表示。有时候说话人只说前一部分,让听话人自己去体会间歇后的含义。歇后语由此得名。

歇后语分两类:喻义的和谐音的。

1. 喻义类

这类歇后语前半部分是一个比喻,后半部分是对前半部分的解释。

风吹落叶——一扫光

竹筒倒豆子——一干二净

泥菩萨过河——自身难保

千里送鹅毛——礼轻情意重

大路上的电杆——靠边站

十五个吊桶打水——七上八下

以上歇后语后半部分的解释有两种类型。前四例,解释的意义既是前面比喻的意义,也是整个歇后语要表达的意义。后两例,解释的意义是对前面比喻的解说,但需要经过"转义"环节才能领悟整个歇后语的意义。"靠边站"不是指"站在路旁",而是指"被迫离开职位或失去权力"。"七上八下"是形容人心神不安。

2. 谐音类

这类歇后语后半部分借助同音或近音现象表达意思,妙语双关,产生"言在此而意在彼"的效果。

飞机上挂暖瓶——水瓶(平)高

孔夫子搬家——净是书(输)

猴子学走路——假猩猩(惺惺)

石头蛋腌咸菜——一盐(言)难进(尽)

歇后语很形象,运用得恰当,可使语言生动活泼,幽默风趣;使用不当会流于庸俗、油滑。有些歇后语不太健康,有的带有封建迷信色彩,应属剔除之列。

(四) 谚语

谚语是流传在人们口头上的通俗易懂含义深刻的话。谚语涉及的范围很广,农业的、气候的、山川景物的、做人道理的、思想方法的等。如:

瑞雪兆丰年

庄稼一枝花,全靠肥当家

夜里星光明,明朝依旧晴

七九河开,八九雁来

上有天堂,下有苏杭

脑子怕不用,身子怕不动

半瓶水晃荡,满瓶水不响

内行看门道,外行看热闹

一个篱笆三个桩,一个好汉三个帮

一年之计在于春,一日之计在于晨

谚语主要是口头流传,因而有些谚语会有多种说法。如:三个臭皮匠,顶个诸葛亮/凑个诸葛亮/合成一个诸葛亮/赛过诸葛亮。

(五) 格言

格言是人们流传使用的有关行为规范的话,多有教育意义。形式上与谚语没有大的区别。很多格言是名人的名言。

二、熟语知识的教学

(一) 熟语知识教学要求

成语、惯用语和歇后语在用法上等同于词。《义务教育语文课程标准(2011年版)》中关于词语教学的要求,对成语、惯用语、歇后语都适用。

学生学习成语、惯用语和歇后语,要了解它们的意义特点和语言样式特点,了解它们在文章中所起的作用。学生要能积累一定数量的成语、惯用语、歇后语。特别要重视成语的学习与积累。

学生学习谚语、格言,要懂得它们引用到文章中所起的作用。学生要熟记一些谚语和格言。

在学习熟语的过程中,学生要学会借助字典、词典,包括使用《成语词典》、《惯用语词典》等。

(二) 成语学习指导

要指导学生正确理解成语的意义。文章中成语的意义,一般包含三层意思:一是字面意义,二是引申义、比喻义(有的成语无此义),三是结合文章产生的意义。如"指桑骂槐",字面义是"指着桑树骂槐树",比喻义是"表面上骂这个人,实际上骂那个人"。结合文章内容,要进一步具体理解"表面上"骂谁,"实际上"骂谁,内含怎样的情况。

要引导学生体会成语言简意赅、生动传神的语言特点。有些成语可结合其来源作形象的解读。可抽一定时间(如单元复习课)专门就成语的来源、语言特点向学生作介绍。

要教育学生认真读准成语的字音,写对每一个字。学生们在读音与书写上的错误,往往与他们没有正确理解成语的意思有关,要结合理解纠错。

要鼓励学生在课内课外多学成语,学好成语,并逐步养成积累成语的习惯。激励积累的办法有很多,有的教师利用有限的时间让学生做成语"接龙"(一人说一个成语)的练习,有的教师利用板报设计成语学习专栏等。

例1:积累开头是数字的成语。

一日千里、一言为定、二童一马、三言两语、三顾茅庐、四分五裂、四海之内皆兄弟、五体投地、五彩缤纷、六亲不认、六神无主、七零八落、七上八下、八面威风、八仙过海、各显神通、九死一生、九霄云外、十年寒窗、十年树木、百年树人、千秋万代、千锤百炼、万古流芳、万事俱备、只欠东风。

例2:成语接龙,前一字尾接后一字头,不断延伸。

马首是瞻——瞻前顾后——后起之秀——秀色可餐——餐风吸露——露胆披肝——肝胆相照——照本宣科——科班出身——身经百战——战战兢兢——兢兢业业

(三) 惯用语、歇后语学习指导

小学生的惯用语和歇后语学习是比较薄弱的环节。在小学语文课本中,数量不多的惯用语融在其中,并不引人注意。歇后语只在课后练习中偶尔出现。

其实,惯用语和歇后语是很有特点的语言样式,学生学起来也不是很难。教师可以安排一定的时间向学生专题介绍惯用语和歇后语,增加他们的语言知识,鼓励他们学习、积累一些惯用语和歇后语。如果他们的积极性能调动起来,将会使他们的语言表现能力有所提高。

例1:"打"字开头的惯用语。

打哈哈、打包票、打水漂、打头阵、打哑谜、打游击、打圆场、打折扣、打头炮、打退堂鼓、打小报告、打小算盘、打肿脸充胖子、打着灯笼也难找、打开天窗说亮话。

例2:与三国人物有关的歇后语。

曹操诸葛亮——脾气不一样

关公喝酒——不怕脸红

关公舞大刀——拿得起,放得下

黄忠射箭——百发百中

刘备摔孩子——收买人心

司马昭之心——路人皆知

张飞穿针——大眼瞪小眼

张飞绣花——粗中有细

周瑜打黄盖——一个愿打，一个愿挨

诸葛亮当军师——名副其实

思考与练习

1. 举例说明成语和惯用语的异同。

2. 有些成语的意思可从字面直接推出，有些成语的意思还需探究其引申义、比喻义。请指出下面成语的意义各属于哪一类。

    粉墨登场　心猿意马　急中生智　救死扶伤

    丰功伟绩　病入膏肓　量力而行　独木不成林

3. 有的成语富有感情色彩，有含褒义的，也有含贬义的，请各举两例。还有意义相仿的一组成语，但有褒有贬，如"跃跃欲试"、"蠢蠢欲动"等，请举两例。

4. 补充下面的歇后语，并按"喻义"、"谐音"归类。

    九毛加一毛——

    甩手掌柜的——

    舌头碰牙——

    河边洗黄连——

    两个喇叭一个调——

    黄鼠狼给鸡拜年——

    狼头上插竹笋——

    肉包子打狗——

    两口子回门——

    精装茅台——

5. 读下面的句子或语段，指出其中的熟语，并加以解释。

（1）叔叔笑着说："我是学理工的，写诗是半瓶子醋。"

（2）俗话说，饭后百步走，活到九十九。等我吃完了，我们一起散步去。

（3）我们在树林里转了一下午，没见着一只兔子的影子，算是狗熊掰棒子——瞎忙乎了。

（4）到了宋代，大概称得上是扇子发展登峰造极之时。那时，用得最多的是团扇，折扇也开始大量生产。南宋时，都城杭州的扇子店铺供应竹丝扇、细画绢扇、细色纸扇……林林总总，琳琅满目。

6. 二年级学生学完《狐假虎威》一课后，你可以怎样向他们介绍一些成语知识？

7. 你有什么好办法帮助学生积累熟语？

8. 下面是一篇四年级的课文，请找出本课的成语，并设计教学这些成语的方案。

黄山

黄山，位于我国安徽省南部，是世界著名的旅游胜地。

"黄山自古云成海"，每当雨霁初晴，蔚为壮观的便是云海。漫天的雾气和层积云，随风飘移，时而上升，时而下坠，时而回旋，时而舒展，千变万化，动人心魄。风平浪静之际，白云茫茫，无数山峰淹没在云海之中，只剩下几个峰尖还若隐若现，像是海中的岛屿。转瞬之间，风起云涌，浪花飞溅，惊涛拍岸，波澜壮阔。雨雪天晴后，日出、日落的"霞海"，涌金流银，光华绚丽，百里黄山更加辉煌灿烂。

黄山的石头以"怪"著称。一百二十多种怪石星罗密布，形态各异，状人状物，惟妙惟肖。飞来石高12米，重约360吨，矗立在巨大的岩石平台上。飞来石与平台之间接触面很小，似摇摇欲坠。平台四周，万丈深壑，极为险峻。如此巨石怎么会耸立于石台之上呢？古人无法解释，疑为天外飞仙，故得名"飞来石"。

黄山的松树非常多，百年以上的松树有几万株。"十步一云，五步一松，松埋云上，云掩松中。"黄山松以云为乳，"食云"而生，而云又为松所吐，蒸蒸而生。黄山松一般从海拔800米开始生长，直到峰顶比比皆是。

"云海、怪石、奇松"，再加上"温泉"，这便是黄山四绝。

第四章 语法知识与教学

学习目标

1. 懂得"语法"的概念,了解现代汉语语法的特点。知道小学生语法学习的主要内容和学习途径。

2. 掌握现代汉语中词的类别,以及各类词的语法特点。了解小学生词类教学的要则,并掌握一定的教学方法。

3. 掌握短语的类别。知道小学生短语知识训练的主要方法。

4. 掌握单句、复句中的各种句型,能正确划分句子成分,正确分析两重复句。了解小学生句型知识教学的多种样式,具备一定的句型知识教学能力。

5. 掌握句类知识。了解小学生句类知识学习要求,掌握句类知识教学方法。

6. 掌握各种标点符号的用法和写法。了解小学生标点符号知识学习要求,能为小学生设计标点符号练习题。

第一节 语法知识概述

一、语法与语法学

(一) 什么是语法

任何语言都有它的结构规律,这种结构规律叫语法。

人们说的话、写的句,都是按照一定的结构规则组织起来的。如:坚持、瑜伽、妈妈、每天、练习,这几个词要组合成一个句子,按照现代汉语的习惯,就是"妈妈每天坚持练习瑜伽"。就词语的搭配说,"练习"与"瑜伽"搭配在一起,形成"动宾结构",说明人物的行为,"每天"、"坚持"组合起来修饰"练习瑜伽",说明人物行为的持续性;就词语的排列顺序说,"每天坚持"在前,"练习瑜伽"在后,不能说成"练习瑜伽每天坚持";就整个句子的排列看,这是一个"谁(怎样地)做什么"的主谓句子。可见,词语怎样搭配、排列、组合,按怎样的格式构成句子,是有一定的规则的。"语法"就是指的这种规则。语法构造单位有语素、词、短语、句子等,它们之间的结构规则形成了一个语法体系。

毫无疑问,语法具有概括性。词语千千万,句子万万千,但是存在于其中的语法规则却是有限的、可数的。比如上面的句子,它所展现的句子类型"谁(怎样地)做什么",可以概括无数类似的句子。如:

① 有关方面扎实有序地做好冬奥会筹办工作。
② 一对"80后"夫妻成功培育无公害"黑毛猪"。
③ 教育工作者努力建设创新智慧的语文教学。

以上各句,各有具体含义,但它们使用的句式是同一的。

在现代汉语中,描写行为时间的词语可以贴近动词,写于动词前,也可以提前至句子的开首,作为全句的时间状语。如:
① 妈妈每天都坚持练习瑜伽。
② 每天,妈妈都坚持练习瑜伽。

这样的语法规则,也是具有概括性的。如:
① 夜公园晚上有精彩的戏剧表演。
② 晚上,夜公园有精彩的戏剧表演。

从语言现象的历史演变看,语法具有稳固性。同汉语语音、汉语词汇相比,语法相对比较稳定,其变化是缓慢的。

(二) 什么是语法学

"语法"这一术语有两个含义。第一个含义即上面所说;另一个含义是指人们对语言结构规则所做的研究,又可称"语法学"。语法学是人们对客观语法规律的主观认识,是语法学家对语法体系的主观描写。由于各种原因,各种语法学说会有一定的分歧,形成不同学派。

作为一门学科,语法学有多种具体的门类。用历史观点研究语言构造的演变发展的,为"历史语法学"。用比较的方法研究有亲属关系语言的语法结构异同的,为"比较语法学"。从横向的角度研究语言在一定时期的语法构造的,称为"描写语法学"。如果是研究如何对学生进行语法教学的,就是"教学语法学"了。

二、现代汉语语法的特点

各种语言的语法规则有某些共同点,比如都有词类的划分,句子的划分;但是,每一种语言都具备自己独特的区别于其他语言的特点。

现代汉语语法的基本特点可以概括为以下几点。

(一) 现代汉语的词语没有词形变化

有的语言很强调词的形态的变化。俄语是比较突出的:一个名词有单数、复数之别,单数、复数还各有六个格,也就是一个名词在不同的语言结构中会出现12种不同的形态,俄语中的其他词类也有形态变化。现代汉语中就没有这样的情况,一个词不论处于怎样的语言位置,其词形都是不变的。

(二) 现代汉语中语序和虚词是重要的语法手段

语序和虚词的运用是现代汉语最基本、最明显的语法特点。

1. 语序

每一种语言都有"语序"问题,有的语言如将语序颠倒并不影响语意的表达。现代汉语则不同。如果语序不同,语言的结构关系就会发生变化,表达的意思就不同了,或表意的重点就不同了,如:

月亮弯弯/弯弯月亮

两者用词相同,但语序不同引起语法结构改变,因而表意也不同。前者是一个完整的句子;后者是一个短语,表意并不完整,如:

我很喜欢她。/她很喜欢我。

两个句子所组成的词是相同的,语法结构关系也没有变化;但因为语序改变了,句子的意思就不同了,如:

客人来我家了。/我家来客人了。

这两句话,句子的基本意思是相同的,但表意的重点有所不同,这是利用语序造成的表达效果。

2. 虚词

现代汉语中,虚词的作用十分重要。虚词的使用直接影响语法结构和意义表达,如:

上海大学/上海的大学

"上海大学"是专用名词,实指一所大学。"上海的大学",中间有虚词"的",构成了一个偏正结构的短语,泛指校址在上海的大学,又如:

已经一点钟了。/刚刚一点钟。

运用不同的副词"已经"、"刚刚",表达的意义不尽相同,如:

爸爸和妈妈要到外婆家去。/爸爸或妈妈要到外婆家去。

用上不同的连词"和"、"或",这两个句子的主体对象就不同了。

(三) 现代汉语中词、短语和句子的结构原则基本一致

现代汉语中,无论是语素组成词,还是词组成短语,或是词、短语组成句子,结构原则是大体一致的。主要的结构方式是联合(并列)、偏正、动宾、补充、主谓(陈述)。如"偏正"结构的词、短语和句子:彩铃/杀毒软件/亲爱的同胞们!

现代汉语中的词法结构与句法结构基本一致,有助于我们更好地学习、掌握语法知识。

三、语法知识与小学语文教学

(一) 小学要不要学语法

历年的小学语文教学大纲或课程标准在小学生语法学习的问题上有不尽相同的阐述。1956年的大纲将"汉语教学"与"识字教学"、"阅读教学"、"作文教学"、"写字教学"并列,独立成章,明确提出了包括"语法"在内的汉语学习要求,并在分年要求中由浅入深系统地提出词法、句法的具体要求,甚至安排了单独进行汉语教学的课时。1963年的大纲,没有在总纲部分明确提出学习语法的要求,而是指出:"小学阶段不要系统地教语法知识,要让学生从实际运用中领会必要的用词造句的规则。"但在分年要求的课文说明中,仍有关于语法学习的若干具体提示。由于种种原因,这两份大纲的设想并没有在小学语文实际教学中很好贯彻。文化大革命以后的大纲或课标,基本上不提语法学习问题。看来,在小学生语法学习要求方面,大纲和课标的表述是从有到无,逐步淡化的。近年来,针对小学语文质量出现的种种问题,"教一点语法为好"的呼声再起。

小学生学语文,时时在接触语法问题。对他们的习作要求,《义务教育语文课程标准(2011

107

年版)》是这样提的:"语句通顺,行款正确,书写规范、整洁。根据表达需要,正确使用常用的标点符号。"为使小学生能形成这样的语言运用能力和良好的语感,主要的途径就是让他们接触大量的语言材料,在实际运用中逐步体会把握。我们不主张对小学生进行系统的语法知识学习与记忆,但是否可进行"最基础的"、"随机的"、"片段式的"语法知识传授与操练,让学生的语言学习有一点"自觉"的成分?

细细分析,要让学生达到有关要求,必然要让其接受一定语法知识的滋养。例如,学生要掌握句号、问号、感叹号的用法,教师总要讲一点陈述句、疑问句、感叹句的知识;学生要理解文中的因果复句,教师也会对"因"与"果"做一点分析,让学生掌握"因为"、"所以"之类的关联词。

从小学语文教学的实际看,有经验的老师都会随阅读教学、作文教学进行一定的语法知识教学。老师们知道,必要的语法知识的点拨、讲解能起到事半功倍的教学效果。例如,为让学生建立"句子"的概念,他们会选择合适的例句,让学生知道并掌握"谁(什么)、干什么""谁(什么)、怎么样"等句式。运用形象易懂的方式讲解语法知识,这种方法学生们是欢迎的、受益的。

综上所述,在小学语文教学中,可以渗透一些语法知识。

(二) 小学语法学习的主要内容

让教师们明白小学语文语法教学需要教些什么是很必要的,这样可以减少盲目性,增强教学的科学性、有效性。我们从现代汉语语法内容体系中,选择如下"最基础"的部分,给小学生作一点介绍(见表4-1),进行一定的练习。

表4-1 小学生语法学习的主要内容

词法	1. 建立词的概念。在随文学习的过程中,逐步认识并使用名词、动词、形容词、代词、数量词。知道一些虚词的用法。 2. 知道句子是由词组成的。能在简单的句子中划分出词。 3. 能做难度恰当的词的搭配练习。
句法	1. 建立句子的概念。知道完整句子的构成是: 　　谁(什么)怎么样 　　谁(什么)做什么 　　谁(什么)是 2. 知道陈述、疑问、感叹、祈使四类句子的不同语气,及其书面运用时相应的标点符号。 3. 认识一些常见的复句,初步掌握并列复句和连贯复句的用法。 4. 能正确使用常见的标点符号。

(三) 小学语法学习的途径

小学语法学习途径分无意学习与有意学习两种。

学生对母语汉语语法规则的理解与把握,主要是通过对语言的直接感受与尝试运用而获得的,往往凭借直觉,而不是先学规则再说话、写话的。毫无疑问,如果他们接受的语言是规范的,接触的语言环境是文明的,对他们掌握语法是有正面作用的。在生活中,在课外学习中,他们就是在一种"没有预定目标、不需要意志努力"的状态下进行着"无意学习"。在学校的语文学习中,这种"无意学习"同样是语法学习的一种方式。如在名词、动词、形容词等实词概念及其语法特点的学习中,主要运用的是"无意学习"的途径。

为提高语言学习效率,有些语法知识也要在课堂上做必要的介绍,这就要运用"有意学习"的途径。教师要设定教学目标,学生要付出一定努力,加以领会、练习。如人称代词的用法,一些虚词的用法就需要专门提出,加以讲解并引导练习。

即使是"有意学习",也不要求用专课做系统的讲解和训练。主要是随阅读教学相机讲解、训练,以及伴随习作练习与修改环节做有针对性的点拨与练习。在具体的学习和训练中,我们不追求对语法术语的精确讲解,提倡用通俗易懂的方法介绍知识、引导练习;不追求语法知识的完整性、系统性,倡导有目的的"随机性",是根据小学学习总体内容框架下的"碎片化"学习。

语法学习的语言实例由教师根据教材、学生习作等自行选定。

思考与练习

1. 什么是语法?什么是语法学?
2. 现代汉语语法的特点是什么?请举例说明。
3. 小学生学一点语法知识有没有必要?请你举一两个实例加以说明。
4. 小学生学语法的途径是什么?

第二节 词类知识与教学

一、词类概说

语言中的词,可以根据不同的标准进行分类。如按词的内容分,可以有自然、社会等不同类别;按词的情感色彩分,有褒义、贬义、中性之别;按词的内部结构分,有单纯词和合成词。

本章所说的词类,是按照语法特点标准所作的分类,简单地说,就是词的语法分类。这里所说的"语法特点",主要是指能不能单独充当句法成分,以及词与词之间的组合能力。

根据能否独立充当句子的成分,汉语中的词可以分为实词与虚词。实词是可以独立充当句子成分的,虚词则不能。

实词又可以分成若干小类,其语法功能表现为各类词相互之间组合的规律与能力。如形容词常用来修饰名词,用在名词之前。虚词也可以分成若干小类,表现为它和哪些实词可以组合,产生怎样的关系。如时态助词"着"、"了"、"过",主要附着于动词之后,分别表示进行态、完成态、经验态。

1984年版的《中学教学语法系统提要(试用)》对现代汉语词类作了如下划分:实词——名词、动词、形容词、数词、量词、代词,虚词——副词、介词、连词、助词、叹词、拟声词。本书参照这样的分类。

二、实词

凡实词都有实在的意义,表示人、物的名称、行为动作,或性质、状态、数量等。实词能独立充当句子成分。

1. 名词

(1) 名词的类别。

① 表示人或具体事物。如：山、雨、农民工、学生、快餐、信用卡

② 表示抽象事物。如：梦想、智慧、哲学、代沟、丁克、积极性

③ 表示时间。如：现在、冬季、午夜、星期天

④ 表示处所。如：北极、苏州、鸟巢、敬老院

⑤ 表示方位。如：前、后、西、北、中间、旁边、里头、之上、之外

(2) 名词的语法特点。

① 主要充当句中的主语或宾语。如：武松打虎

② 不能受副词修饰。如：很课堂

③ 大多能用数量短语修饰。如：三部手机、一种愿望

④ 大多能与介词构成介词短语。如：在网吧、由于雾霾

⑤ 名词一般不能重叠。

2. 动词

(1) 动词的类别。

① 表示行为动作。如：笑、卖、找(寻找)、写(书写)、开设、策划

② 表示心理活动。如：恨、喜欢、讨厌、希望

③ 表示存在、变化。如：有、在、消失、实现

④ 表示判断。如：是(这里的"是"称为判断动词)

⑤ 表示使令。如：请、叫、派遣、吩咐

⑥ 表示可能、意愿。如：肯、能够、可以、应当(这类动词称为能愿动词)

⑦ 表示趋向。如：上、进、去、起来(这类动词称为趋向动词)

(2) 动词的语法特点。

① 主要充当句中的谓语。如：全市人民全力防汛抗台

② 大部分动词能带宾语。如：喝饮料，喜欢书籍(这些动词称为及物动词)

还有一些动词不能带宾语，叫非及物动词。如：游泳、考试

③ 能用"不"、"没有"等副词修饰。如：不看、没有来、马上去

④ 能愿动词常用来修饰动词或形容词。如：能够蹦跳、应该高兴

⑤ 大部分动词后面可带时态助词，表示时态。如：听着、听了、听过

⑥ "是"有很多种用法。当"是"作为判断动词，句式为"主语＋"是"＋名词(名词性短语)"时，也有好几种语意关系。一是等同关系，"是"的前后两部分可以互换，意思不变。如：《红楼梦》的作者是曹雪芹。二是表示归类，名词表示类属，前后两部分不能互换。如：我们是北京大学的学生。三是表示特征或质料，主语限于名词，"是"后面的名词一般要有修饰语。如：上海的八月是最热的天气。四是表示存在，主语一般是处所词语。如：遍地是鲜花。

⑦ 很多动词可以重叠使用。单音节动词的重叠形式是"AA"或"A — A"，如：摇摇、摇一摇；双音节动词的重叠形式是"ABAB"，如：研究研究。重叠以后常带有"试一下"的附加意义。

3. 形容词

(1) 形容词举例。

形容词是表示人或事物的性质、状态的词。如：

新、旧、坚强、精准、均衡、和谐、冰凉、金黄、静悄悄

(2) 形容词的语法特点。

① 常在句中充当谓语、定语。如：超市很热闹，热闹的超市是妈妈常去的地方。有些形容词还可以作状语、补语。如：他慢慢地走着，这件事我记得很清楚。

② 大部分形容词可以受副词"不"、"很"等修饰。如：不高，很冷。有一些形容词不能有这样的修饰，如：金黄、亮晶晶、静悄悄等。

③ 形容词能修饰名词。如：优秀的学生，幸福的日子。有些形容词还可以修饰动词。如：快跑，大喊大叫。

④ 很多形容词可以重叠。如：单音节形容词的重叠形式是"AA"，第二个字不读轻声。如：高—高高，轻—轻轻。双音节形容词的重叠形式是"AABB"。如：大方—大大方方，整齐—整整齐齐。部分双音节形容词的重叠形式是"ABAB"。如：雪白—雪白雪白，冰凉—冰凉冰凉。形容词重叠以后，增添了表达色彩，如表示程度加深、感情更浓等。也有一些形容词是不能重叠的。如：勇敢、富强、优美、急躁。

4. 数词

(1) 数词的类别。

① 基数词：表示数目的多少。如：二、百、六十、十亿、七分之一。有些基数词表示不确定的概数。如：几、左右、无数。

② 序数词：表示次序，一般是在基数词前面加"第"、"初"等组合而成。如：第二、初三、老五。有时也用基数词表示序数，比如"十号三室"，实际意思是"第十号第三室"。写文章时把内容分为"一、二、三"，实际是"第一点"、"第二点"、"第三点"的意思。

(2) 数词的语法特点。

① 数词一般不单独使用，它总是同量词组合成数量短语，再修饰名词、动词。

② 表示数词的增减要准确。

表示"增加"，在动词后面加"了"，表示净增数。如：原先是100，现在是300，可以说"增加了两倍"，或"增加了200"。不能说"增加了三倍"。

表示"增加"，在动词后面加"到"或"为"，表示增加后的总数，包括底数和净增数。如：原先是100，现在是300，可以说"增加到三倍"，或"增加到300"。

表示"减少"，在动词后面加"了"，表示所减少的差额。如：原先是300，现在是100，可以说"减少了三分之二"，或"减少了200"。不能说"减少了两倍"。

表示"减少"，在动词后面加"到"或"为"，表示减少以后的余额。如：原先是300，现在是100，可以说"减少到三分之一"，或"减少到100"。

5. 量词

(1) 量词的类别。

① 物量词：表示计算人、物数量的单位，包括度量衡单位。如：

个、位、只、艘、堆、批、尺、亩、立方

② 动量词：表示计算行为数量的单位。如：

趟、次、遍、回

除了这些专用的动量词，"拳、脚、眼、刀、棍"等词有时借用为动量词。如：

打一<u>拳</u>，看一<u>眼</u>

③ 复合量词：由两个或三个量词组合而成，用来同时计算不同的事物。如：

人次、架次、秒立方米、架艘次（计算同时出动飞机、舰艇的数量、次数）

（2）量词的语法特点。

① 量词通常用在数词后面，组成数量短语，修饰名词或动词。

② 量词的使用与具体事物的特点、有关的行为动作有关，往往有比较习惯的用法。如：可以说"一条鱼"、"一尾鱼"，不能说"一根鱼"。

③ 单音节量词一般可以重叠。量词重叠式前面的数词只能是"一"。如：一串串、一台台、一盒盒。重叠后表示"每一"、"全部"，或者强调多。如："句句是真话"，"句句"是"每一句"的意思。"一封封来信表达了同一种诉求"，"一封封"说明很多。量词重叠后如果在句中充当状语，就带有"逐一"、"联绵"的含义。如："一个个跳过去。""雪花一团团地往下落。"

6. 代词

（1）代词的类别。

① 人称代词：用来称代人或事物的名称。

第一人称——我、我们、咱、咱们

第二人称——你、你们、您

第三人称——他、他们、她、她们、它、它们

还有一些特殊的人称代词。如：自己、别人、人家、大家、大伙儿。

② 疑问代词：用来表示疑问，寻求回答的词。

问人或事物的名称——谁、什么

问时间、处所——哪会儿、多会儿、哪儿、哪里

问程度、方式等——多么、怎么、什么样、怎么样

问数量——多少、几

③ 指示代词：用来区分人或事物，有近指和远指之分。带"这"的是近指，带"那"的是远指。

指人或事物——这、那

指时间或处所——这会儿、那会儿、这儿、那儿、这里、那里

指性质、状态、行为动作——这么、那么、这样、那样、这么样、那么样

此外，"各、每、另、另外、一切、其余"等词也属于代词。

（2）代词的语法特点。

① 代词能代替各类实词，其语法功能与所代替的词相似。如："她是知名的创业者。""她"代替一名成功的女性人士，用法与名词一样，在句中是主语。

② 代词指称比较灵活，常表现为虚指、任指。如："你方唱罢我登场"，这里的人称代词

"你"、"我"不指特定的人,是虚指。"他对谁都客客气气的",这里的疑问代词"谁"不表疑问,指"任何人"的意思,是任指。

张斌先生认为:"实词当中,名词和动词都有附类,附类带有或多或少的虚词性。所谓'虚词性',表现在'连接'或'附着'的作用上。"[①]他还列了一张表格(表4-2)加以说明。这些观点值得参考。

表4-2 实词的附类

实词的附类	虚词性的表现	例 子
方位词	附着在实词(短语)后面,组成"方位结构"	桌子上 三年之前
判断词	1. 连接主语和谓语 2. 附着在实词前面,表示肯定	他是学生。 是谁破坏了和平?
趋向动词	1. 附着在动词后面,表示趋向 2. 连接谓语动词,表示方式	他站起来了。 运用正确观点来分析问题
能愿动词	附着在动词前面,表可能或愿望	能说,敢做

三、虚词

虚词一般不表示实在的意义,不充当句子的成分。虚词的作用是帮助实词与实词建立结构关系,协助实词表明意义;帮助句子成分或分句表达相互关系。

1. 副词

(1) 副词的类别。

① 表示程度。如:很、最、极、非常、比较、格外、特别、稍微

② 表示范围。如:都、总、一共、统统、仅仅、总共

③ 表示时间。如:刚、立即、马上、曾经、常常、始终、终于、忽然

④ 表示频率。如:再、又、还、屡次、一再、再三

⑤ 表示情状。如:亲自、互相、大肆、大力、赶紧、陆续

⑥ 表示肯定、否定。如:准、不、未、莫、必须、务必、一定、果然

⑦ 表示语气。如:岂、竟、难道、幸亏、究竟、简直、大概、莫非

(2) 副词的语法特点。

① 副词主要修饰动词或形容词,不修饰名词。

② 有些副词有关联作用,能把动词、形容词或短语、句子组合在一起。如:又快又好。常见的副词与副词相互呼应,表达关系的还有:

刚……就……、一……就……、不……不……

……就……、非不……、不……也……

有的副词与介词组合,表达某种关系。如:

[①] 张斌. 现代汉语语法十讲[M]. 上海:复旦大学出版社,2008:263.

连……也……、连……都……、对……也……
对……也不……、连……都不……、把……都……

2. 介词

介词用在实词或短语前面,一起组成介词短语,表示一定的意义。

(1) 介词的类别。

① 表示对象、范围。如:对、对于、关于、将、给、把、跟、同、以比、为、除了

② 表示方向、处所。如:自、从、至、到、往、朝、向、沿、于、在由、顺着、自从

③ 表示原因、目的。如:因、因为、由于、为、为了、为着

④ 表示依据、方式。如:用、依、凭、靠、遵照、按照、根据、经过

(2) 介词的语法特点。

介词不能单说,必须组成介词短语作修饰成分定语、状语或补语,说明动词或形容词。

3. 连词

连词是连接词、短语或句子,表示一定语意关系的词。

(1) 连词的类别。

① 只能连接词或短语的。如:和、跟、与、及

② 只能连接句子的。如:不但、不仅、因为、由于、所以、因此、但是、可是、假如、还是、只要

③ 词、短语、句子都能连接的。如:并、并且、而、而且、或者、还是

(2) 连词的语法特点。连词的主要作用是起关联作用,不作句子的任何成分。连词在实际用法上有一定规矩。连接名词时主要用"和、跟、与、同、及",如"叔叔和婶婶";连接动词时主要用"并、并且",也可以用"而、而且",如"讨论并且(而且)决定";连接形容词主要用"而、而且",如"聪明而美丽"。

有时,此连词与彼连词(或副词)前后呼应着用,构成句中常见的表示一定逻辑关系的关联词语。如:因果关系——因为、所以(连词、连词),条件关系——只要、就(连词、副词)。

4. 助词

(1) 助词的类别。

① 结构助词:的、得、地。

② 时态助词:着、了、过。

③ 语气助词:的、吧、呢、啊、吗等。

④ 其他助词。如:们、所、等、似的等。

(2) 助词的语法特点。

① 结构助词。

"的",用在定语和中心语(名词)之间。"的"是定语的标志。如:"伟大<u>的</u>军队无往不胜。"有时也附在词或短语之后,组成具有名词功能的"的字结构"。如:"见到<u>的</u>"。

"地",用在状语和中心语(动词)之间。"地"是状语的标志。如:"他勤奋<u>地</u>工作。"

"得",用在中心语(动词或形容词)与补语之间。"得"是补语的标志。如:"我高兴<u>得</u>跳起来。"

"的、地、得"三个结构助词读音相同,但在书面的表达上显现出明显的语法差别。

② 时态助词。

"着"、"了"、"过",附着在动词后面表示时态。

"着"表示动作或状态正在进行中,或者动作的结果在持续着。如:坐着,灯一直亮着。

"了"表示动作或状态已经完成。如:莫言获诺贝尔文学奖了。

"过"表示动作或状态曾经发生,已成过去。如:大爷有过一段痛苦的人生经历。

③ 语气助词。

语气助词一般附着在句子的末尾,可以表示陈述、疑问、强调、感叹等多种语气。如:

你读过这本书的。(陈述、肯定)

你读过这本书吗?(疑问)

你读过这本书啊!(感叹)

④ 其他助词。

"们",经常附在指人的双音节名词后面,表示某一类、某一群人,如:"老师们"、"服务员们"。用了"们",前面就不能出现数量短语了。

"所",经常用在单音节动词前面,组成"所字结构",相当于一个名词。如:"所见所闻""所剩无几"。

"似的(般)",经常附着在词或短语后面,使这个词或短语具有描写作用。

"等",用在两个或两个以上的词或短语后面,表示列举未尽。如:"老年大学开设了绘画、钢琴、太极拳、摄影等课程。"还有一种作用是,列举全部后用"等"收尾,"等"的后面带有前面所列各项的总计数字。如:"这学期我们学习语文、数学、品德与社会、外语、物理、化学等六门课程。""等等"与"等"的前一种用法相同。

5. 叹词

叹词表示称呼、应答、感叹的声音。

常用的叹词如:哎、呀、喂、嗯、哼、哈、嗨、呸、哎哟、哎呀

叹词在句中的位置比较灵活,一般不与其他实词发生关联,而是独立成句。如:哎哟!奶奶叫出了声。

6. 拟声词(象声词)

拟声词(象声词)是摹拟声音的词。如:哗哗、呼呼、叮叮当当

张斌先生认为,虚词的作用可以概括为"连接"与"附着"。列表说明如下(表4-3)。[①] 这些观点值得参考。

表4-3 虚词的作用

各类虚词	作　　用	例　　子
连词	1. 连接词(短语)和词(短语) 2. 连接分句和分句	语法和修辞 因为天气冷,所以河水结了冰。

---

① 张斌.现代汉语语法十讲[M].上海:复旦大学出版社,2008:262—263.

(续表)

各类虚词	作　用	例　子
介词	附着在名词(短语)前边,组成"介词结构"	从北京 关于这个问题
语气助词	附着在句子后边,统一全句的语气	他来了吗？你去吧。
时态助词	附着在动词后面,表示时态	吃了　吃着　吃过
结构助词	附着在实词(短语)后边,组成"的字结构"	买的 从国外回来的

四、词类知识的教学

(一) 词类知识教学要求

前文已经列出小学语法学习的主要内容。根据课标对小学生语文学习的总体要求和小学生的相关实际能力,将小学词类知识教学要求具体表述如下：

(1) 建立词的概念：知道句子是由词组成的,能在简单的句子中划分出词。

(2) 在随文学习的过程中,逐步认识实词：名词、动词、形容词、代词、数量词。

(3) 在随文学习的过程中,逐步了解一些虚词的用法。

需要说明的是,上面所说的"实词"、"虚词"、"名词"等语法专用术语,并不是要求学生掌握的概念,实际教学中"实词"、"虚词"的概念不需要出现,"名词"可以用"表示人或物的名称"这样的表述来替代,又如"的、得、地"不必冠以"结构助词"之名,可直接称"的、得、地",如此等等。"数量词"、"叹词"、"象声词"比较好懂,可以直呼其名。到了高年级,在适当的条件下,可以让学生了解一点词类知识的有关术语,模仿说说,不说也无关紧要。上面直接提实词、虚词等,是为了表述的方便,给教师们作参考。

"逐步认识实词"的内涵主要指能够分辨名词、动词等,至于它们的语法意义并不要求学习并"说出",希图能随着学习的深入而逐步体现出学生们在语言运用上的实际能力。

虚词的运用是现代汉语语法的重要特点,有必要让学生学习掌握一些虚词的特点和它们的用法。

(二) 词类教学要则

(1) 了解词类知识教学的目标达成具有明显的过程性。

和一般教学要求所表述的"认识"、"了解"等不同,词类知识教学目标强调"逐步认识"。这说明学生词类学习的过程性很强,只有一次次、反反复复接触语言材料,一点一点积累认识,才能对某一个知识点有所了解。例如,对"动词"的理解,是从表示最直观的动作的动词(如：写、说)开始的,然后慢慢懂得表示变化的词(如：消失、增加),表示心理活动的词(如：喜欢、讨厌)也都属于动词一类。又如,"的、得、地"的学习和掌握往往要经过较长的一段时间。

"逐步认识"的含义还包括,小学词类知识的学习要求并不是一个如拼音、识字那样,有具体的数量、质量要求的刚性指标；它是一个弹性的指标,直到小学毕业,也没有一个统一的检测标准。在实施当前课标的情况下,这是一种常态。

基于此,教师在把握语法教学时,不要有一蹴而就、立竿见影的期望。不少内容需要设计多个时段反复训练。学生的水平参差不齐也不必过分担心。

(2) 把握词类知识学习的途径是"随文",要认真随文选材、随文教学。

小学生的词类知识学习,没有专门的教材。教师要根据学习要求,在阅读教材和习作材料中加以选择,并合理组织。教学中,也要遵循"随文"的原则,帮助学生在阅读、作文的过程中完成对有关知识的领悟和了解。

(3) 用好词类知识学习的方法,在词义教学、引导阅读的过程中使"有意学习"和"无意学习"合理组合。

很多情况下,名词、动词、形容词的概念及其语法功能主要借助学生的阅读、作文实践在"无意"中学习,一般无须言明,有的时候教师则可利用词义教学的契机,做一点"渗透"。比如:对低年级学生说:"把这句话中表示小红动作的词找出来。""这个动作是这样的……"这就渗透了"动词"的概念;"在'狡猾的狐狸把百兽吓跑了'这个句子中,有一个词是形容狐狸的,请找一找。""'狡猾'是什么意思?"这就渗透了"形容词"的概念。

一般说来,学生学习一些虚词以及实词中的人称代词、量词时,教师进行词义教学做的一些讲解,就涉及有关词类知识,这些词在讲解后往往还要引导学生进行一定的语言练习。这类学习带有"有意学习"的特点。比如:低年级学生第一次学习"他",课文中的句子是:"布莱恩的金发全都掉了,他难过极了,整天躲在家里。"学"他"时,通过读句学生了解到这是指"布莱恩",有替代作用,如果还是写"布莱恩"就显得重复了。教师还可以找出本课中其他用了"他"的句子,也可以造个用了"他"的新句子,让学生加深印象。其实,学生在实际生活中早就接触、运用到了"他";在语文学习中只是让学生掌握书面表达时的准确用法。在学生写句、写文时,可以选择用得好,或不用、用错、滥用的例子加以评讲。

(三) 词类知识教学举例

例1:有位老师根据自己的教学经验,排出了如下一些教学内容(见表4-4)。

表4-4 学生"有意学习"的词类知识内容举例

词　　类	语 法 内 容	建议教学年级
量词	物量词:只、张…… 动量词:次、遍……	一年级就可开始 二、三年级
代词—人称代词	我(我们)、你(你们)……您	二年级
代词—指示代词	这(这儿)、那(那儿)—近指、远指	三年级
介词	在、往、对、比、为了…… —不能单说,要组成介词短语	三、四年级
连词	连接词或短语:和、跟、及、或、并	二、三、四年级
助词—结构助词	的、得、地	中高年级
助词—语气助词	吧、吗、呢……	结合阅读课

(续表)

词　类	语法内容	建议教学年级
助词—其他助词	们、似的、等、所	二、三年级
叹词		结合阅读课
象声词		结合阅读课

例2：结合课文学习，帮助低年级学生理解形容词、方位名词。

课文片段：

　　北京是我国的首都，是一座美丽的城市。

　　天安门在北京城的中央，红的墙，黄的瓦，又庄严又美丽。天安门前面是宽阔的广场。广场中间矗立着人民英雄纪念碑。

　　北京有许多又宽又长的柏油马路。道路两旁，绿树成荫，鲜花盛开。北京新建了许多立交桥。立交桥的四周有绿毯似的草坪和拼成图案的花坛。各种车辆在桥上桥下来来往往，川流不息。

　　1. 形容词

　　整理出如下内容，提出其中的形容词："红的墙，黄的瓦，美丽的城市，宽阔的广场，庄严的天安门城楼。"让学生体会这些词形容了事物的颜色、样子等。在此基础上做扩展练习。如：红的（　　），美丽的（　　）等。

　　2. 方位名词

　　要求学生流利地朗读句子，体会划线词的作用。

　　天安门在北京城的中央。/天安门前面是宽阔的广场。广场中间矗立着人民英雄纪念碑。/立交桥的四周有绿毯似的草坪和拼成图案的花坛。各种车辆在桥上桥下来来往往，川流不息。

思考与练习

1. 在现代汉语中，词可以怎样分类？

2. 实词和虚词的区别是什么？

3. 指出下列词的词性。

西北　您　笔名　真实　刚刚　演绎　善良　着　十三亿　喂　段　金黄　愿意　起来　题赠　笔直　古里古怪　那样　哪里　由于　只要　呸　第八　和　格外　代词　总共　啊　磅　以及

4. 把下面句子中的词划分出来，并说明词性。

著名剧作家阎肃在创作中很较真，在生活中很凑合。他一生创作了一千多部(首)作品，三分之二是军旅题材。生活中他不讲究吃、穿、住，总是说："我觉得挺好！""这就行了！"

5. "二"和"两"都是数词，它们的用法有什么区别？（你可以查一查《现代汉语词典》条目"两"）

6. 你知道"俩"和"仨"是什么意思吗？下面句子中的"俩""仨"用得对不对？

他们两个到欧洲去旅游了。

老刘家姐妹仨人一起登台表演。

昨天，咱俩在书画展碰上啦！

7. 举例说说下面几组代词有什么区别。

我们　咱们　你　您　她　它　那　哪　这　那

8. "和"、"跟"、"与"有时是连词，有时是介词。你有什么好的判定办法？请说说下面句子中它们属于什么词性。

我已经和玲玲讨论过这个问题了。

鹰王跟鹰后从遥远的地方来到一座大森林。

妈妈打手机跟阿姨联系上了。

傣族老人说，泼水节的水盛满了吉祥与幸福。

9. 下面的句子都有语病，请你指出来，并加以修改。

(1) 走到塑像前，罗丹掀开搭在上面的湿布，一个仪态端庄的妇女塑像露了出来。

(2) 感谢你们的帮助，你们纠正了我的错误和粗心。

(3) 这段历史，对于我们都是相当熟悉的。

(4) 博物馆里展出了两千多年前新出土的文物。

(5) 他锻炼自己的意志，健康自己的身体。

(6) 这个科学家十分珍爱图书。他的藏书很多，别人向他借书他要办借书手续；他自己要从书架上拿走一本书，他也要办理一下手续，他非常严格。

(7) 她的粉丝，几乎已经超过原来的三倍。

(8) 陶渊明理想一个世外桃源。

10. "和"与"或"这两个词在作连词的时候，意思是有区别的，有的同学会用错，你怎样给同学做必要的讲解？

11. 给下面的二年级课文设计练习题，帮助学生理解数量词。

中秋赏月

中秋的夜晚，又大又圆的月亮挂在天空。

奶奶从屋里端了四个碟子出来，摆在天井里的小石桌上。一碟菱角，一碟石榴，一碟嫩藕，一碟月饼，这是奶奶为我们赏月准备的零食。天上万里无云，月亮望着我们，我们也望着它。奶奶说月亮里有一棵桂树，我好像真的看到一棵桂树。奶奶说月亮里有一只小白兔，我好像真的看到一只小白兔在捣药呢。

奶奶又从屋里端了一壶甜酒来，给我们每人倒了一小杯，说："孩子们，瞧瞧你们的酒杯，你们都有一个月亮呢！"

我们都看着那酒杯，果真里边就浮起一个小小的"月亮"。捧着，一动不动，手刚一动，它便酥酥地颤，让人觉得可怜。

我们又仰起头来看那天上的月亮，月亮白晃晃的，又大又圆。

第三节 短语知识与教学

一、短语的概念

词与词按照一定的语法规则组合起来，就成了短语。短语是一个造句单位，像词一样可以充当句子成分。

短语是介于词和句之间的语言单位，它的结构规则与句子有共同之处。学好短语知识，有助于句子的学习。

要区别短语和句子。短语是静态的语言备用单位，没有语境相关联，因而不含语调；句子是动态的语言使用单位，与具体的语境相联系，所以带有语调。如："伟大的祖国"是短语，形容词"伟大"通过助词"的"修饰名词"祖国"，但没有语境和具体情感表达。"伟大的祖国！"这是句子，透过感叹号，读者感受到言说者炽烈的情感。这是短语在增添语调的条件下成为句子的例子。当然，更多的句子是句子成分完整的带有语调的语言表达单位，是比较容易区别的。

二、短语的种类

（一）按照内部结构分

1. 联合短语

由两个或多个词连用，表示平等关系。这些词是同类词，连接方法有多种：依靠语序直接组合，各个词之间用顿号隔开或用虚词连接。如：

宣传鼓动　领袖与人民　诗人、作家和评论家　美丽而大方

联合短语中的各个词大部分是并列关系，也有递进、承接、选择关系的。如：

我和你　选择提炼　讨论并通过　今天或明天

2. 偏正短语

由修饰语和中心语两部分组成，表示修饰被修饰或限制被限制的关系。有两种基本类别。

其一，中心语是名词（或名词性成分），修饰语为定语。如：

大风　新风尚　古典音乐　公民的素养　友谊之花　精彩的阅兵式

其二，中心语是动词或形容词（或动词性、形容词性成分），修饰语为状语。如：

呕心创作　紧急疏散　认真地传帮带　非常干净　多么文明　更加繁荣富强

3. 动宾短语

由两部分组成，表示支配与被支配等关系。前面是动词，后面一般是名词，表示动词所涉及的事物、关乎的关系等。如：

看曲艺　有问题　丈量土地　热爱生活　超越时空　招募志愿者

4. 动补短语

由两部分组成。前面是中心语，一般是动词或形容词，后面部分补充说明前面部分。如：

拨慢　摔倒　走过来　热得快　痛苦极了　辩论五小时　高兴得又唱又跳

5. **主谓短语**

由两部分组成,它们之间是陈述与被陈述的关系。前面一般是名词或代词,后面一般是动词或形容词。如:

学生上课　我们快乐　交通恢复　申奥成功

以上五种短语是最基本的结构类型。

6. **复指短语**

又称同位短语,表示短语前后两部分指同一个人或事物。如:

我本人　兄弟俩　首都北京　著名音乐家聂耳　评职称这件事

7. **连动短语**

两个或两个以上的动词连用,动词之间没有语音停顿,也没有偏正、动宾、主谓等语法关系。连动短语用来表示一个人连续发出的行为动作。如:

进来坐　去便利店买东西　倒热水洗脸泡脚

8. **兼语短语**

由一个动宾短语和一个主谓短语套叠在一起,常常表示使令的意义。如:

使我为难　叫他出去　介绍你入团

"叫他出去"这一兼语短语,是由动宾短语"叫他"和主谓短语"他出去"套叠而成的。其中前者的宾语"他",兼做后者的主语。

9. **方位短语**

在词或短语后面附加方位名词,一般表示时间、处所、范围。如:

上课前　解放以后　花园里　喜马拉雅山上　宇宙中

10. **数量短语**

由数词和量词组合而成。如:

六本　十一只

11. **"的"字短语**

词或短语后面加上结构助词"的"组成。"的"字短语隐去了所含的中心语。如:"新的",根据上下文,可能隐去了"衣服"、"东西"等中心语。

"的"字短语的前半部分可以是各类实词,也可以是各类短语。如:

木头的　画的　贵重的　大家的　五百克的　新同学的　有手机的　最好的　成绩达标的

12. **固定短语**

还有一些固定短语,如成语、熟语、习惯语等。

(二) 按照语法功能分

1. **名词性短语**

名词性短语语法功能相当于名词,一般充当句中的主语、宾语、定语。

名词性短语由名词与名词组合而成,或者以名词为中心。它的类型是多样的。如:联合短语("江苏和浙江")、偏正短语("妈妈的眼泪")、复指短语("作家杨绛")、方位短语("候机楼前")、数量短语("一碗")、"的"字短语(爱上网的)。

2. **动词性短语**

其语法功能相当于动词,一般充当句中的谓语。

动词性短语可以由动词与动词组合而成,但较多的以动词为中心。主要类别有:联合短语("改革与发展")、偏正短语("仔细观看")、动宾短语("爱科学")、动补短语("吃得饱")、连动短语("打手机叫外卖")、兼语短语("请你吃喜糖"),以及由动词作谓语的主谓短语("奇迹发生")等。

3. **形容词性短语**

其语法功能相当于形容词,一般充当句中的定语、谓语。

形容词性短语可以是形容词与形容词组合而成,较多的是以形容词为中心。主要类别有:联合短语("机智勇敢")、偏正短语("很大方")、动补短语("高极了"),以及由形容词作谓语的主谓短语("乘客文明")等。

三、复杂短语的分析

短语的结构层次有数量之别。组成短语的若干词如果在同一结构层次上,这种短语就是简单短语;如果在两个或两个以上层次上,那就是复杂短语。

复杂短语的分析有多种方法,较常用的是从大到小的层次分析法。如:

新鲜的蔬菜和新鲜的水果
＿＿＿＿＿＿＿＿＿＿＿＿（联合）
＿＿＿＿ ＿＿＿＿（偏正、偏正）
＿＿＿＿（联合）

新鲜的蔬菜和水果
＿＿＿＿＿＿＿＿（偏正）

很新鲜的蔬菜和水果
＿＿＿＿＿＿＿＿＿（偏正）
＿＿＿ ＿＿＿＿（偏正、联合）

这些蔬菜和水果很新鲜
＿＿＿＿＿＿＿＿＿＿（主谓）
＿＿＿＿＿ ＿＿＿（偏正、偏正）
＿＿＿＿（联合）

四、短语知识的教学

(一) 短语知识教学要求

对小学生没有短语知识教学的显性要求,但在实际语言学习中,"词语搭配"是常见的练习,这是让学生从实际上了解短语知识的训练样式。

具体地说,学生要在语言实际操练中,学会准确搭配成偏正短语、动宾短语、动补短语、数量短语、主谓短语这五类短语。

(二) 短语知识教学举例

1. 五种重点训练的词语搭配

偏正短语搭配,如:(　　)的花　　(　　)地观察

动宾短语搭配,如:检查(　　)　　辨认(　　)

动补短语搭配,如:紧张得(　　)　　热得(　　)

数量短语搭配,如:一(　　)红线　　一(　　)毛巾

主谓短语搭配,如:太阳(　　)　　月亮(　　)

2. 多样的搭配练习形式

(1) 填空式。(如上)

(2) 连线式。如:

把两边可搭配的词语用线连起来。

油菜花　　　　绯红的

麦苗　　　　　洁白的

朝霞　　　　　金灿灿的

冰凌花　　　　绿油油的

杨柳　　　　　翠绿的

(3) 选择式。如:

选词填空,选择合适的词填在句子中。

一颗颗　一棵棵　一条条　一串串　一只只　一个个　一群群　一座座

(　　)龙船驶过江面,(　　)花炮升上天空。

(　　)大树挺立在小河两边,(　　)小船行驶在河面上。

(　　)白鸽在天空飞翔,(　　)小朋友在草地上玩耍。

(4) 句中填词式。如:

默读课文,再填空。

当(　　)的阳光照耀在(　　)的云海上,云海就如同披上了一层华贵的(　　)披风。

(5) 一题多解式。如:

(　　)　　　　(　　)　　　　(　　)

(　　)的花儿　　(　　)地观察　　开心得(　　)

(　　)　　　　(　　)　　　　(　　)

(三) 短语知识教学的时机和指导

词语搭配训练要结合阅读过程进行,让学生在语言学习中了解词与词之间的相互联系。如:低年级《雪地狐狸》一课,有"赭黄色的狐狸"、"深红的火舌"这样表示狐狸颜色的短语,有"蓬松地、柔软地横在雪地上"这样表示狐狸动作的短语,讲解中可让学生体会前后词搭配的准确性、形象性。这两种短语都是偏正短语,一是以名词为中心,一是以动词为中心。

词语搭配训练常常在课后练习中出现,一般是根据课文内容编写的,还往往有所延伸。指导时要让学生在对课文比较熟悉的基础上做练习。在学生练习前后,教师可作适当提示或点拨,如提示练习要求,归纳练习特点,评讲练习情况等。

在单元复习时教师可以归类设计一些词语搭配练习,让学生对有关知识的领会有一定的条理性。

词语搭配练习多见于一、二、三年级,四、五年级可以设计难度较高的描写性搭配练习。

思考与练习

1. 什么是短语?短语可以怎样分类?
2. 按照内部结构分,下面的短语属于什么类别?
中国元素 对比强烈 细致地安排 迅速发展 立体玩具书 引进外援 超过两小时 秀绝活 我和你 勇敢机智 跑得快 我自己 走进超市买 令他高兴 动物园里 羽毛球冠军林丹 十三亿 玩微信的 见义勇为 巧妇难为无米之炊
3. 用层次分析法分析下面的复杂短语。
古代四大发明——造纸术、印刷术、火药、指南针
这个地方的企业发展到数万家
4. 指导小学生正确使用"的、地、得"有一定难度。经过中低年级的学习,你对高年级学生可以作怎样的小结性的引导?
5. 请借助下面的语段,为二、三年级学生分别设计不同类别的词语搭配练习,并说明设计意图。

(1) 一只只小鸭子从蛋壳里钻出来了,最后只剩下一个特别大的蛋。过了好几天,这个蛋才慢慢裂开,钻出一只又大又丑的鸭子。它的毛灰灰的,嘴巴大大的,身子瘦瘦的,大家都叫它"丑小鸭"。

(2) 1839年6月3日,天刚蒙蒙亮,广州城就沸腾起来了。城门旁边张贴着一张大布告,人们纷纷前来围观。有的人大声宣读着:"钦差大臣林则徐,于6月3日在虎门滩将收缴的洋人的鸦片当众销毁,沿海居民和在广州的外国人,可前往观瞻……"老年人边听边点头,笑吟吟地捋着胡须。青年人兴奋地挥着拳头,赞不绝口。顽皮的孩子们在人群里钻来钻去,高兴地叫喊着。(如:张贴—布告)

第四节 句型知识与教学

一、句子与句型

句子是语言的基本运用单位,它表达一个完整的意思。句子分单句和复句。单句由词和短语构成,两个或两个以上的单句组合构成复句。在复句中每个小句不再称单句,而称分句。

每个句子都有一定的结构方式,根据这种结构方式进行归纳就形成了句子结构的基本类型,称为句型。

句型是一个有层次的系统,如下所示:

$$句子\begin{cases}单句\begin{cases}主谓句\\非主谓句\end{cases}\\复句\begin{cases}联合复句：并列复句、连贯复句、递进复句、选择复句\\偏正复句：因果复句、转折复句、条件复句、假设复句\end{cases}\end{cases}$$

二、单句

(一) 句子成分

句子成分是句子的构成成分。句子的一般成分包括：主语、谓语、宾语、定语、状语和补语。

1. 句子的最主要成分

主语和谓语是句子的最重要成分。

主语表示陈述对象，回答"谁"、"什么"之类的问题。谓语表示陈述内容，回答"怎么样"、"是什么"之类的问题。在汉语里，一般主语在前，谓语在后。（区分句子的主语部分和谓语部分的常用符号是‖，表示主语的符号是_____，表示谓语的符号是_____）

汉语中各类实词和以实词为主构成的短语都可以充当主语，其中，名词、人称代词、名词性短语充当主语是最常见的。

① <u>朋友</u>‖送我一对珍珠鸟。　　　　（名词充当）
② <u>昨天</u>‖发生了一件大事。　　　　（表示时间的名词充当）
③ <u>公园里</u>‖很热闹。　　　　　　　（表示处所的名词充当）
④ <u>我</u>‖伏案写作。　　　　　　　　（人称代词充当）
⑤ <u>十</u>‖是一百的十分之一。　　　　（数量词充当）
⑥ <u>发光的</u>‖不都是金子。　　　　　（"的字结构"充当）
⑦ <u>提高群团组织活力</u>‖是有积极意义的。（动词性短语充当）

充当谓语的词或短语可以是动词性的、形容词性的，也可以是名词性的，还可以是主谓短语等。其中动词性或形容词性的短语比较常见。

① 会议‖<u>开始</u>。（动词充当）
② 山河‖<u>壮丽</u>。（形容词充当）
③ 大家‖<u>举手表决</u>。（连动短语充当）
④ 今天‖<u>星期一</u>。（名词充当）
⑤ 每人‖<u>两件</u>。（数量词充当）

2. 句子的其他成分

句子的其他成分指宾语、定语、状语和补语。

(1) 宾语。句中动词性谓语的后面表示支配、关涉的对象，就成了句子的另一个连带成分——宾语（表示宾语的符号是～～～）。有的动词不能带宾语，如：睡觉、失败。有的必须带宾语，如：成为。很多动词在一般情况下可以带宾语，但在某个具体的语境中又不一定带宾语，如：制造、停止、学习、比赛等。

① 大家‖感谢<u>你</u>。

② 我们‖热爱祖国。
③ 一斤‖等于500克。
④ 房间号‖是201室。

有一部分动词可以带双宾语。如："我托你一件事。"句中的"你"和"一件事"都是"托"的宾语。这样的动词有：送、给、教、欠、还、拿、告诉等。
① 李老师‖教我们 语文。（双宾语）
② 他‖欠我 二十元。（双宾语）

宾语可以分为三类。一是受事宾语，它与动词的关系是支配和被支配的关系，如："我看了一场电影。"二是施事宾语，动词如"坐"、"站"、"出现"等，主语往往由处所名词充当。如："那里站着一名女子。"、"小区里开出一辆大客车。"三是关系宾语。如："我是教师。"、"校长叫马洪。"

（2）定语。定语是名词性成分前面起修饰作用的成分，表示"谁（的）"、"什么样（的）"、"多少"等意思。书面上常写有"的"字。充当定语的一般是名词、代词、形容词、数量词。句中的定语修饰主语或宾语，定语在前，主语或宾语在后。（表示定语的符号是（　））
① （夜间）的风景‖十分迷人。（修饰主语，名词充当）
② （她）的散文‖你读过吗？（修饰主语，人称代词充当）
③ （一天）的航程‖够辛苦的。（修饰主语，数量词充当）
④ （贫穷落后）的农村‖变了模样。（修饰主语，联合短语充当）
⑤ 森林里‖有个（漂亮）的木屋。（修饰宾语，形容词充当）
⑥ 运动会‖破了（九项）纪录。（修饰宾语，数量词充当）

（3）状语。状语是动词性、形容词性成分前面起修饰作用的成分，表示"怎么样（地）"、"什么时候"、"哪里"、"多么"等意思，或者表示肯定、否定的意思。书面上常写有"地"字。充当状语较普遍的是副词或形容词，名词、数量词、动词有时候也可作状语。句中的状语修饰谓语，状语在前，谓语在后。（表示状语的符号是〔〕）
① 雨后的空气‖〔非常〕清新。（副词充当）
② 唱歌的小女孩‖〔刚〕十岁。（副词充当）
③ 陈红‖〔聚精会神〕地看着这本新书。（形容词充当）
④ 他‖〔九点〕〔急急忙忙〕出门。（数量词、形容词充当）
⑤ 我‖〔对这个课题〕有兴趣。（介词短语充当）

（4）补语。补语是动词性、形容词性成分后面起补充作用的成分，表示"怎么样"、"多少时间"等意思，或者表示程度。有的补语书面上由"得"字引出。充当定语的一般是数量词、动词、形容词，少数副词（如：非常、很、极）也能充当。句中的补语修饰谓语，谓语在前，补语在后。（表示状语的符号是〈〉）
① 这棵树上的桃子‖已经熟〈透〉了！（副词充当）
② 这班学生的学习习惯‖好得〈很〉。（副词充当）
③ 你把问题‖讲〈清楚〉了？　　（形容词充当）
④ 玲玲‖穿得〈漂漂亮亮〉的。　　（形容词充当）
⑤ 他‖痛得〈打滚〉。　　　（动词充当）

⑥ 小宝贝‖出世〈一百天〉了。　　　　（数量词充当）
⑦ 成串的玉米‖挂〈在墙角〉。　　　　（介词短语充当）

3. 句子的特殊成分

句子的特殊成分指全句的修饰语、独立成分等。它们与句子相关联,但不属于句子的直接成分。下面的句子中,斜字显示的就是句子的特殊成分。

① *关于这一点*,大家的意见是一致的。
② *看*,那是什么呀？
③ *总之*,前途是光明的,道路是曲折的。
④ *我听说*,你已经辞职了？
⑤ 这件事,*不瞒你说*,我还真不知道。
⑥ *哗哗哗*,下起雨来了。

(二) 句子成分分析

了解了句子成分的组成,就可以对句子作全面的分析了。
① 我国‖〔努力〕打造(儿童文学)(出版)高地。
② (学校)的(心理)咨询室‖布置得〈舒适〉、〈漂亮〉。
③ (这家餐厅)的证照‖〔不〕符合规定。
④ (值班)护士‖〔正〕交给(外科)医生(两张)化验单。

(三) 主谓句和非主谓句

单句的句型分主谓句和非主谓句。

1. 主谓句

单句中能分析出主语和谓语的句子叫主谓句。

2. 非主谓句

单句中不能分析出主语和谓语的句子叫非主谓句。非主谓句可以分为：
名词性的非主谓句。如："妈妈！"、"讨厌的虫子！"
动词性的非主谓句。如："看到了。"、"(工资、股票)涨了！"
形容词性的非主谓句。如："冷啊！"、"好！"
其他非主谓句。如："哦！"、"哎哟！"

三、复句

(一) 复句中分句的主语

复句是一个句子,有一个统一全句的语调,句末的停顿,书面上用句号、问号或感叹号表示。

每一个复句都包含两个或两个以上的分句,分句可以是主谓句,也可以是非主谓句。如：
① 下了好长时间的雨,又刮起了风。
② 表姐比我大6岁,是我童年时代的良师和挚友。
以上第一句的两个分句,第二句的后一个分句都是非主谓句,没有主语。
如果一个复句中的几个分句都是主谓句,而且是相同的主语,那么,这个主语可能都出现,也可能承前或蒙后省略。如：

① 时间就是生命，时间就是力量。

② 我吃过饭，坐着喝茶，觉得外面有人进来了，便回头去看。

以上第一句，分句的主语都出现。第二句，后面几个分句的主语承前省略。一般来说，分句的主语相同，常常是有省略的。如每一个分句中相同的主语全部出现，则带有强调的作用。

构成复句的各个分句的主语可以是相同的，也可以是不同的。如果主语不同，一般是不能随便省略的。如：

① 人不犯我，我不犯人。

② 知识是从刻苦劳动中得来的，任何成就都是刻苦劳动的结晶。

（二）复句中的关联词语

复句中分句的连接，有的通过语序来表达，有的要通过关联词语来完成。关联词语很大部分是连词，如"虽然……但是……"、"因为……所以……"、"如果"等；也有副词，如"才"、"也"、"就"；还有短语的，如"一方面……另一方面……"、"不是……而是……"。

需要注意的是，有关联词语的句子不一定都是复句。如："这项研制任务是光荣而且神圣的。"句中的"而且"连接"光荣"、"神圣"两个词，这是一个单句。

用上不同的关联词语就表达了不同的分句之间的关系。如：

① <u>因为</u>你认真学习，<u>所以</u>成绩能提高。

② <u>如果</u>你能认真学习，成绩<u>就</u>会提高。

③ <u>既然</u>你能认真学习，成绩<u>就</u>会提高。

（三）复句的类型

按照分句之间的关系，复句可以分成联合复句和偏正复句两大类。

1. 联合复句

（1）并列复句。并列复句的几个分句分别说明或描写几件事情、几种情况，或者同一事物的几个方面；分句之间的关系是并列的、并存的，或对立的。并列复句有的不使用关联词语，如："虚心使人进步，骄傲使人落后。"也有不少并列复句要使用关联词语，常用的关联词语有："也"、"又"、"同时"、"一边……一边……"、"一方面……（另）一方面……"等。如：

① 远处的塔和小山都望得见了，近处的田野和树林<u>也</u>看得清了。

② 蝙蝠<u>一边</u>飞着，<u>一边</u>从嘴里发出一种声音。

（2）连贯复句。连贯复句的几个分句相继说出连续的行为动作或事情，分句之间的关系是承接的、连贯的。连贯复句经常依靠分句的排列次序来表示。如：

① 熊妈妈雕了一个可爱的小冰熊，送给自己的孩子。

② 安培高兴地走过去，从口袋里掏出粉笔，在黑板上演算起来。

很多情况下，连贯复句的分句间会使用一组关联词语，如："先……接着……最后……"、"首先……然后……"。有时只在后面的分句用"接着"、"就"、"又"、"于是"等。如：

① <u>先</u>是自己反复推敲，<u>接着</u>与同桌讨论，<u>然后</u>动笔修改。

② 学生读熟了，先生<u>就</u>让他们一个一个地背诵。

（3）递进复句。递进复句中，后一分句比前一分句有更进一层的意思。常用的成对的关联词语有:"不但(不仅、不只、不光)……而且(并且、还、也)……"。如果句子推进的意思不只一层,可用"不但……而且……甚至……"表示。如:

① 悉尼歌剧院<u>不仅</u>外观漂亮,<u>而且</u>它的内部结构科学,设备讲究。

② 王医生的医术远近闻名,来求医的<u>不但</u>有本地的病人,<u>还</u>有外省市的病人,<u>甚至</u>还有从国外专程赶来的。

也有单用关联词语的,如:"而且"、"更"、"甚至"等。此时,关联词语常出现在后一分句中。如:

在陈省身看来,数学是美妙的,<u>而且</u>很实用,大家都可以享用数学思想。

(4) 选择复句。选择复句有两个或两个以上分句,分列两种或几种情况,表示要在这些情况中选择一种。如:

① 我们是今天去,<u>还是</u>明天去?

② 她就在附近,<u>不是</u>到超市购物了,<u>就是</u>到广场跳舞了。

以上两句,都表示在两种情况中要选择一种,关联词语是成组使用的。同样用法的关联词语还有"要么……要么……"、"或者……或者……"等。

选择复句中还有一种类型,表示说话人已经有明确的选择意向的,常会用到"与其……不如……"、"宁可……决不(也不)……"等关联词语。如:

① <u>与其</u>坐而论道,<u>不如</u>起而行道。

② <u>宁可</u>生活艰苦些,<u>决不</u>接受不义之财。

2. 偏正复句

偏正复句中有正句和偏句。可以根据语序和关联词语来判断正句和偏句。

(1) 因果复句。因果复句中,一个分句说明原因,另一个分句说出结果或推断出结果。

说明原因的是偏句,一般在前;说明结果的是正句,一般在后。也有说明结果的分句放在前面的。常用的关联词语有:"因为……所以……"、"由于……所以……","之所以……是因为……"。有时单用"因此"、"以致","因此"相当于"因为"、"所以","以致"是"因此而造成"的意思。如:

① <u>因为</u>楚王知道晏子身材矮小,<u>所以</u>叫人在城门旁边开了一个五尺来高的洞。

② 这句话没有写对,<u>因为</u>它不符合现代汉语的表达规则。

③ 2015年底召开的巴黎气候大会<u>之所以</u>受到世界瞩目,<u>是因为</u>该次会议就2020年后全球应对气候变化达成了具有法律约束力的协议。

④ 机器人的体力、脑力和外形在不断改进,<u>因此</u>机器人的应用范围也在不断扩大。

⑤ 陕北大娘库淑兰的剪纸构图丰满、造型动人、色彩绚丽,<u>以致</u>震动了艺术界。库淑兰被联合国授予"世界民间工艺大师"称号。

有的因果复句的结果是推断出来的,这样的句子常用的关联词语有:"既然……就……"、"既然"、"可见"等。如:

① 你<u>既然</u>已经来了,今晚<u>就</u>在我家歇着吧。

② 整个朋友圈都刷爆了,<u>可见</u>这则消息极有震撼力。

还可以看到这样的情况,因果复句中没有用关联词语。这样的句子,一般因果关系比较明

确;或作者不想强化因果关系。如:

我国许多自然景观和人文景观遭到人为破坏,国家有关部门出台了有关规定。

(2) 转折复句。转折复句中前后分句所表达的意思相反或相对,即后面一个分句不是顺着前面的分句说下去,而是发生了转折。

有的转折复句转折语意比较重,两个分句有明显的对立,需要使用成对的关联词语。常用的关联词语有:"虽然……但是(可是、还是)……"、"尽管……却……"等。如:

① <u>虽然</u>今天天气很冷,<u>但是</u>全体志愿者都准时到达了工作岗位。

② <u>尽管</u>困难很大,<u>然而</u>大家的信心很足。

有的转折复句中两个分句的意思并不是对立的,转折意味比较轻。可以只在正句中用关联词语,如:"但是(但)"、"然而"、"却"等。如:

我见过不少大榕树,<u>但是</u>像这样大的榕树是第一次看见。

用"不过"、"只是"表示关联的转折复句,转折意味是最弱的。如:

这件事就由你去办,<u>不过</u>说话要注意分寸。

(3) 条件复句。条件复句中,一个分句提出条件,另一个分句说明在此条件下产生的结果;或者一个分句先排除一切条件,另一个分句表明在任何情况下都会产生同样的结果。

常用的关联词语有:"只要……就……"(提出假设性条件),"只有……才……"(提出唯一的条件),"无论……也……"(提出排除一切的条件)。

① <u>只要</u>天天刻苦锻炼,<u>就</u>会取得进步。

② <u>只有</u>坐20路地铁,<u>才</u>能到达陈老师家。

③ <u>无论</u>天有多冷,我<u>也</u>必须赶到学校。

(4) 假设复句。假设复句中,一个分句假设一种情况,另一个分句说明产生的结果。常用的关联词语是"如果(假设、要是)……就(那么)……"。如:

① <u>如果</u>有雾霾,我们<u>就</u>不去公园了。

② <u>要是</u>碰到他,<u>那么</u>你回避一下。

3. 偏正复句的紧缩形式

偏正复句的紧缩形式是指各分句紧密结合在一起,省去了一些词语,之间没有语音停顿,没有标点符号。

构成紧缩复句的分句,原来有不同主语的,紧缩后还是保留原来的主语。如:"你不去我去。"这句话对应的复句是:"如果你不去,那么就我去。"

还有不少紧缩复句,只有一个主语,这是因为构成紧缩复句的分句,原来有相同的主语,第一个或第二个省略了。也有一些紧缩复句,主语干脆省略不说了。如:

① 出了问题你负责。

② 学习语言非下苦功夫<u>不</u>可。

③ 爱拼<u>才</u>会赢。

④ 小伙伴们<u>越</u>玩<u>越</u>有劲。

紧缩复句中有的用关联词语,有的没有关联词语。以上句子中,第二句没有关联词语。关联词语有成对使用的,也有单个使用的。

紧缩复句从表面上看有点像单句,要注意区别。

4. 多重复句

以上所举复句,只有一层结构关系,其分句大多只有两句,这是一重复句。多重复句是指具有两层或多层结构关系的复句,其分句至少有三句。

分析多重复句要有全句观,注意关联词语的提示,首先抓准第一层次,然后逐层往下分析。

游玩的人伸手就能捉到幼鸟,‖可是没有人去碰一下,│因为大家知道鸟儿是人类的朋友。
　　　　　　　　　　　　　　(转折)　　　　　　　　　(因果)

这个复句有三个分句,第一、二句和第三句构成因果关系,这是第一层。其中,第一、二句是表示结果的正句,第三句是表示原因的偏句。在正句里,第一、二句又有转折关系,这是第二层。下面是一个三重复句:

地球是太阳系行星家族中一个与众不同的行星,│由于与太阳的距离适中,‖各方面条件恰到好处,‖使地球在几十亿年的历史长河中成功孕育了丰富多彩的生命,‖并最终产生了我们人类。
　　　　　　　　　　　　(因果)　　　　　　　　　　(并列)
　　　(因果)　　　　　　　　　　　　　　　　　　　(递进)

四、句型知识的教学

对小学生没有句型知识教学的明确要求;但透过《义务教育语文课程标准(2011年版)》所提教学要求可以看出,让学生在具体的语言环境中体会并运用好造句的规则,这是必须做到的。

《义务教育语文课程标准(2011年版)》有相关要求,如:"写自己想说的话,写想象中的事物。"(低年级)"能不拘形式地写下自己的见闻、感受和想象。""学习修改习作中有明显错误的词句。"(中年级)习作"语句通顺,……根据表达的需要正确使用常用的标点符号。"(高年级)为能达到这些具体目标,有赖于学生大量的语言实践,有赖于教师的积极引导与点拨。

毫无疑问,教师对句型知识的正确理解和在教学中的合理运用,将对学生的句子训练产生极大的影响。下面举例说说教师掌握句型知识对教学的积极作用。

(一)在阅读教学时准确把握有关句子的句型特点

在教学中常常有这样的情况,教师十分重视词语教学,而对句子教学有所忽略。其实,在重视词语教学的同时,从低年级开始,就应重视句子教学。句子教学是阅读教学的重要内容,是段的教学与篇章教学的基础。教师具有比较扎实的有关句型知识的功底,加上合理的教学设计,就能让学生实际上体会句子运用的规则,提高语言修养。

人教版二年级第二学期课文《蜜蜂引路》记叙了列宁通过仔细观察找到养蜂人的事。其中,第二节是核心段:"列宁一边走一边看,发现路边的花丛里有许多蜜蜂。他仔细观察,只见那些蜜蜂采了蜜就飞进附近的一个园子里,园子旁边有一所小房子。列宁走到那所房子跟前,敲了敲门,开门的果然就是那个养蜂的人。"

这段话有三个句子,每一句话都是一个连贯复句,组合起来说明了列宁寻找养蜂人的过程与结果。对二年级学生来说,不仅要理解"一边走一边看"、"仔细观察"、"果然"的词义,还应该有句子的训练。首先,要能分出句子,并把每一句话读懂,通过释义、朗读加深领会。每句话中的连贯意义必须抓住。如第一句中"一边走一边看"与"发现"之间的联系,第二句中"仔细观察"与"只见"之间的联系。第三句,抓住列宁最后两个动作及其结果,在理解"果然"含义的基础上,体会这一结果的必然性。其次,还要引导学生连贯地朗读整个段落,了解列宁通过观察寻找养蜂人的全过程,体会句子与句子是怎样衔接下来的,并把全段朗读的高潮设置在最后一句的后一分句。

本节的第一、二句叙述列宁找养蜂人的连续行为,这是表示一个人连续动作的连贯复句。第三句,是表示两个人组合动作的连贯复句,从"列宁"转到了"开门的人",即养蜂的人。列宁的寻找有了准确的答案。老师了解关于连贯复句的完整知识有助于教学的正确设计与实施。

我们常说的对"一件事情"的叙述,往往就是主要由这样的多个连贯句组合、融合而成的。年级越高,叙事越复杂,连贯句的组合、融合也就呈现出层次多、层层推进等特点。教师把握好这种语段的特点,对改进阅读教学是有益的。

人教版三年级第二学期课文《太阳》介绍了太阳的若干特点。第四节是这样说的:"太阳虽然离我们很远很远,但是它和我们的关系非常密切。有了太阳,地球上的庄稼和树木才能发芽,长叶,开花,结果;鸟、兽、虫、鱼才能生存、繁殖。如果没有太阳,地球上就不会有植物,也不会有动物。我们吃的粮食、蔬菜、水果、肉类,穿的棉、麻、毛、丝,都和太阳有密切的关系。"

上面这段话有四个句子,都是说太阳和我们的关系。第一句话,用转折复句概要说明太阳和我们关系密切。第二句话用因果复句具体说明有了太阳地球就怎样,说明"结果"的后一分句是两个并列关系的小句子。第三句话说的是没有太阳地球会怎样,意思与第二句正好相反,使用的是假设复句,后一分句也是两个并列关系的小句子,用"也"衔接。细细读句还会发现,第三句话的用词和第二句比有变化:用"植物"与"动物"概括了上面一句列举的动植物。第四句话是个单句,列举我们的吃穿与太阳的关系,贴近了人们的生活。

引导三年级学生学习这段话,基础是要读懂每一句话,体会用词的确切与变化,句中顿号、分号的使用要初步搞清。随之,要体现段的训练。其一,要会概括段意。要能知道,四句话都是说太阳和我们的关系,但是最具概括性的是第一句话。其二,明白第二第三句分别从正面与反面说明太阳和地球的关系,前一句是已有事实,后一句是一个假设,让学生通过理解意思与朗读,实际体会句子类别的不同,读好"有了……才能……才能……""如果没有……不会……也不会……"这样的语言链条。另外,了解第四句话从前面的"太阳与地球"联系到了"太阳与人们的日常生活",让我们对太阳的了解逐步深入,也更加具体。

中高年级的学生会接触到一些长句、难句,结构比较复杂的句子,教师要帮助解读。培养学生会读书,不仅从词语上去领会,还会从句子的类型、特点上去琢磨领悟,这要从教师认真备课,把握教材的内容和语言特点做起。

(二)在听说教学、习作教学时认真评价学生的说句、写句情况

教师有了比较扎实的语言功底,就能发现学生在句子表达上的问题,并准确地提出修改意见。

(三)搭建支架,渗透一点句型知识

结合阅读教学和习作教学,教师可以对学生渗透一些句型知识。不过要注意:不要追求术语的严密性,重在运用;还要为学生搭建一定的学习支架,减低难度。举例如下:

1. 建立句子的基本概念

   谁(什么)　干什么。

   谁(什么)　怎么样。

   谁(什么)　是_____。

2. 说写四要素句子

   谁　什么时间　干什么。

   什么时间,谁　干什么。

   谁　什么地方　干什么。

   什么地方,谁　干什么。

   什么地方,谁　什么时间　干什么。

3. 写一个人(动物)的连贯动作

   (1) 读句子,说说句中人物(动物)连续做了什么动作。

   ① 鸽子赶忙拿起一片叶子丢进池塘里。

   ② 蚂蚁爬上猎人的脚,狠狠咬了一口。

   ③ 小猴子爬上树,摘下一个桃子,高兴地朝家里跑去。

   (2) 照样子,说说这样的句子。

   ① _____。

   ② _____。

4. 写两个人(或动物等)组成的连贯动作

   (1) 读句子,说说句中写了哪两个人(动物等),他们分别做了什么动作。

   ① 蚂蚁爬上叶子,叶子飘到岸边。

   ② 小熊竖起大南瓜,大南瓜咕噜噜向前滚去。

   (2) 照样子,说说这样的句子。

   ① 兔子和乌龟在赛跑。兔子在前面跑,乌龟_____。

   ② 语文课上我们讨论问题。老师叫到我的名字了,_____。

5. 写带有关联词语的连贯句

   在表示连贯动作的句子中,有时会加上一些关联词,这样能把动作的先后讲得更加清楚。常用的关联词有:"又"、"然后"、"接着"、"先……再……"等。例:

   (1) 语文课上,老师给我们讲课,接着大家分组讨论。

   (2) 早上起床后,我先刷牙再洗脸。

   练写:请你也用关联词写一句话,表示某个人(或动物等)的连贯动作。

   (1) 放学回家,我先_____。

   (2) _____。

6. 写带有关联词语的并列句

   (1) ……一边……一边……

   例:女孩儿一边听音乐,一边喝茶。

   (2) ……也……

例：哥哥会踢足球,也会打篮球。

(3) ……有的……有的……

例：一片片红叶从树上落下,有的落在水里,有的落在岸边。

7. **认识并学写不用关联词语的并列句**

(1) 读下面的句子,了解句中画线的部分是没有关联词语的并列句。

西沙群岛上,数目最多的是红脚鲣鸟,白的羽,红的脚。<u>飞翔时,漫天飞舞;停歇时,如白雪一片</u>。

(2) 写不用关联词语的并列句。

公鸡和啄木鸟各有各的本领。

_____

8. **用合适的关联词语把下面的两个句子连成一句话**

(1) 春天没有播种。秋天就没有收获。

_____

(2) 这个舞蹈动作很难做。舞蹈队的同学不怕困难,反复练习。

_____

(3) 大家的意见有很大分歧。无法作出大会决议。

_____

思考与练习

1. 根据句子的结构方式,句型是一个怎样的有层次的系统?
2. 什么叫主谓句? 什么叫非主谓句? 请你说几句非主谓句。

(1) 名词性的非主谓句:

(2) 动词性的非主谓句:

(3) 形容词性的非主谓句:

3. 对下列句子作成分分析,分别用符号标出句子的主语、谓语、宾语、定语、状语和补语。

(1) 我是一只小小的红艳艳的苹果。

(2) 海面上隐隐约约传来断断续续的歌声。

(3) 语文老师送我一本课外书。

(4) 这个同学回答得清清楚楚!

(5) 想不付出代价而得到幸福是幻想。

(6) 我们应该重视汉语特有的句式的分析和解释。

4. 宾语有受事宾语、施事宾语、关系宾语等多种。请你指出下面的宾语属于哪一种类别。

(1) 楼顶上飘着一面红旗。

(2) 你大哥叫什么名字?

(3) 李阳最喜欢踢足球和打篮球。

(4) 焦裕禄是全国县委书记的好榜样。

(5) 党中央先后推出八项规定、整顿四风等举措。

5. 下面的句子,哪些是单句,哪些是复句? 如果是复句,请指出类别。

(1) 昨天发生的那件事情简直令人不敢相信!

(2) 他吃完午饭,提着旅行包上路了。

(3) 二孩政策,近来成了刷爆微信朋友圈的热词。

(4) 语文教学过于追求科学化、标准化,而诗歌却更为强调感悟和诗性,不易定量化。

(5) 女乘客手机被盗,众男客合力抓贼。

(6) 我一上床就能睡着。

(7) 这里的一整排店铺要么是大门紧闭,要么已经被拆除。

(8) 曾经,"买电脑到徐家汇""泡吧到衡山路"是上海市民的两大消费习惯。

(9) 白杨树不仅象征了北方的农民,尤其象征了今天我们民族解放斗争中不可缺少的质朴、坚强,以及力求上进的精神。

(10) 多读经典书籍可以帮助中小学生构建价值体系和提升判断力。

6. 联合复句中平等连接的分句可以不止两个。请找出并列复句、连贯复句、递进复句、选择复句这样的例子。(如:递进复句"不仅……而且……甚至……")

7. 因果复句有哪些种类? 请举例说明。

8. 请分析下列多重复句。

(1) 不管你身居怎样的高位,一旦犯了错,尤其是贪污罪,就要受到处罚。

(2) 因为我们是为人民服务的,所以,我们如果有缺点,就不怕别人批评指出。

(3) 我们不但要有大批杰出的科学技术专家,而且必须动员亿万人民刻苦学习,才能在各个领域赶超世界先进水平,才能真正把我们的经济建设搞上去,才能加快现代化的进程。

(4) 老麻雀用自己的身躯掩护着小麻雀,想拯救自己的幼儿,可是因为紧张,它浑身发抖了,发出嘶哑的声音。

9. "造句"是对学生进行句型训练的有效方法。引导学生造句的方法是多样的:选词造句、根据句式造句、根据意思造句等。请为你的学生设计几个合适的造句练习题。

10. 请仔细阅读下面的小学语文教材的语段,认真分析句子的结构关系,并提出教学设想。

(一)

我看见过波澜壮阔的大海,玩赏过水平如镜的西湖,却从没看见过漓江这样的水。漓江的水真静啊,静得让你感觉不到它在流动;漓江的水真清啊,清得可以看见江底的沙石;漓江的水真绿啊,绿得仿佛那是一块无瑕的翡翠。

——摘自四年级第二学期课文《桂林山水》(人教版)

(二)

传说仓颉创造了文字。仓颉在野外的泥地上看到了鸟的足迹,它们有直有斜有交叉,富有变化,而且每个线条都那么均匀、那么优美。于是他模仿鸟的足迹创造了字的笔画。后来,他又根据龟纹、虫蛇、黍稷、山川、草木等的形态或动态,创造了文字。

——摘自五年级第一学期"阅读材料"《仓颉造字》(人教版)

第五节　句类知识与教学

一、句子的语气与句类

人们说话写话时,每个句子除了具有一定的结构方式,还带有特定的语调,表示某种语气。句类就是按照句子的语气区分出来的句子类别。

比如某校举行跳绳比赛,学校广播公布比赛结果:"三年级(1)班获跳绳比赛第一名。"三年级(1)班的几个同学追问:"我班跳绳比赛得第一名了?"得到证实以后,全班同学激动地异口同声:"我班跳绳比赛得第一名了!"以上三句话,从句型看是相同的,但是语气是不同的,表达的目的也就不同了。

根据句子的语气,可以将句子分为陈述句、疑问句、感叹句和祈使句。上面的三句话,分别属于陈述句、疑问句和感叹句。

二、句子的语气类型

1. 陈述句

陈述句表述某个事实,某种判断。陈述句带有平直的语调或句尾略降的语调,书面上句末用句号。如:

① 上海公民科学素质水平达标率逐年上升。

② 越是鼓励创造力的国家越富裕。

③ 热在三伏,冷在三九。

④ 乡村教师既当师又当"妈"。

⑤ 我已经把这本书看完了。

⑥ 老钱这个人是非常好客的。

⑦ 下雨了。

⑧ 明月当空的夜晚。

陈述句可以包括任何句型。

从语气词的运用看,陈述句可以带语气词,也可以不带语气词。常用的语气词有:的、了、罢了。

陈述句中的否定句,其否定词一般用"不"、"没(没有)",不用"别"、"不要"。如:"今年的夏天不热。"、"这几天我没有出门。"

有些句子虽带有疑问代词或疑问结构,但却是陈述句。句末应用句号。如:

① 谁也没看到她去哪里了。

② 大家无法判断小李能不能完成这个任务。

第一句中"她去哪里了"这一疑问是"没看到"的宾语,全句没有构成疑问句式。第二句也是相同的情况。

2. 疑问句

疑问句表示提出问题，带有疑问的语气。书面上句末用问号。

(1) 有疑而问的正问句。确有疑问，于是提出问题。如：

① 下午你几点回家？

② 这次旅游，你是去九寨沟还是去杭州？

(2) 无疑而问的问句。有一种是反问句：没有疑问，却用反问的句子来表达。用肯定的形式表示否定，用否定的形式表示肯定。如：

① 在公共场合抽烟还有理？

② 这样的事情能不认真对待？

另一种是设问句：自己提出问题自己回答。

(3) 测度而问的猜问句。提问者对所提问题有一定猜想，但不能完全肯定，就用陈述句附加疑问助词"吧"的句式，表达自己的想法。如：

① 看你这样子，刚才在游泳吧？

② 这本书是志民买来的吧？

疑问句的语调大多是上扬的。

3. 感叹句

感叹句抒发强烈的情感，常用表示感叹的叹词、语气助词，语调曲折感人。书面上句末用感叹号。

感叹句表现的情感是十分丰富的，如快乐、赞美、惊讶、痛苦、愤怒、轻蔑等。如：

① 今天的表演太精彩了！

② 唉，他伤得这么重！

③ 这样干下去真没意思！

感叹句的语法表现有多种。

(1) 只用语调表现的。如："我们要向英雄们学习！"

(2) 兼用感叹语气助词、叹词表现的。如："哎哟！可疼死我啦！"

(3) 兼用疑问代词、副词表现的。如："他跳得多么高啊！"

(4) 兼用倒装句表现的。如："太美丽了，祖国的河山！"

4. 祈使句

祈使句表示请求、命令、劝阻、禁止等。书面上句末一般用感叹号，如果语气不太强烈，也可用句号。祈使句一般读平调或降调。

(1) 表示请求、命令的祈使句。说话人发出指令，让听话人去行动，口气委婉、语调柔和的叫请求，口气坚决、语调中带有强制性的叫命令。

请求句主要表达请求、商量、建议等，说话节奏比较慢，有恳请之意。句末声调一般往下降。常用的语气词有"啊"、"吧"等。如：

① 您请说！

② 天气不好，我们就不去了吧。

命令句一般带有强制性，说话节奏比较快，句末语调急降。一般不用语气词。句子中一般

无主语,句子结构十分简单,有助于"发命令"。如:

① 立正!稍息!

② 站住!举起手来!

(2) 表示劝阻、禁止的祈使句。说话人发出指令,让听话人不要做某一件事情,停止某一个行为。比较委婉的是劝阻句,带有强制性的是禁止句。如:

① 这样的事情,你不能再做了!

② 天晚了,不要写了!

③ 不许随地吐痰!

④ 不准越过这条线!

劝阻和禁止没有绝对的界限。上面几句话,在一般情况下,前两句是劝阻,后两句是禁止。不过,在一定的语境下,说话人的指令可以有强有弱。例如,某人做了一件十分糟糕的事,说话人相当气愤,这时他说出的上述第一句话就可能带有强制性。说劝阻的话,一般语调缓降,会用一些语气词"了"、"啊",使用"别"、"不要"等词表示一定程度的缓和。说禁止的话,一般语调急降,不用语气词,常用"不许"、"不准"等表示强硬的词语。

三、句类知识的教学

(一) 句类知识教学要求

教师要结合讲读课文引导学生理解陈述句、疑问句、感叹句、祈使句所表示的语气,指导学生在朗读时读出相应的语气,并在书面表达时使用相对应的标点符号。

在小学语文教学中,教师要让学生学习句类知识,但不要求学生全面掌握四类句子中的各种类型,所以教学时只需要选择一部分作讲解及朗读训练。集中训练的时间宜放在一年级第二学期和二年级。

(二) 句类教学举例

《小学生写作学本》在一年级第二学期安排了两次关于句类的训练。[①] 如下:

第一次——

○ 听故事《打电话》

园园:你好,请讲。

丽丽:你好,我是丽丽。园园在吗?

园园:我就是。丽丽,你找我什么事呀?

丽丽:今天我漏抄了一条语文作业,请你告诉我吧!

园园:好的,请稍等。

(园园去查看备忘录后返回)

园园:喂,今天的语文作业是抄写词语和朗读课文。

丽丽:哦,我知道了。真是太谢谢你了!再见!

[①] 丁炜,徐家良.小学生写作学本.一年级[M].南宁:广西教育出版社,2015:47—51.

园园:明天见!

○ 思考与练习

1. 谁和谁在打电话?

2. 说了什么内容?

○ 语言文字训练

1. 了解句子的不同语气,读出不同的语气。

和同桌分角色读一读对话,想一想他们说这些话时的语气是怎样的,读出对话中的四种语气。

(1) 我是丽丽。

今天的语文作业是抄写词语和朗读课文。

(2) 园园在吗?

你找我什么事呀?

(3) (今天我漏抄了一条语文作业)请你告诉我吧!

(4) 真是太谢谢你了!

○ 小贴士

①有两句话,陈述人和事,语气平和,是陈述句。②也有两句话,提出问题,疑问的语气,是疑问句。③表达一种请求,语气诚恳充满期待,是祈使句。④表达感谢之情,语气中饱含内心的感情,是感叹句。四种不同语气的句子,有对应的标点符号:陈述句后是句号,疑问句后是问号,祈使句和感叹句后都是感叹号。

2. 打电话,练习说好句子的不同语气。

第二次——

○ 学习要求:

说话:1. 能读出四类句子的不同语气。

2. 在说话表达中能注意语气的运用。

积累:知道四类句子和标点符号的对应关系:

陈述句——句号

疑问句——问号

感叹句——感叹号

祈使句——语气弱:句号

　　　　　语气强:感叹号

○ 听故事《小红帽》后,进行语言文字训练

1. 说一说下面的句子属于哪种类型,读出语气。

(1) 小红帽的外婆住在村子外面的森林里。

(2) 小红帽,你要到哪里去呀?

(3) 森林里的花儿多漂亮啊!

(4) 外婆,你的耳朵怎么这样大呀?

(5) 你刚吃了我奶奶,还是等你饿了再吃我吧。

(6) 奶奶吃了小红帽拿来的蛋糕,身体很快就好起来了。

2. 读下面一组句子,看清标点符号,读出不同的语气。

(1) 我们的校园美丽吗?

(2) 我们的校园很美丽。

(3) 我们的校园很美丽!

(4) 请到我们美丽的校园来参观。

(5) 请到我们美丽的校园来参观吧!

小贴士:上面第2、3句,文字是相同的,但语气不同,标点符号也就不同了:第2句是陈述语句,第3句是感叹语句。第4、5句都是祈使语气,但第5句用上感叹号,语气就比用句号的第4句强烈。

3. 说一说不同类型的句子,注意表达时的语气。

(1) 陈述句:＿＿＿＿＿＿＿＿＿＿＿＿＿＿＿＿＿＿＿＿＿＿＿。

(2) 感叹句:＿＿＿＿＿＿＿＿＿＿＿＿＿＿＿＿＿＿＿＿＿＿＿!

(3) 疑问句:＿＿＿＿＿＿＿＿＿＿＿＿＿＿＿＿＿＿＿＿＿＿＿?

(4) 祈使句:＿＿＿＿＿＿＿＿＿＿＿＿＿＿＿＿＿＿＿＿＿＿＿!

○ 看图听句子说句子,注意语气。(图画略)

春姑娘来到我们身边

春姑娘在哪里?春姑娘就在我们的耳朵旁。听,燕子飞回来了,它们叽叽喳喳叫个不停。河水哗啦啦地向前奔跑,唱着赞美春天的歌。蜜蜂＿＿＿＿＿＿＿＿。小朋友＿＿＿＿＿＿＿＿＿。

春姑娘在哪里?春姑娘就在我们的眼睛里。看,＿＿＿＿＿＿＿＿。

春姑娘在哪里?春姑娘就在我们的鼻子下。嗅一下,我们闻到了百花的芳香,＿＿＿＿＿＿＿＿＿＿＿!

春姑娘在哪里?春姑娘就在我们的心坎里。春天是光明的,快乐的,春天充满了希望!

春姑娘是多么美丽呀!＿＿＿＿＿＿＿＿＿＿!

○ 说明:

本次练习是第一次练习的进一步学习。略微提高的要求是:从上一次侧重于口语交际的"打电话",过渡到本次侧重于书面语的学习;要求学生更加关注标点符号对句子语气的提示作用;要求学生在实际表达中(无论是口头还是书面)养成使用不同语气表达的习惯。

思考与练习

1. 什么是句类?根据句子的语气分,句子有哪几种类别?

2. 用怎样的语气朗读各类句子?请分别举例加以说明,并正确朗读。

3. 请自定一年级句类学习内容，设计十五分钟教学方案。

第六节　标点符号知识与教学

一、标点符号概说

（一）标点符号发展历史

在古代最开始人们写文章是没有标点符号的，读者阅读时常常自己句读自己猜，而这也会引起错误或误解。后来一些文人主动句读，开始使用一些符号。据说，敦煌遗书中保存了我国5世纪到11世纪初期书面语言中的17种标点符号。但实际使用中有不少问题，如：存在一符多用、一号多符的情况，有的符号书写复杂就像画画，有元宝形、帽子形等。

19世纪中叶，外国文化开始输入我国。1897年，王炳耀先生在我国原有断句法的基础上，吸收外国新式标点，拟定了10种标点符号，可惜未能得到推广。

1918年，陈望道先生发表《标号与革命》一书，介绍了10种国外通用的标点符号，同时带头写白话文、使用新式标点。由此，全国掀起使用新式标点的热潮。北洋政府1920年训令全国，公布并要求大家采用12种标点符号（句号、点号、分号、冒号、问号、惊叹号、引号、破折号、删节号、夹注号、专名号、书名号）。①

中华人民共和国成立以后，中央人民政府出版总署即在1951年9月公布《标点符号用法》，这就使标点符号的种类、用法有了全国统一的标准。以后，随着社会和语言形势的发展，有关专家多次对标点符号作了局部的修改。目前使用的最新版本的《标点符号用法》发布于2011年12月30日，2012年6月1日起实施。

（二）标点符号的作用

标点符号是书面语言中的辅助工具，它有独特的作用。

表示语言的自然停顿。当人们进行书面表达的时候，就像口头说话一样，必然会有自然的停顿，标点符号就是表示这样的自然停顿。根据停顿的长短可以使用不同的点号，例如句号、逗号。

表达语气、口气。书面表达时，句子的语气常常用句号、问号、感叹号来表达，表示陈述、疑问、感叹等语气。同样的句子，语气有强弱可用不同的点号来表达，如感叹语气、祈使语气强的用感叹号，弱的用句号。书面语中的口气，也可用相应的标号来表达，如省略号可以表示口气断断续续。

帮助准确表达语意。正确使用标点符号有助于准确表达词意句意。可以设想，如果没有冒号、引号的帮助，在阅读一段人物对话的时候会是多么困难。我们在读倒装句时，也需要借助标点符号才能读明白。

国家标准《标点符号用法》这样定义"标点符号"："辅助文字记录语言的符号，是书面语的有机组成部分，用来表示语句的停顿、语气以及词语的性质和作用。"

---

① 邢大华，汪方海. 标点符号学习手册[M]. 南京：南京大学出版社，2015：3.

（三）标点符号的种类

标点符号分点号和标号两大类。

点号的作用是点断，主要表示停顿和语气。分为句末点号和句内点号。句末点号表示句末停顿和句子的语气，包括句号、问号和感叹号。句内点号表示句内各种不同性质的停顿，包括逗号、顿号、分号和冒号。

标号的作用是标明，主要标示某些成分（主要是词语）的特定性质和作用。包括引号、括号、破折号、省略号、着重号、连接号、间隔号、书名号。

二、标点符号用法

（一）点号

1. 句号

主要表示句子的陈述语气，有时也有其他用法。

（1）陈述句末尾的停顿，用句号。如：

各方积极推进"互联网＋"行动。

（2）语气舒缓、不带明显命令或请求的祈使句的末尾，也用句号。如：

你先走吧。

（3）不带强烈感情的感叹句的末尾，也用句号。如：

雨下得真大。

2. 问号

主要表示句子的疑问语气，包括反问、设问等疑问类型。

（1）疑问句末尾的停顿，用问号。如：

你为什么喜欢当老师？

（2）反问句、设问句的末尾，也用问号。如：

难道你连这个道理都不明白吗？

3. 感叹号

主要表示句子的感叹语气，有时也可表示强烈的祈使语气、反问语气。

（1）感叹句末尾的停顿，用感叹号。如：

北京的变化真大啊！

（2）语气强烈的祈使句的末尾，也用感叹号。如：

不许吵架！

（3）语气强烈的反问句的末尾，也用感叹号。如：

这个词的意思不是很明白吗！

4. 逗号

表示句子或语段内部的一般性停顿，也用于下列各种语法位置：

（1）主语和谓语之间需要停顿，用逗号。

这样的停顿，往往包含下列情况：

主语在前，为突出主语，后面用上逗号。如：

迪士尼,实在是个诱人的乐园。

谓语在前,后面要用上逗号。如:

开会了,老师们!

主语较长,语气上需要停顿,后面用上逗号。如:

2015年10月召开的中国共产党第十八届中央委员会第五次全体会议,通过了《中共中央关于制定国民经济和社会发展第十三个五年规划的建议》。

主语加"呢"、"啊"等词时需要停顿,要加逗号。如:

你啊,长得太高了。

(2) 动词与宾语之间需要停顿时,用逗号。此时的宾语一般是比较长的主谓短语。如:

读了这篇文章我们了解到,诺贝尔奖对人类科学和文明的发展做出了巨大贡献。

(3) 复句内各分句之间的停顿,用逗号。如:

梅兰芳圆润的歌喉在夜空中颤动,听起来似乎辽远而又逼近,似乎柔和而又铿锵。

(4) 时间词、空间词用在一句话的开头,用逗号表示停顿。如:

冬天,雪花在空中飞舞。

(5) 对话时,表示"是""否"口气的停顿,用逗号。如:

好,就这么办吧。

(6) 称呼后面的停顿,用逗号。如:

老李,你发表一下意见。

5. 顿号

用于句子内部并列词语之间。(根据词语长短、停顿大小也可选用逗号)如:

蓝天、骄阳、绿树、红土、彩花,以及皮肤黝黑发亮的黑人兄弟,构成了七彩的非洲。

也有一些其他用法。

用于需要停顿的重复词语之间。如:

他几次三番、几次三番地辩解着。

用于某些序次语。如:

我讲两点。一、……二、……

6. 分号

表示复句内部并列分句之间的停顿,以及非并列关系多重复句中第一层分句之间的停顿。

(1) 复句内部并列分句之间的停顿,用分号。

只有一个层次的并列复句,其中的分句内部已经用了逗号,且无关联词语表示并列关系的,要用分号。如:

漓江的水真静啊,静得让你感觉不到它在流动;漓江的水真清啊,清得可以看见江底的沙石;漓江的水真绿啊,绿得仿佛是一块无瑕的翡翠。

如果是多重复句,第一层是并列关系,且无关联词语表示并列关系,要用分号。如:

掌柜是一副凶面孔,主顾也没有好声气,教人活泼不得;只有孔乙己到店,才可以笑几声,所以至今还记得。

(2) 非并列关系的多重复句,第一层的前后两部分之间,也用分号。如:

我国年满十八周岁的公民,不分民族、种族、性别、职业、家庭出身、宗教信仰、教育程度、财产状况、居住年限,都有选举权和被选举权;但是依照法律被剥夺政治权利的人除外。

7. 冒号

用于总说性或提示性词语之后,表示提起下文。

(1) 用在称呼语后面,表示提起下文。如:

各位朋友:大家安静下来。

(2) 用在"说、想、证明、宣布、指出、例如、如下"等词语后面,表示提起下文。如:

1949 年 10 月 1 日,毛泽东主席站在天安门城楼上庄严宣布:"中华人民共和国中央人民政府今天成立了!"

(3) 用在总说性话语的后面,表示引起下文的分说。如:

今天的晚会有五个节目:独唱、男声小合唱、魔术、京剧和舞蹈。

(4) 用在需要解释的词语后面,表示引出解释或说明。如:

小学生演讲比赛选拔赛

报名时间:2015 年 10 月 8 日—10 月 10 日

选拔时间:2015 年 11 月

报名地点:新世纪教育机构

联系电话:66668888

(5) 总括性话语的前面,也可以用冒号,用以总结上文。如:

我的妈妈是小学语文老师,爸爸是中学教导主任,爷爷是大学英语老师,阿姨是职工学校的校长:我们家是教师之家。

(二) 标号

1. 引号

标示语段中直接引用的内容或需要特别指出的成分。

(1) 行文中直接引用的话,用引号标示。如:

① 陶行知说:"发明千千万,起点是一问。"

② "一生最好是少年,一年最好是春天,一天最好是清晨。"李大钊的话说得真好。

(2) 需要强调或有突出含义的词语,用引号标示。如:

人类在创造文字之前,常常用一些奇妙的方法来帮助记忆,我国古代就有"结绳记事"的方法。

(3) 引号里面还要用引号,外面的用双引号,里面的用单引号。如:

李明问同桌魏红:"'眼疾手快'中的'疾'是什么意思?"

2. 括号

标示语段中的注释内容、补充说明或其他特定意义的语句。

括号的主要形式是圆括号(),另外还有方括号、六角括号〔〕、方头括号【】。

(1) 行文中注释内容或补充说明的内容,用括号标明。如:

① 轻捷的叫天子(云雀)忽然从草间直窜向云霄里去了。

② 我们的目标一定能够达到!(热烈鼓掌)

(2) 交代引文出处要用括号。如：

六十年来的小学写作教材可以分成三种类型：读写合编型教材、文法合编型教材和文语合编型教材。

(3) 标示订正或补加的文字，用括号。如：

信纸上用稚嫩的字体写着："阿夷（姨），你好！"

(4) 标示序次语。如：

语言有三要素：①声音；②结构；③意义。

(5) 标示作者国籍或所属朝代，可用方括号或六角括号。如：

〔法〕雨果

3. **破折号**

标示语段中某些成分的注释、补充说明或语音、意义的变化。

(1) 标示行文中解释说明的语句。如：

① 在威尼斯的游程结束以后，我来到了帕多瓦——钢琴发明者意大利人克里斯托弗利的故乡。

② 四十秒钟以后——大家已经觉得时间太长了，等孩子一浮上来，水手们就立刻抓住了他，把他救上了甲板。

(2) 标示话题突然转变。如：

"好香的干菜，——听到了风声吗？"赵七爷站在七斤的后面七斤嫂的对面说。

(3) 标示插入语。如：

这简直就是——说得不客气点——无耻的勾当！

(4) 标示声音的延长。如：

① "哗哗哗——"娃娃们在水里游泳。

② 人们在天安门前深情呼唤："周——总——理——"

(5) 标示话语的中断或间隔。如：

"班长他牺——"小马话没说完就哭了起来。

4. **省略号**

标示语段中某些内容的省略及意义的断续等。

(1) 表示引文的省略。如：

王健作词、谷建芬作曲的《歌声与微笑》我很喜欢："请把我的歌带回你的家，请把你的微笑留下……"

(2) 表示列举的省略。如：

这本书详细解析了很多首红歌：《十送红军》、《延安颂》、《英雄赞歌》、《中国，中国，鲜红的太阳永不落》……

(3) 表示说话断断续续。如：

"对……对不起！我……大概走错门了。"

(4) 在标示诗行、段落的省略时，可连用两个省略号。

5. 着重号

标示语段中某些重要的或需要指明的文字。如：

做学问的功夫，是细嚼慢咽的功夫。好比吃饭一样，要嚼得烂，才好消化，才会对人体有益。

6. 连接号

标示某些相关联成分之间的连接。

(1) 两个相关的名词构成一个意义单位，中间用连接号。如：

我国南方地区和北方地区的分界线是秦岭—淮河一线。

(2) 相关的时间、地点或数目之间用连接号标示起止。如：

① 叶圣陶(1894—1988)，原名叶绍钧，现代著名作家、教育家。

② "上海—北京"高铁

(3) 表示产品型号，在相关的字母、阿拉伯数字等之间用上连接号。如：

TU‐16 远程轰炸机

(4) 几个相关的项目表示递进式发展，中间用连接号。如：

人类的发展可以分为古猿—猿人—古人—新人这四个阶段。

7. 间隔号

标示某些相关联成分之间的分界。

(1) 标示外国人和某些少数民族人名内各部分的分界。如：

① 马克·吐温

② 爱新觉罗·努尔哈赤

(2) 标示书名与篇(章、卷)名之间的分界。如：

《教育大辞典·教育学》

(3) 以月、日为标志的事件或节日，用汉字数字表示时，只在一、十一和十二月后用间隔号；当直接用阿拉伯数字表示时，月、日之间均用间隔号(半角字符)。如：

① "九一八"事变，"五四"运动

② "一·二八"事变，"一二·九"运动

③ "3·15"消费者权益日

8. 书名号

标示语段中出现的各种作品的名称。

(1) 书名、篇名、报纸名、刊物名等，用书名号标示。如：

《文汇报》载，2015 年度"中国最美的书"揭晓，《上海字记——百年汉字设计档案》、《爱不释手》、《温婉——中国古代女性文物大展》、《齐白石四绝十方》、《老人与海全译本》等 20 本图书脱颖而出。

(2) 书名号里还要用书名号时，外面的用双书名号，里面的用单书名号。如：

杜重远之女写了《轰动全国的〈新生〉事件》一文，回顾了 80 年前的历史。

(三) 标点符号的相互关系

点号表示的停顿可以分为四级：第一级是句号、问号、感叹号，第二级是分号，第三级是逗号,第四级是顿号。冒号表示的停顿有一定伸缩性。需要指出的是,点号表示的停顿时间是相对的,主要取决于具体的语境。

标号与点号连用的情况有多种,如:引号与点号连用,括号与点号连用,省略号与点号连用等。

三、标点符号的书写位置

(1) 句号、问号、叹号、逗号、顿号、分号和冒号一般占一个字的位置,居左偏下,不出现在一行之首。

(2) 引号、括号、书名号的前一半不出现在一行之末,后一半不出现在一行之首。

(3) 破折号和省略号占两个字的位置,中间不能断开。连接号和间隔号一般占一个字的位置。这四种符号上下居中。

(4) 着重号标在字的下面,可以随字移行。

四、标点符号知识的教学

(一) 标点符号知识教学要求

《义务教育语文课程标准(2011年版)》对小学生标点符号的学习和运用有明确的要求:在一、二年级的第一学段,"根据表达的需要,学习使用逗号、句号、问号和感叹号"。在三、四年级的第二学段,"在理解语句的过程中,体会句号和逗号的不同用法,了解冒号、引号的一般用法"。在第三学段,"根据表达的需要,正确使用常用的标点符号"。

可见,小学生对标点符号的学习和掌握,主要指逗号、句号、问号、感叹号、冒号和引号这6种。首先要学习并逐步掌握句号、问号和感叹号,其次是体会并逐步掌握逗号和句号的不同用法,再次是学习并逐步掌握冒号和引号。在学习的途径上,强调"根据表达的需要",也就是学生在自我表达时常用的标点符号,即上述6种标点符号的"一般用法"。例如,感叹句一般就使用感叹号,不必涉及语气弱就用句号的用法。冒号用得较多的是"说"、"想"等动词后面,总括语后面或前面的用法就不一定要求了。

随着年级的升高,学生的书面表达能力也逐步提升,他们会在实际表达中学习使用顿号、分号、省略号、书名号等,这是需要认真肯定并适时点拨的。

(二) 标点符号知识教学举例

例1:备课要点——引导学生学习在人物对话中如何正确使用标点符号

学习要求:学习描写人物对话的多种方法,掌握相应的标点符号的用法。

学习年段:中年级,分多次进行。

备课要点:

1. 读一读下面的句子,了解写人物说话时标点符号的使用。

(1) 瓦特看到水开了,壶盖不住地上下跳动,就问姨妈:"壶盖为什么要跳舞?"

(2) 冬天,蜜蜂一家挤在蜂窝里,暖融融的。但是,小蜜蜂还是说:"妈妈,我冷啊!"蜜蜂妈妈就给小蜜蜂吃蜜:"孩子,吃些蜜,给身体增加一点热量。"

写人物说的话、对话,要使用冒号和引号。问的话、说的话的前面用冒号,句中很多时候有"问"、"说"等词,也有不用的(如上面蜜蜂妈妈对小蜜蜂所说)。问的话、说的话要用引号标示出来。问的话、说的话写完之后,用上相应的点号,然后再标下引号(上面三句说话,分别用了问号、感叹号和句号,然后是下引号)。

> 2. 读一读下面的句子,了解写人物说话时有多种方法,标点符号的使用也有所不同。
> (1) 白求恩大夫说:"我是来工作的,不是来休息的,我要立刻做手术!"
> (2) "我是来工作的,不是来休息的,我要立刻做手术!"白求恩大夫说。
> (3) "我是来工作的,不是来休息的,"白求恩大夫说,"我要立刻做手术!"
> (4) 白求恩大夫说,他是来工作的,不是来休息的,他要立刻做手术。

句(1)是最常规的写法,先写提示语,再写说的话。冒号后面是上引号,说的话写完,用上点号再写下引号。句(2)是先写说的话,再写提示语。引号把说的话标示出来,最后交代谁说的,用上句号。句(3)提示语在中间,提示语前面说一层意思,用引号标示;在提示语后面再说其他内容。第一层意思说完后,一般用逗号,也有用句号的;提示语后面要用逗号。句(4)是作者转述白求恩的话,所以不用冒号、引号。"说"后面用逗号,人称变为"他"。

> 3. 读一读下面的对话形式,体会提示语在中间的写法有什么作用。
> (1) "我和家人觉得现在居住的环境太差了,只能去寻找合适的住处,"小鸟回答道,"可是,当我们飞到半途却遇上了沙尘暴,我就是这样和家人失散的。"
> (2) 有个渔民带着儿子走过沙滩。那孩子赤着脚,他踏着了沙里一块硬东西,就把它挖出来。
> "爸爸,你看!"儿子快活地叫起来,"这是什么?"
> 爸爸接过来,仔细地看了看。
> "这是琥珀,孩子,"他高兴地说,"有两个小东西关在里面呢,一只苍蝇,一只蜘蛛。这是很少见的。"

这种对话形式把提示语放在中间,在提示语的前面说一层意思,在提示语的后面再说其他的内容。常常用在引用语内容比较多,需要分层表达的地方。句(1)先说"寻找住处",再说"遇险失散",中间是提示语,显得层次分明。句(2)中爸爸的话,先是把观察的结论告诉儿子,提示语后面详细介绍琥珀是什么。有时,引用内容并不是很长,但也有层次的推进,用上这类表达能使表达更加清晰。如句(2)中儿子的话,先让爸爸看,再向爸爸提问。

> 4. 读一读下面的对话形式,体会提示语在后的写法有什么作用。
> 有一个穷人来找阿凡提,恳求说:"可敬的阿凡提,我想求您一件事情,不知道您肯不肯帮忙?"
> "帮助人是光荣的事情,也是快乐的事情,你说吧。"阿凡提爽快地答应了。

> "唉!"穷人长长地叹了一口气说:"昨天,我在巴依开的一家饭馆门口站了一站,巴依说我吃了他饭菜的香味,逼我付饭钱。我当然不给,他就到卡子那儿告我。卡子决定今天判决。您能为我说几句公道话吗?"
>
> "行,行!"阿凡提一口答应下来。

这是阿凡提和一个穷人的对话。其中阿凡提的话都是用了先写说的话,提示语在后面的方法。穷人提出要求后,马上就直接写阿凡提的答话,就把他"爽快地答应"、"一口答应"写出来了,表明阿凡提是个热心帮助穷人的人。在写对话时,如果要表达答话迅速,就可采用这种提示语在后的写法。

> 5. 读一读下面的对话形式,体会直接写对话,不写提示语的写法有什么作用。
> 这个男孩有一双漂亮的蓝眼睛,珍妮想和这个男孩子做朋友。
> "小弟弟,你叫什么名字呀?"
> "我叫威嘉。你叫什么名字呀?"
> "我叫珍妮。我们一起来玩捉迷藏的游戏吧?"
> "不行啊。我的脚有伤,走不了啦!"威嘉摇摇头。

这种对话形式没有提示语,直接写对话内容。适用于两个人的对话,且对话回合较多。省略提示语,使得叙述比较简练。不过,一定要把人物关系交代清楚,如上面的对话前这样交代:"珍妮想和这个男孩子做朋友。"此轮对话结束,最后说话者要交代清楚。如上文:"不行啊。我的脚有伤,走不了啦!"威嘉摇摇头。

在紧急情况下的两人对话,采用无提示语的方法,可以起到"加快语言节奏,烘托紧急气氛"的作用。如:

> 扁鹊行医来到虢国都城。街上,行人议论纷纷。原来,虢国太子不知什么原因,一向好好的,突然间就死了。
> 扁鹊心中纳闷,忙赶到宫门口,问侍卫官:
> "太子得了什么病?"
> "太子只说胸口闷,后来就死了。"
> "死了多久?"
> "早上鸡叫的时候。"
> "入棺了?"
> "从死到现在,还没过半天,哪就入棺了呢?"侍卫官有点不耐烦。

例2:正确使用标点符号的练习(供学生练习用)

> 1. 给下面的句子加上不同的标点符号,读出不同的语气。
> 我明天和你一起去

2. 给下面的句子加上标点符号。

（1）海底是否没有一点儿声音呢　不是的

（2）一天结束了　落日的余晖不时地变换着颜色

（3）我们能看到鲜红色的樱桃果　深紫色的李子　金黄色的柑橘

（4）竺可桢就像一位在大自然中巡逻的哨兵　时刻都在细心观察并记录大自然的每一个变化　他的笔记本　是一本大自然的日记

（5）地面上的水被太阳晒着的时候　吸收了热　变成了水蒸气　水蒸气遇到冷　凝成了无数小水滴　漂浮在空中　变成云　云层里的小水滴越聚越多　就变成了雨或雪落下来

3. 仔细阅读下面的语段，加上合适的标点符号。

俗话说　东北有三宝　人参　貂皮　乌拉草　人参可治疗虚脱　惊悸等　人参是多年生草本植物　高可达70厘米　每年七八月开花　野生人参在深山里生长速度很缓慢　60—100年的山参也只有几十克重　目前　人参被列为我国国家一级重点保护植物

思考与练习

1. 标点符号有什么作用？

2. 标点符号分哪两大类？

3. 小学生学习标点符号的要求是什么？

4. 正确使用逗号和句号对表达句意很有作用，要避免一逗到底的情况。请阅读下面的语段，正确用好逗号与句号。

1955年10月1日清晨　广阔无垠的太平洋上　一艘巨轮正劈波斩浪驶往香港　一位四十来岁的中年人　迈着稳健的步伐踏上甲板　阵阵海风不时掠过他那宽大的前额　眺望着水天一色的远方　他屈指一算　已经在海上航行15天了　想到前方就是自己魂牵梦绕的祖国　他多么希望脚下不是轮船的甲板　而是火箭的舱壁呀　他　就是世界著名的科学家钱学森

5. 文中有用到句末的引号，那么句末的点号应该放在引号里面还是外面呢？请说说下面的用法是否正确。

（1）培根说过："知识是一种快乐，而好奇则是知识的萌芽"。

（2）我孩子时候，在斜对面的豆腐店里终日坐着一个杨二嫂，人们都叫伊"豆腐西施。"

（3）老师将新的羊毛笔用温水泡开，蘸了砚台里磨好的墨汁，让我握住笔杆，在描红簿首页描写"上大人，孔乙己"。

（4）闻到那股香喷喷的味道，好想吃，我身边没有钱，却伸着脖子问："老伯伯，几个铜板一个？"老人一声不响，笑嘻嘻地伸手在烘缸里取出一个小小的烤山薯，往我小手里一放说："给你！"

6. 阅读下面的语段，加上合适的标点符号。

（1）哥白尼撰写的天体运行论经过29年的艰难曲折于1543年出版这时哥白尼已经双目失明他用双手抚摸着书本无比欣慰地说我总算在临终时推动了地球

（2）小豆豆是一个活泼好动的女孩在她小小的心灵里还不知道什么叫约束自己遵守秩序她常常会做出一些破坏课堂纪律的事情来她喜欢在教室的窗边看街头艺人们的表演然后对他们大叫宣传艺人引得班里的小同学都挤到窗边她上课的时候会和窗外驻留的燕子讲话她画画的时候可以把课桌上都涂满颜料把课桌的抽屉拉出来又推进去不停地弄出声响所有任课的老师都不能忍受小豆豆如此这般的行为因此她被学校开除了

7. 说说你怎样教一年级学生学习使用句号、问号和感叹号。

8. 让学生学习了解一些标点符号的知识，是为了培养学生能够根据表达的需要,在写句写文的过程中使用标点符号、用好标点符号。你怎样引导学生养成这样的学习习惯？具体说说你的做法。

第五章　修辞知识与教学

学习目标

1. 掌握"修辞"的概念、原则、主要内容。了解小学生修辞学习的主要内容和基本途径。

2. 基本掌握词语选择的标准和方法。了解小学生词汇修辞知识的学习要求,掌握一定的词汇修辞教学的方法。

3. 基本掌握同义句式的类别与选用方法。了解小学生句子修辞知识的学习要求,初步掌握句子修辞教学的方法。

4. 了解修辞格的概念、作用,掌握十余种修辞格。了解小学生修辞格知识的学习要求,掌握4~5种修辞格教学的方法。

第一节　修辞知识概述

一、修辞的概念

我们已经学过语音、词汇、语法的有关知识。语音、词汇、语法都是语言的要素,它们是语言的某个组成部分。现在,我们要将语言视为一个整体,研究如何运用语言的问题,研究怎样达成较好的语言表达效果的问题,也就是"修辞"问题。

叶圣陶先生有过这样的论述:"通",只是作文最低度的条件。文而"不通",犹如一件没制造完成的东西,拿不出去的。"通"了,这其间又可以分作两路:一是仅仅"通"而已,这像一件平常的东西,虽没毛病,却不出色;一是"通"而且"好",这才像一件精美的物品,能引起观赏者的感兴,并给制作者以创造的喜悦。……怎样才能使文章"好"呢?……我只想提出两点,……这两点是"诚实"与"精密"。[①]

自己抒发的文字以与自己的思想、性情、环境等一致为诚实,从旁描叙的文章以观察得周至为诚实。……"精密"的反面是粗疏平常,……文字里要有由写作者深至地发见出的、亲切地感受到的意思情感,而写出时又能不漏失它们的本真。……文学家往往教人家发现那唯一恰当的字用入文章里。说"唯一"固未免言之过甚,带一点文学家的矜夸;但同样可"通"的几个字,若选定那"精密"的一个,文章便觉更好,这是确认无疑的。

叶圣陶此间所说的"通",是指从语法角度对文章的评价,如用词造句是否符合语言结构规

[①] 叶圣陶.怎样写作[M].北京:中华书局,2013:123—127.

律;所说的"好",就是指修辞了。胡裕树先生在论述修辞与语法、逻辑的关系时,这样解释"修辞的事"——"修辞研究提高语言表达效果的规律,如:说话写文章的时候,词语用得确切不确切,句子造得是不是明白而有力,整段的话或整篇的文章条理清楚不清楚,生动不生动,等等。"

那么,"修辞"这个概念该如何表述呢?专家们有不同的说法。本书采用如下的概述:

"修辞是适应一定的交际目的和语境,运用各种语言材料和表现手法,以提高表达效果的言语活动以及包含其中的语用技巧。"① "修辞是为适应特定的题旨情境,运用恰当的语言手段,以追求理想的表达效果的规律。"②

二、修辞的原则

(一) 适应题旨情境

修辞手法的运用总是离不开具体的文章的题旨情境的。陈望道先生在《修辞学发凡》中指出:"修辞以适应题旨情境为第一要义。"这"第一要义"至关重要。文章的写作宗旨、动机,及其主要内容,给该文修辞手法的运用提出了规定性,它们之间的关系好比是"内容与形式"的关系。无论推敲词语,还是调整句式,或是运用某种修辞格,都不是单纯的语言技巧的运用,都必须与全文的主旨内容相联系。离开了题旨情境,再华丽的词藻,再有力的句式,也会显得苍白而无用。

有这样一段赞美银川的文字:

她不像欧洲的城市那样老气,不像美国的城市那样肥腻,不像上海广州那样洋气,不像丽江小镇那样媚气,独有一种安详气,文学气,芬芳气。③

作者用对比的方法描写银川,将其他城市的特点一一列出后,用"不像……那样……"的排比句式作了区隔;然后用"独有"一转,突显出银川的特别之处。承接上面的相同的字"气",又一连用了三个:"安详气,文学气,芬芳气",形容银川这座城市具有如人一样"安详"的性情,有拥抱"文学"的质地,以及贴近自然的"芬芳"。读完这段文字,"安详"一词会深深印入脑海,银川的独样的风貌会勾起读者进一步探究的欲望。

作者站在自家十八楼的阳台上眺望贺兰山,回首自己近十五年的银川生活,发出了深深的感叹。他的文章的题目就叫"安详银川",这也正是文章的主旨。在上述这段文字之后,作者列举了"一个个作家,从江南出发,到塞上成就"的事例,描述了银川的大街小巷"全是书香",每年的赏月诗会,百姓们怎样自由报名,"同沐月辉,共浴诗情"。作者将自己在乎银川、爱着银川的强烈情感通过优美的文字和舒缓的语言节奏娓娓道来。

(二) 适应具体语境

这里所说的语境,就是使用修辞手法的语言环境。从交际主体上说,指作者的身份、性格、修养、心境等;从交际的客观因素上说,指交际的时间、背景、场合、对象、具体的上下文等。

杨苡曾这样记载 1975 年 5 月的巴金:

---

① 兰宾汉,邢向东. 现代汉语(下册)[M]. 北京:中华书局,2014:219.
② 胡裕树. 现代汉语(增订本)[M]. 上海:上海教育出版社,1993:433.
③ 郭文斌,安详银川. 新华每日电讯[N]. 2015-01-23(9).

巴金先生已是满头白发了,那时他还不到七十岁!我们似乎都在强忍着几次想溢出的泪水,却专门谈些农场或干校劳动时如何苦中作乐的话题。他时不时地摘下眼镜,擦着眼角溢出的水滴,说是眼睛不好,牙齿也不行了,却又不停地反复说:"我还好!我还好!没有像老舍那样挨打,北京搞得厉害,这里还好!还好!"我们一直在楼下前厅里聊天,楼上的房间还贴着封条,我们谈话的内容也有相当一部分贴着无形的封条。[1]

几个友人聚在巴金的屋内叙旧,虽是充满苦痛,却"强忍着"在苦中"作乐"。就在这样的语境,这样的氛围之下,巴金一边流泪一边反复说"我还好"。连续说了两次后,插说北京,又重复了两遍"还好"。从修辞的角度看,这里包含着"反复"的方法,而且是连续反复和间隔反复并用。阅读这段文字,使我们深深体会到,实际生活中运用到的修辞手法常常是真情的自然流露,它又总是与时代大背景、具体小环境相关,与人物的修养、心境相吻合的,反映生活的文学作品也应是同样的道理。文革中的遭遇使巴金痛苦无比,况且此时他家楼上的封条还没有撕去;他已经泪流满面,却还是要说"好"。这反复的言说,从一个侧面反映了巴金当时的处境,也是他作为一名文学大师性格、修养的真实写照。

(三)推敲、琢磨,力求理想的表达效果

历来学者们对"修辞"的解释有"修辞活动"、"修辞现象"、"修辞学"等多种。作为语文教学工作者,将修辞视为一种"活动"有积极的意义。对自身而言,在学习过程中善于分析、比较,在运用时反复推敲、琢磨,养成自我修炼语言的习惯;另一方面,在教学中积极引导学生投入语言运用的修辞活动之中:必要的讲解、及时的点拨、适时的评价,不断提升学生的语言加工能力。

把修辞作为"活动"看待,也就是把修辞作为一个"过程",一个不断推进的反复学习、反复锤炼语句的语言运用过程。修辞练习的每一个"结果",没有"最好",只有"较好""更好"。就在这不断延续的过程中,教师本人的语言功夫会逐步提升,学生的语言修养也一步一步走上新的台阶。

三、修辞知识与小学语文教学

在小学语文教学中,要不要进行修辞训练?怎样进行训练?在这个问题上,需要有比较明确的教学指导思想。

小学生的修辞学习不求知识上的完整和严密,以实际语言操练为主,故以"训练"称之。

(一)对小学生进行修辞训练的必要性

有人认为,《义务教育语文课程标准(2011年版)》对小学生习作要求是:"能写简单的记实作文和想象作文",表达上只要求"文从字顺",因此,不必对小学生进行修辞训练。

诚然,对小学生的习作要求主要集中在"从"、"顺"上,至于"好不好",则没有要求。但是,这并不是说,对小学生可以放弃修辞训练。

在对学生的阅读要求上,《义务教育语文课程标准(2011年版)》这样规定:中年级学生要"初步感受作品中生动的形象和优美的语言,关心作品中人物的命运和喜怒哀乐……"、"积累优美词语、精彩句段"、"积累优秀诗文50篇(段)"。高年级学生要"辨析词语的感情色彩,体会

---

[1] 周立民. 长夜漫漫[J]. 收获,2014(6):85.

其表达效果"、"诵读优秀诗文,注意通过语调、韵律、节奏等体味作品的内容和情感。背诵优秀诗文60篇(段)"。

应该看到,与习作相比,学生阅读的内容要广泛、丰富得多。阅读,作为学习、吸收语言的途径,其呈现给学生的大多是"文质兼美"的"作品",其中不少是经典的优秀诗文,这些诗文中包含着丰富的修辞方法。学生的阅读过程就是与这些诗文"见面",要学习、领悟、背诵乃至内化,毫无疑问,不学习不领会其中的修辞方法是不可能的,只有学习了,领会了,才可能完成阅读任务。

看来,小学生修辞训练的重点途径是阅读学习过程。《义务教育语文课程标准(2011年版)》上出现的"生动的形象"、"优美的语言"、"感情色彩"、"精彩句段"、"优秀诗文",都是与"修辞"相关联的。这就告诉我们,在学生的阅读学习过程中,教师需要花力气培养学生的修辞意识,引导他们学习一定的修辞知识,进行必要的修辞练习,积累相当的、极富修辞性的语言材料。

学生有了优秀诗文的语言滋养,就会在他们的口头表达和书面表达中有所展现。"文从字顺"是所有学生需要达到的"保底"目标,并不排斥他们把文章写得"好"些。

(二) 小学生修辞训练的内容

有人说,小学语文课上,我们给学生讲练"比喻"、"拟人"、"排比"等,这就是修辞训练。

比喻、拟人、排比,这些修辞格确是小学语文中练得比较多的修辞内容。但是,小学生的修辞训练并不是只限于修辞格。

按照一般的修辞学理论,修辞内容大致有以下几部分组成(见表5-1)。

表5-1 修辞内容

词语选择	标准:准确、生动、富有情感 方法:精选各类词语 辨析选择近义词 选择恰当的反义词 掌握词语的变化用法 顾及词语的声音 考虑语体的特点 ……
句式锤炼	肯定句和否定句 设问句、反问句 主动句和被动句 常态句和变式句 长句和短句 整句和散句 ……
修辞格运用	比喻、比拟、排比、夸张、对比、反复、 借代、对偶、回环、顶真、拈连、同字……

可见,修辞的内容是极其丰富的。

对小学教学来说,在修辞的"词语选用"、"句式锤炼"、"修辞格运用"这三大项中,其中,"词语选用"是比较主要的。在"词语选用"中,辨析运用和变化运用可在高年级有所训练,语体运用只需粗浅讲解。在"修辞格运用"方面,可重点抓比喻、拟人、排比、夸张、对比、反复。

(三) 小学生修辞训练的途径

有教师担心:修辞训练何来时间保证?

对小学生的修辞训练并不要求用专课作专门的讲解与系统的练习,主要的训练途径是随阅读课文相机进行。课文中可以抓的修辞内容是很多的,根据训练的重点要求和课文的特点,教师可自行选择一定的训练内容。

在习作评讲中,可选择有代表性的学生习作,在讲评"文从字顺"的基础上,适当评述学生在语言修辞方面的出色表现,鼓励他们把文章写得好一些。

引导学生背诵优秀诗文,课内课外积累优美词句,这是最广泛意义上的修辞学习与训练。

思考与练习

1. 什么是修辞?请举例说明。
2. 你怎样理解修辞的原则?
3. 阅读下面的文章,说说划线部分的修辞手法是怎样适应题旨、适应语境的。

中国最出名的农民

袁隆平是中国工程院院士,他研制成的杂交水稻震惊了世界,国际农学界赞誉他是"杂交水稻之父"。

袁隆平怎么看也不像是在大城市长大的:<u>高颧骨,矮个子,微驼背,小平头,古铜色的脸庞上爬有些许老年斑,宽阔的额头上刻着许多皱纹,晒得黝黑的手臂被稻叶划上了一道道伤痕。</u>他因此有个"刚果布"的绰号。他笑着解释:"我天天下田,晒得很黑。——看看他们,哪个有我黑!"他指着旁边那些戴着眼镜的研究生们说,引来一阵爽朗的笑声。

说起研究动机,袁隆平一脸严肃:"我为什么一辈子研究水稻?1960年闹饥荒,我深切体会到了什么叫'民以食为天',我要让更多的人吃饱饭!"

袁隆平与农民、农业有着不解之缘。<u>他的相貌像农民,气质像农民</u>。他常年工作在田间,为粮食夺高产倾尽全力。从1960年开始,袁隆平跑遍了大半个中国,<u>头顶烈日,脚踩污泥,躬身弯腰,在茫茫稻海中细细观察,苦苦寻觅。</u>功夫不负有心人,经过十几年努力,最终培育出被称为"东方魔稻"的杂交水稻,比常规水稻增产20%。

随着袁隆平科研成果在全国的逐步推广,我国的粮食不断增产,确保了以占世界7%的耕地,养活占世界22%的人口。袁隆平的成果还惠及全世界,2004年,他获得了国际农学界的最高荣誉"世界粮食奖"。

4. 小学语文教师为什么要学习修辞?请结合你的教学实践从正反两方面加以说明。
5. 小学生学习修辞的途径主要有哪些?

第二节 词汇修辞知识与教学

词汇修辞是修辞系统的基础内容。要提高语言的表达效果,首先要学习、具备选用词语的能力。词语是语言的建筑材料,无论何种修辞手法都是以丰富精致的词语作基础的。

现代汉语词汇库宏大无比,为我们精准地选择词语提供了条件。但是,在特定的具体的语言环境中,只有极少数,或只有唯一的词语是最合适的。我们要学习从浩瀚的语言海洋中选取"那一个",如叶圣陶先生说的"精密"的"那一个"的本领。

一、词语的选择标准

(一) 准确

选择词语,首先要保证在基本意义上的准确无误,尽量有精细感。"准确",包括语意内涵的精准,语意轻重的恰当,语意范围的妥当,语意色彩的和谐等。

有一篇写周恩来总理的文章《一次难忘的航行》,其中一句话的原文是这样的:

他(周总理)是把生的希望给了扬眉,而把死的威胁留给了自己。

后来,作者对这句话作了两次修改:

① 他(周总理)是把生的希望给了革命的后代,而把死的威胁留给了自己。

② 他(周总理)是把生的希望让给别人,把死的威胁留给自己。①

在生死危急关头,周总理把生的希望给了小扬眉,这是活生生的现实,作者开始也是这样写的。但是,经过反复思考,作者把"扬眉"改为"革命的后代",进而再改为"别人"。作者在选择词语上的反复推敲,使表达更加符合作为一国总理为人民而舍自己的精神,他心中始终惦念着包括少年儿童在内的全体人民。这篇文章曾入选小学语文教材,周总理的精神深深打动了每一个小学生。

(二) 生动

选择词语,还要从形象意义上加以考虑,尽量选择表意具体,有形象、有动态感的词语。

下面有两例叶圣陶先生对自己文章的修改。

① 原文:几处村舍正起炊烟。

改文:几处村舍正袅起炊烟。(《倪焕之》)

② 原文:她说时,极快地在脑际闪现的是关在寓楼箱子里的几件丝织物的衣服,……

改文:她说时,电闪似地在脑际闪现的是关在寓楼箱子里的几件丝织物的衣服,……(《在民间》)②

例句①中,"起"是很一般的用法,改为"袅起",就把炊烟缭绕上升的状态写活了。同样,例句②中,"极快地",是一种常规的比较抽象的描写,改为"闪电似地",就把"极快"具体化了,这也是一个比喻,十分生动想象。

下面是一段描写柿子的文字:

据说柿子品种有上千个,像河南渑池的牛心柿,山东菏泽的镜面柿,河北平山的莲花柿等都很出名。在众多柿子的品种当中,陕西临潼的"火晶"柿可谓别具一格,虽说它个头不大,却红彤彤如火焰,晶晶莹似水晶,透着格外精神。熟透了的"火晶"皮特别薄,吃的时候用指甲划

---

① 郑颐寿.比较修辞[M].福州:福建人民出版社,1982:43.
② 郑颐寿.比较修辞[M].福州:福建人民出版社,1982:268.

个小口儿,轻轻一撕,一张膜套就完整地揭了下来,艳红的果肉颤巍巍像个没煮透的鸡蛋黄儿,一口吞下,满嘴甘饴。要问这"火晶"有多甜?听听柿子堆上那群蜜蜂盘绕不去的嗡嗡声就知道了。①

描写火晶柿子,作者选用了一连串具有形象性的词语:颜色"红彤彤",质地"晶晶莹",特别是写果肉用了个"颤巍巍"。"颤巍巍"是指抖动摇晃的样子,一般用来形容耄耋老人或病人的某些动作,用在这里,把刚脱离膜套的果肉因为无所依靠而不停晃动,似个胆小又伶俐的小家伙的样子活生生地表现了出来,有很强的视觉冲击力。这段话中还有蜜蜂的"嗡嗡声",又有了听觉描写。另外还细腻形象地描绘了人剥柿子的动作:"划"口、"撕"皮、"揭"膜,很有动态感。

(三) 鲜明、有感情

选择词语的过程,必定伴随着作者的内心感受。作者对所写事物要有清楚的认识、鲜明的态度,不少时候还应有真情实感的表露。

作家杨朔在《泰山极顶》一文中这样描写泰山:

历来人们也确实把爬泰山看做登天。不信你回头看看来路,就有云步桥、一天门、中天门一类上天的云路。现时悬在我头顶上的正是南天门。

一个"悬"字,把泰山的高,山路的险,登山的难烘托出来了,也把作者揪心的感觉表现出来了。如果改用"呈现"一词,就很平淡,只是客观地介绍,没有亲历者内心的感受。

二、词语的选择角度与过程

(一) 各类词语的精选

从修辞的角度讲,汉语中的各类词语都必须精选。实词中,动词、形容词的选择尤其要仔细斟酌。上面"词语选择标准"中所列的句子,有不少说的是动词的选择,也有形容词、名词等词语的选择。

虚词的选择也是有讲究的。恰当的选用,也能增强语言表情达意的效果。

鲁迅《阿Q正传》中有这样的描写:

"好了,好了!"看的人们说,大约是解劝的。

"好,好!"看的人们说,不知道是解劝,是颂扬,还是煽动。

阿Q和小D打架,"看的人们"中有的喊"好了,好了",有的喊"好,好"。"好"后面有了"了",表示劝解;"好"后面没有"了",表示煽动。虚词"了"在这里起了奇妙的作用,收到了极好的表达效果。②

鲁迅《祝福》中有这样的描写:

她一手提着竹篮,内中一个破碗,空的;一手拄着一支比她更长的竹竿,下端开了裂:她分明已经纯乎是一个乞丐了。

"分明"、"已经"、"纯乎"三个副词连用,耐人寻味。"分明"是讲祥林嫂乞丐形象清晰、确凿,不容置疑;"已经"是讲现在的乞丐形象是变化的结果,暗含着原来并不是这样的;"纯乎"则

---

① 崔岱远. 风情万种话柿子[N]. 新华每日电讯,2015-01-30(11).
② 邢福义. 现代汉语(修订版)[M]. 北京:高等教育出版社,1993:433.

是说这种变化的彻底。通过对句中三个副词的开掘,我们可以体会到封建社会对祥林嫂的摧残、折磨,感受到鲁迅对祥林嫂的同情和对封建社会的谴责、控诉。①

(二) 辨析选择近义词

同一个语言材料中,运用两个或多个不同的近义词,可以避免表达上的重复。

作家魏巍在《谁是最可爱的人》一文中有这样一句话:

我们以我们的祖国有这样的英雄而<u>骄傲</u>,我们以生在这个英雄的国度而<u>自豪</u>。

为英雄"骄傲",为祖国"自豪"。这里"骄傲"和"自豪"意思是相同的,把这两个近义词组合起来使用,表达上有了变化,也使作者的赞颂之情更为浓烈。

一组近义词,毕竟在语意轻重、适用范围、感情色彩、语体色彩等方面有区别,所以,最常见的近义词的运用就是要有区别地选择性地用好。

巴金在《关于〈家〉》中有这样一句话:

一个人的肩上担不起那样<u>沉重</u>的担子,况且还是那<u>重重</u>的命运的打击。

"沉重"和"重"都指分量大,只是色彩不同:前者较后者多用于书面语。作家在这里先用"沉重"后用"重",一是借色彩之别避免重复,二是由于"重"可以重叠,从而起到强调作用。②

鲁迅在《孔乙己》中有这样的话:

他身材很高大;青白脸色,皱纹间常夹些<u>伤痕</u>;……有的叫到:"孔乙己,你脸上又添上新<u>伤疤</u>了!"

"伤痕"和"伤疤",意思是接近的,但是有区别:"伤痕"是指伤疤脱落以后留下来的痕迹,有"伤痕",说明受过伤。"伤疤",指伤口愈合所结的疤,疤没有脱落,说明是新受的伤。这两个词用得很好,描述了孔乙己身上既有旧伤也有新伤,生活十分艰辛。

(三) 选择恰当的反义词

选好恰当的反义词,可以在相互映衬对比中把描述的对象表现得更加清晰鲜明。

有一句话这样描写安塞腰鼓:

这腰鼓,使<u>冰冷</u>的空气立即变得<u>燥热</u>了;使<u>恬静</u>的阳光立即变得<u>飞溅</u>了;使<u>困倦</u>的世界立即变得<u>亢奋</u>了。③

句中运用了"冰冷——燥热"、"恬静——飞溅"、"困倦——亢奋"这三对反义词,说明一种由此及彼的变化,而且是"立即变得"的一种极速的变化,把安塞腰鼓所产生的能量与激情充分反映了出来。

刚刚读报获悉你在写剧本。写吧,写吧,写吧!这很需要。如果失败了,也没有什么了不起。<u>失败</u>很快就会被忘记,但<u>成功</u>,哪怕是微小的成功,就能对戏剧作出很大贡献。④

---

① 倪宝元. 语言学与语文教育[M]. 上海:上海教育出版社,2001:311.
② 邢公畹. 现代汉语教程[M]. 天津:南开大学出版社,1994:195.
③ 刘成章. 安塞腰鼓[Z]. 上海市实验学校"语文·阅读"(第七册):191.
④ 契科夫. 契科夫书信集[J]. 文汇读书周报,2015(7).

这是作家契科夫给同样是作家的高尔基的一封信中的一段话。契科夫一直鼓动高尔基写戏,因为他对高尔基的剧本有很大的期待,他曾说:"这个人我非常非常喜欢。"上面的话,连用了三个"写吧",可见急切之情,接着讲述了"失败"与"成功"两个方面的情况,因为用了"如果……但是"的句式,更强调了高尔基一定会"成功"。

(四)掌握词语的变化用法

有的时候,在特定的语言环境中临时改变一个词的词性或意义,会产生很好的修辞效果。有多种"改变"的方法。

如:根据词语的读音仿造一个新词。

上海剧作家王丽萍结合自己的创作实践指出:作家不是"坐家",应该走出家门,到一线体验生活。

两位记者在刊登这同一条消息时,由于写稿的宗旨不同,运用了不同的标题:

作家不"坐家",沪女作家女编剧下基层找灵感(许晓青,新华每日电讯,2015年1月27日第5版)

本稿从王丽萍的发言出发,重点写上海的女作家女编剧们怎样下基层。标题中的不"坐家"是动词短语,表明行为。

"作家不能当坐家"启示文艺创作之道(易艳刚,新华每日电讯,2015年1月28日第3版)

本稿从王丽萍的发言出发,写了一篇评论性文章。标题中的"坐家"是"作家"的谐音,是名词,与文章的论述性质相吻合。

又如:利用原有词语的语素造一个新词。

2008年5月12日,四川汶川发生了地震,一位女记者到北川杨柳坪进行了直播采访。一年后,她重返杨柳坪,离开前说了这样一段话:

一年以后,我们重回杨柳坪。去年地震的时候,很多坍塌滑坡的山体,现在已经慢慢重新覆盖了草木,就在这片山峦之间,正在建成新的房屋、村庄和家庭。人的生活也是这样,经历了磨难和艰辛,正在生根发芽,一片叶子一片叶子地长出来。我们离开的时候清明已过,谷雨将至,杨柳坪到了雨生百谷、万物生长的季节。①

一年后的杨柳坪正在发生令人惊叹的变化,记者生发出感慨,利用节气"谷雨"的两个语素,造了"雨生百谷"一词,讴歌灾区已有的变化和将有的更大的变化。

改变词语的搭配关系、将词语顺势移用也是常见的方法。如:

有一天,我在家听到打门,开门看见老王直僵僵地镶嵌在门框里。②

"镶嵌"原指人镶嵌物的行为,人是主动的;现在老王这个人被"镶嵌"了,被镶嵌在无生命的冰冷的门框里,活生生的人成了一张死板的照片。作者通过词语的活用把老王贫病交加的孤苦形象刻画出来了。

还可以改变词性。如:

"斯坦尼说,每天都要爱一样东西。一朵云彩、一片树叶,也许是蜘蛛网,也许是满天

---

① 柴静. 看见[M]. 桂林:广西师范大学出版社,2013:271.
② 杨绛. 老王[Z]. 杭州:浙江文艺出版社,1994:56.

星……打开视野,也打开自己极其柔软并敏感的内心。"说这话时,焦晃柔和了语调,放轻了声音,"演员的内心不能干巴巴的,必须要有敏锐的同情心,要以灵魂来直面艺术的沧桑"。①

焦晃是第六届"上海文学艺术奖"终身成就奖获得者,一生始终践行斯坦尼斯拉夫斯基的表演体系。谈到斯坦尼关于"打开自己极其柔软并敏感的内心"的论述,他说话的语调也随着柔和起来。写作者在句中把形容词"柔和"临时改成了动词,有一种"使动"的意味(使语调柔和),显现了焦晃与斯坦尼心心相通。

(五) 顾及词语的声音

书面语言虽然没有声音,但是念出来就有声了,因此在用词时必须顾及声音,努力做到声情并茂。

1. 音节的匀称

现代汉语中以双音节为主,四音节的也不少。用词时必须尊重这个语言习惯。例如,一般我们说"工人和士兵",不说"工人和兵";一般我们说"青年学生",而不说"青年生"或"青学生"。

诗歌、抒情散文等十分讲究音节的对应、匀称。在一些不要求对称的文章中,如果恰当地用上工整的词语或短语,会有很好的表达效果。

何其芳在《我们最伟大的节日》一文中有这样几句话:

多少年代,多少中国人民在长长的黑暗的夜晚一样的苦难里梦想着你,在涂满了血的荆棘的道路上寻找着你,在监狱里或战场上为你献出他们的生命的时候呼喊着你……

连续用了三个"动词+着你",十分整齐匀称,表达有力。如果其中有个短语音节减少或增加,全句就失去了韵味。

2. 声调的调配

汉字的声调分平声与仄声。平声字上扬,音感宏亮,读时可延长。仄声字下抑,音感脆快,声音较短促。

古代诗词对平仄有严格的规定。如"春蚕到死丝方尽,蜡炬成灰泪始干"。(唐代·李商隐)全句的声调是"平平仄仄平平仄,仄仄平平仄仄平",不仅句内平仄交替,而且上下句平仄对应,诗句的音乐感极强。现代汉语中,如能注意平仄声合理调配,也可以使语言材料读来有起有落、抑扬顿挫,产生悦耳的音乐美。

3. 韵脚的和谐

把韵母相同、相近的词安排在诗文的固定位置上(一般是句末),就叫押韵。这种韵脚的和谐反复,构成了声音的回环,十分动听。这是诗文中常见的语音现象。

4. 象声词、叠音词的巧用

象声词绘声传情,能带给读者联想。叠音词借助声音的重叠,同样能产生音响的形象感。巧妙运用象声词、叠音词,能使文章增色。

<u>踢踢踏</u>
<u>踏踏踢</u>
<u>给我一双小木屐</u>

---

① 王彦. 演员的内心不能干巴巴的[N]. 文汇报,2015-01-18(5).

魔幻的节奏带领我

　　走回童话的小天地

　　从巷头

　　到巷底

　　<u>踢力踏拉</u>

　　<u>踏拉踢力</u>①

　　上面划线的"踢踢踏"等四个词语，都是象声词，传递出儿童脚踩木屐行走、奔跑时的声响。篇首的象声词是三音节的叠音词，相同语素互换后重复了一次，强化了声响。结尾的象声词由前面象声词语的语素扩展开来，形成了四个音节，同样再互换语素重复一次，这样，清脆有力的木屐声就有一种延续不断的感觉。况且，这又是一首诗歌（"木屐怀古组曲之二"的第4节），具有"押韵"的特点，韵脚的和谐反复，语音的回环复沓让整首诗十分动听，充满旋律美、节奏美。作者通过对木屐声的生动描绘回溯了童年的欢乐与今日"怀古"时的感慨。

　　用好双声词、叠韵词也能增强语言的音乐美。如——

　　我的心猛然跳了一下，像点着的火焰一样，从心灵深处喷出了<u>漫天</u><u>灿烂</u>的<u>火花</u>。②

　　"漫天"、"灿烂"这两个叠韵词连用，声音特别悦耳，它们一起修饰双声词"火花"，产生了回环的旋律美。

（六）考虑语体的特点

　　从词语的语体风格分，有些词语带有书面语色彩用于书面语体；有些词语带有口头语色彩，用于口头语体、文艺语体；有些词语语体色彩不明显，各种语体都可运用。

　　中宣部把羊年新春第一个"时代楷模"荣誉称号追授给邹碧华，并在追授仪式上，以"小传"的形式对邹碧华的一生作了概括。这个"人物小传"是中华诗词学会和中国楹联协会的古诗词专家撰写的，庄重、简洁，含有敬仰之意。

　　人物小传：邹碧华者，江西奉新人也。北大毕业，法学博士。履职上海高院，成就法律英才。立案开庭，拼廿年之力；著书析法，倾八斗之才。敢啃"硬骨头"，迎难而上勇前进；甘当"燃灯者"，历久弥新照后来。为官秉忠诚敬业之念，品行端洁；执法唯公正为民是任，气节崔巍。惜乎，四十有七，因公殉职，群众悲恸，风雨衔哀。赞曰：碧血丹青，堪称官之典范；华夏风誉，诚为国之琼瑰。

　　在文艺作品中，要用到不少口头语色彩的词语，剧本台词中更多。有的地方报纸在报道本地域的文章中还常常把本地民众使用的口头语言描写出来，很有亲切感。上海《新闻晨报》周日的"服务30年"专栏，专门介绍在上海工作至少30年的各行各业的人们，其中就有不少生动的带有上海方言色彩的口头语言。如下是两篇文章的标题：

　　① 阿拉（我们）做的是1970年代的味道（2015年1月25日）

　　② 西宫（指"沪西工人文化宫"）啊，已经"没啥好白相（玩儿）了"（2015年2月1日）

　　随着网络语言的发展，人们的语言表达又有了新样式。请看下例——

---

① 余光中. 余光中精选集：踢踢踏——木屐怀古组曲之二[M]. 北京：北京燕山出版社，2011：120.
② 冰心. 雪浪花[M]. 成都：四川人民出版社，1984：105.

"我们不但萌萌哒,而且典雅丰富;不但脑洞大开,而且心胸开阔;不但霸气十足,而且接地气。"如今介绍起故宫的文创产品,单霁翔已然是满口网络语言的潮人了。[①]

单霁翔是故宫博物院院长。这段话用"不但……而且……"连接起三组词语:"萌萌哒——典雅丰富"、"脑洞大开——心胸开阔"、"霸气十足——接地气",这些词语反映了故宫人开发的文创产品的特点,或参观者的感受。三组组合并不工整,音节不等,但很和谐。"萌萌哒"、"脑洞大开"都是盛行的网络语言,"接地气"也是眼下运用极广的民间用语;"典雅丰富"、"心胸开阔"则是书面语言。这些词语表现了故宫文创产品时尚、应时的特点,也显示了这些产品的皇家气派。近年来,故宫开发的文创产品已多达6 000多种。比如有:"朕知道了"胶带纸、萌萌哒的格格书签、"黄袍加身"T恤衫、霸气十足的朝珠耳机,"金榜题名"圆珠笔等。古老的故宫就这样和当今的时尚联系在了一起。

三、词汇修辞知识的教学

(一) 词汇修辞知识教学要求

(1) 在中高年级的词语学习中,除了了解词语的基本意义外,能在老师的带领下,深入学习、体会词语选用的"准确"、"生动"、"有感情色彩",了解这样选词的作用;到了高年级,进一步学习、体会词语在语调、韵律、节奏等方面的特点,了解这样选词的作用。

(2) 在学习、背诵、积累精彩句段、优秀诗文的过程中,了解选用词语对表达作品的内容、情感所起的作用。

(3) 在个人习作中,提高选用词语的能力,努力向"准确、生动、有感情"的标准靠拢。

(二) 阅读教学中的词汇修辞训练策略

(1) 利用教材内容,引导学生学习、体会选词的准确性、生动性。

课文《井》中有这样一句话:"只有井口那些被井绳磨出的一道道深深的印痕,记载着它的年龄。"张平南老师是这样引导教学的:

生:这句话说明井是很古老的。

师:(板书:一道道)"一道"和"一道道"区别在哪里?

生:"一道"是只有一道,"一道道"是很多道,不只一道。

师:对。书上为什么要用"一道道"?

生:因为井是很古老的,很多人都来打水,所以磨出了一道道印痕。

师:说得好。用"一道道"就可以说明用这口井的人很多。那么加和不加上"深深"这个词又有什么不同?

生:这是一个叠词,是说印痕很深,很深。

师:这是从形象上说的,还没讲出它的意思来。

生:这是说用的时间长了,年代久了,所以才磨得很深。

师:说得很好。"一道道"、"深深"说明用的人多,年代又久远。这是数量词和形

[①] 江胜信. 单霁翔. 故宫"看门人"[N]. 文汇报,2015 - 01 - 25(8).

容词的重叠。用和不用,大不一样。……如果我说,我家有一口井,非常古老,用它的人很多很多,年代也特别长啦,到底多少年我也说不清了。你们觉得这样说怎么样?

生:显得枯燥,不生动。

生:我觉得您说得太白了。

师:北方人说"白"是什么意思?(学生大笑)

生:书上那样写,让人觉得很有味。

师:对,写得很含蓄,耐人寻味,而我说得太白了。(学生又笑)还有吗?

生:您刚才那样说显得很空洞,只是说"古老,古老",但究竟怎么古老,别人还是不知道。

师:对,这说明书上这几个词用得很好。看起来很简单很普通的词语却表达了很深的意思,让人读了感到很有味儿。所以我们读书的时候,就要很好地体会。①

(2) 在阅读讨论中,引导学生根据教材规定的语境,学习选用恰当的词语。

高年级有一篇郑振铎写的文章《别了,我爱的中国》,是作者写自己告别祖国时满怀深情的抒情散文。在讨论了郑振铎"船离岸时"的"惜别"之情后,霍懋征老师引导学生进行了如下的学习:

师:船在向前驶着,环境变了,作者看到的景物也变了,因而他的感情也起了变化,刚才是依依惜别之情,现在呢?用两个字表示。

生:惜别。

师:再换一个词,想想用哪个字合适,他看到祖国的一草一木,看到祖国的山山水水是那么可爱,但是我就要离开它们了,多么舍不得呀!

生:用"留恋"这个词。

师:很好。"留恋"前面再加上两个字呢?表示程度深点。

生:非常留恋。

生:深深留恋。

生:十分留恋。

师:很好。(板书:留恋)

板书:

别了,我爱的中国

抒情

船离岸→向前驶→入大海

惜别　留恋

师:书上用哪句话表达了作者当时的感情呢?

生:"别了,我爱的中国,我全心爱着的中国!"

---

① 张平南. 张平南阅读教学教例与作文教学实验[M]. 北京:人民日报出版社,1996:119—120.

师：要读出作者的感情，体会一下。
生：感情又加深了。
师：谁能读读课文？
（学生读课文）①

（3）在阅读学习中，引导学生细细领会词语选用的妙处，并启发学生联系过往学习内容，扩展对词语的深入了解，也加入自己的选词思考。

"阳春三月，下着蒙蒙细雨，微风吹拂着千万条才舒展开黄绿眉眼的柔柳……"教材《燕子》中有这样的描述。请看李吉林老师是怎样设计教学详案的：

（1）这些景物，我们用最简单的说法，怎么把它们连成句子？
（学生回答后出示小黑板：三月，下过雨。风吹拂着柳、草、叶、花，都聚拢来，形成了春天。）
我请一位同学念念，并说说感觉。
（2）你们觉得这样写干巴，没有美感，那么课文上是怎么写的呢？请同学们自学，读一读，再比一比，课文上写的和黑板上的这一段意思相同，但又有怎样的不同呢？

△"三月"，"阳春三月"，"阳春"即明亮的充满阳光的春天。这是春天最好的一段时间。

△"下过雨"，下过什么样的雨呢？（"细雨"、"蒙蒙的细雨"）加上一个"细"，一个"蒙蒙的"，我们就觉得怎么样呢？（这就写出了春雨的特点，学生可能联系到学过的古诗和散文来回答：如烟如雾；春雨润物细无声；沾衣欲湿杏花雨；像牛毛、像细针）

△"风吹拂着柳"。（通过扩句逐步递加附加成分，引导学生了解这一长句的含义）

① 怎样的风，怎样的柳，在前面加上一个词。"微风吹拂着柔柳"，加上一个词，就觉得柳枝儿在微风中飘动起来了。课文上写出了柔柳的色彩、姿态、数量，非常生动形象，谁能说说？

② 微风吹拂着什么样儿的柔柳？（"微风吹拂着才舒展开眉眼的柔柳"，什么颜色的眉眼？"黄绿"的色彩，使我们感到柔柳是那样青嫩）这里运用了什么手法，这样写给我们什么感觉？（这里运用了拟人的手法，柔柳也有眉有眼，这样一写就把柔柳写活了，而且好像是才睡醒了一般，舒展开眉眼）

③ 不是一条、两条，而是千万条，真是美极了。（板书：春风杨柳）

④ 朗读全句，注意节奏。

⑤ 这一句描写的情景和学过的哪首古诗的意境是很相似的？（碧玉妆成一树高，万条垂下绿丝绦。不知细叶谁裁出，二月春风似剪刀。）

---

① 霍懋征.小学语文教学经验谈[M].上海：上海教育出版社，1985：258—259.

△阳春三月,细雨蒙蒙,微风轻轻,柳枝飘荡。课文接着写了草、叶、花。你能在这些景物的前面加上适当的词语吗?可以是表示颜色的,也可以是表示姿态的,也可以是既表示色彩又表示姿态的,甚至数量的,课文上说"各种鲜艳的花",你也可以具体说说什么花怎么样:①

（　　）草

（　　）叶

（　　）花

（　　）

（　　）

(4) 利用语文复习课、综合练习课等,引导学生学习、了解有关词汇修辞的某些规律性的知识。

如:怎样使原有词语变得富有感情色彩?可以有以下多种途径：

看一看,能不能用褒义词或贬义词;

想一想,能不能变换词的形态来附加感情色彩（例如:干净——干干净净,红——红彤彤,考虑——考虑了又考虑）等。

(三) 习作教学中的词汇修辞训练策略

1. 引导学生准确地用词

一次"小实验"作文课上,一位同学作了习作汇报,徐鹄老师引导全班同学进行了这样的讨论：

生:我向大家介绍一个简单的小实验。这个实验只需要一只杯子、一支蜡烛和一包火柴。实验开始了,我先把蜡烛点燃,然后把杯子放在蜡烛上面,不一会儿,蜡烛熄灭了。然后,再点燃蜡烛,然后把杯子放上去,再用火柴盒搁住,结果,杯子里的蜡烛照样燃烧。这个实验说明燃烧离不开空气。

师:大家听了他的介绍,有什么意见?请你们重点评一评：①他有没有把实验的操作步骤一步一步说清楚?②词语用得准确不准确?语句通顺、连贯吗?

生:实验的名称,他没有说。

师:你帮他起个名称,行吗?

生:燃烧需要空气。

生:他说实验需要一只杯子,是什么样的杯子?应该说清楚是一只透明的玻璃杯。

师:对!不然就看不见里面的蜡烛了。

生:他"然后,然后"用得太多了,可以说,第一步先做什么,再怎么做,第二步先怎么做,然后怎么做。

---

① 李吉林. 李吉林情景教学理论与实践[M]. 北京：人民日报出版社,1996：100—101.

生:"把杯子放在蜡烛上面",这句话意思不对。他做实验的时候,是把玻璃杯倒过来盖在蜡烛上的。不能用"放"。

生:是用玻璃杯倒扣住蜡烛。

师:"倒扣"这个词语用得准确。

生:还有一个错误,"用火柴盒搁住"什么,不清楚。

生:是"搁住"杯口。①

2. 引导学生生动地用词

怎样引导学生描述校园里的花?请看李吉林老师帮助学生描述"美人蕉"的一段教学实录:

师:你们看(出示美人蕉的花和叶),这是美人蕉的花,这是美人蕉的叶子。你为什么喜欢美人蕉呢?同学们说说看,你站在美人蕉前是怎么观察的?你觉得美人蕉为什么好看?

生:美人蕉的颜色好看。

生:美人蕉的名字好听。

生:美人蕉的形状漂亮。

生:美人蕉的色彩鲜艳。

生:美人蕉的花瓣又大又红。

师:美人蕉怎么美?有点像什么?(启发学生展开想象)

生:我觉得美人蕉的花瓣儿像小姑娘头上的蝴蝶结。

生:我觉得美人蕉的花儿像红绸子做成的。

生:美人蕉像害羞的小姑娘涨红了脸蛋,不好意思地低下了头。

生:如果美人蕉的叶子去掉,美人蕉就像个小巧玲珑的火把。

生:他说错了,火把不用"小巧玲珑",可以说像燃烧的火把。

师:像"一把"燃烧的火把,好吗?

生:应该是"一支"燃烧的火把。

师:你们觉得美人蕉有什么美呀?就光花儿美吗?

生:还有它那含苞未放的花骨朵儿美。

生:我觉得早上它的叶子很美,叶面上一颗颗露珠像闪闪发光的珍珠。

师:现在小朋友说说看,美人蕉长得那么高,花儿在上面,叶子在下面,你们观察的时候从哪儿看到哪儿?

生:我是从上一直看到下。

师:(板书:上——下)对的,是从上看到下。现在小朋友按照这个顺序说说看,美人蕉怎么美呢?(要求连贯地说一段话)

---

① 徐鹄. 名师授课录——小学语文:"小实验介绍"作文指导[M]. 上海:上海教育出版社,1998:525—526.

生：我站在美人蕉前,美人蕉像小姑娘头上的蝴蝶结……(思考)一阵微风吹来,美人蕉摇摆了几下,好像正在对着我微笑哩。

生：我站在美人蕉下,远看——

师：站在美人蕉下,就不是"远看"。

生：(纠正,继续)我很喜欢美人蕉,远看它像一个害羞的小姑娘,脸涨得通红,它的叶子像绿色的碧玉盘托起了她。

生：我接下去说,这样讲它就更美丽了：清晨美人蕉叶子上一串串透明的露珠,闪闪发光,好像是给这个小姑娘戴上了一串项链。

师：应该说叶子上滚着"一颗颗"露珠,不能说"一串串"。①

思考与练习

1. 从修辞角度看,选择词语的标准主要有哪些？

2. 从语音修辞着眼,可以从哪些方面选择、锤炼词语？

3. 读下面的句子,说明词语意义锤炼的修辞效果。

(1) 他不回答,对柜里说："温两碗酒,要一碟茴香豆。"便排出九文大钱。(鲁迅《孔乙己》)

(2) 他从破衣袋里摸出四文大钱,放在我手里,见他满手是泥,原来他便用这手走来的。(鲁迅《孔乙己》)

(3) 白求恩同志,我也要批评你两句。你不很注意——不,是很不注意——自己的健康！(电影《白求恩大夫》)

(4) 一辆摩托车,两箱行李,一件雨衣,半身泥泞。成千上万辆摩托车,在寒风中呼啸而过。在中国,返乡摩托大军正成一个庞大而备受瞩目的群体。(新华每日电讯 2015-2-9)

4. 同一个语言材料中,运用两个或多个不同的近义词,可以形成错综的变化,避免重复。但并不是所有的重复都是不好的,有时作者故意反复使用同一个词语,也能收到一定的语言效果。请分析下面句子中同义词的用法。

(1) 微风过处,送来缕缕清香,仿佛远处高楼上渺茫的歌声似的。这时候叶子和花也有一丝的颤动,像闪电般霎时传过荷塘的那边去了……月光如流水一般,静静地泻在这一片叶子和花上,薄薄的轻雾浮起在荷塘里。叶子和花仿佛在牛乳中洗过一样,又像笼着轻纱的梦。(朱自清《荷塘月色》)

(2) 屋子里,院子里,全是湿的,全是脏水,教我往哪儿藏,哪儿躲呢！(老舍《龙须沟》)

(3) 不论时代发生多大变化,不论生活格局发生多大变化,我们都要重视家庭建设,注重家庭,注重家教,注重家风。

(4) 他一生很少浪费时间,总是坐在那里看书或写字。但他很爱玩,也很会玩,可是只玩最高级的。比如他在国外总是到最好的剧院,听最好的西洋音乐,欣赏最美的油画,到最好的

---

① 李吉林. 李吉林情景教学理论与实践[M]. 北京：人民日报出版社,1996：185—187.

博物馆,经常翻阅最权威的百科全书。

（周有光是著名的经济学家、语言学家,2015年已经110岁。这是他75岁的儿子写的文章《我的爸爸周有光》中的一段话。"最"在这里重复了许多次,表现了周老先生年轻时就具有宽广的视野和极高的品位,是一位站得高看得远的睿智的学者。）

5. 读下面的句子,指出有关词语的用法有了怎样的变化,并说明变化用法的表达作用。
 (1) 姓<u>陶</u>不见<u>桃</u>结果,姓<u>李</u>不见<u>李</u>花开,姓<u>罗</u>不见<u>锣</u>鼓响,三个蠢材哪里来？《刘三姐》
 (2) 你大概觉得这是一条"<u>新闻</u>",其实却是一条<u>旧闻</u>。
 (3) 那里没有桥,没有渡船,水急而深,大家到了河边,都<u>望河兴叹</u>。
 (4) 那时军队设立了党代表和政治部,这种制度是中国历史上没有的,靠了这种制度使军队<u>一新其面目</u>。
 (5) 最惹眼的是屹立在庄外临河的空地上的一座戏台,<u>模糊</u>在远处的月夜中。

6. 读下面的句子,从词语声音的角度说明修辞效果。
 (1) 小草偷偷地从土里钻出来,嫩嫩的,绿绿的。……风轻悄悄的,草软绵绵的。
 (2) 奶奶指挥我大伯,把家里那头毛驴牵出来。毛驴套上车,奶奶一双三寸金莲三步两脚,腾腾腾腾已奔至院门外。
 (3) 须晴日,看红装素裹,分外妖娆。
 (4) 春节是万家团圆、共享天伦的美好时分。游子归家,亲人团聚,朋友相会,表达亲情、畅叙友情、抒发乡情,其乐融融,喜气洋洋。
 (5) 白日依山尽,黄河入海流。欲穷千里目,更上一层楼。

7. 下面这篇三年级课文中,同时有"父亲、爸爸"、"母亲、妈妈"的使用。请说说怎样借此向学生讲授一点有关语体的知识。

一个星期天,宋耀如准备带全家去朋友家里做客。二女儿宋庆龄显得特别高兴,她早就盼着到这位伯伯家去了。……

宋庆龄刚走到门口,忽然想起,小珍今天上午要来找她学叠花篮。

<u>父亲</u>见庆龄停住了脚步,奇怪地问:"庆龄,你怎么不走啦？"

"<u>爸爸</u>,我昨天和小珍约好了,今天她来我们家,我教她叠花篮。"庆龄说。

"你不是一直想去伯伯家吗？改天再教小珍吧。"<u>父亲</u>说完,拉起庆龄的手就要走。

"不行！不行！小珍来了会扑空的,那多不好哇！"庆龄边说边把手抽了回来。

"那……回来你去向小珍解释一下,表示歉意,明天再教她叠花篮,好吗？"<u>母亲</u>在一旁说。

"不,<u>妈妈</u>。如果我忘了这件事,明天见到她时,可以道歉；可是我并没有忘记,我不能失信哪！"

"我明白了,我们的庆龄是个守信用的孩子,不能自食其言,是吗？"<u>母亲</u>望着庆龄笑了笑,接着说,"那你就留下来吧。"①

8. 下面是人教版第六册课文《我爱故乡的杨梅》,作者从好几个方面描写了杨梅。请选择一两个方面的语段,设计教学过程,体现对学生在词汇修辞上的指导。

---

① 上海师范大学中小学教育实验研究所,上海市实验学校.语文第五册[M].北京：人民教育出版社,2006.85.

我爱故乡的杨梅

我的故乡在江南,我爱故乡的杨梅。

细雨如丝,一棵棵杨梅树贪婪地吮吸着春天的甘露。它们伸展着四季常绿的枝条,一片片狭长的叶子在雨雾中欢笑着。

端午节过后,杨梅树上挂满了杨梅。

杨梅圆圆的,和桂圆一样大小,遍身生着小刺。等杨梅渐渐长熟,刺也渐渐软了,平了。摘一个放进嘴里,舌尖触到杨梅那平滑的刺,使人感到细腻而且柔软。

杨梅先是淡红的,随后变成深红,最后几乎变成黑的了。它并不是真的变黑,因为太红了,所以像黑的。你轻轻咬开它,就可以看见那新鲜红嫩的果肉,嘴唇上舌头上同时染满了鲜红的汁水。

没有熟透的杨梅又酸又甜,熟透了就甜津津的,叫人越吃越爱吃。我小时候,有一次吃杨梅,吃得太多,发觉牙齿又酸又软,连豆腐也咬不动了。我才知道杨梅虽然熟透了,酸味还是有的,因为它太甜,吃起来就不觉得酸了。吃饱了杨梅再吃别的东西,才感觉到牙齿被它酸倒了。

唉,可爱的故乡的杨梅啊!

9. 选择一篇学生习作,设计评讲过程,体现在用词"准确"或"生动"方面的指导。

第三节　句子修辞知识与教学

一、句子修辞知识概说

谈到句子修辞,可以从不同角度整理出各类知识。本节重点介绍同义句式的选择与运用。

从修辞角度讲句式,一般就是指同义句式的选用。汉语中的句式十分丰富,不去说不同的内容要用不同的句式来表达,即使是同一个意思,也可以用多种不同的句式来表达;而运用同义的却不同的句式来表达,可以达到不同的修辞效果。

同义句式就是指基本意思相同,但结构方式不同,因而产生的表达效果有差异的句子样式。

在同义句式选用的过程中,要注意遵循第一节所讲的"修辞原则",要适应题旨情境,顾及表达目的,考虑上下文的衔接,切忌孤立地仅从形式上考虑。

二、同义句式的类别与选用

(一)肯定句和否定句

1. 肯定句和否定句的含义

对事物作出肯定判断的句子,叫肯定句。对事物作出否定判断的句子,叫否定句。同一个意思,可以用肯定句,也可以用否定句。

① 这件事情他做得<u>好</u>。

② 这件事情他做得<u>不错</u>。

这两句话的基本意思是相同的,句①用了肯定句,句②用了否定句。相比之下,句①比句

②的语意稍重一些。在语意的轻重强弱上,否定句比起肯定句要轻一些,弱一些。

2. 否定句的类型

否定句有多种类型。

一是单重否定句。单重否定句中只用一个否定词。如上面的例②。

二是双重否定句。

双重否定句中常常连用两个否定副词。如"不……不"、"没有……不"、"非……不"等。也有一些双重否定句,是由一个否定副词,加上否定意义的动词,或加上表示反问的语气词、疑问代词的。

双重否定,即否定之否定,就是肯定。但是它比一般的肯定句语意更强,语气更重,有一种"不容置疑"的意味。

天高云淡,望断南飞雁。<u>不</u>到长城<u>非</u>好汉,屈指行程二万。(毛泽东《清平乐·六盘山》)

"不……非……"是双重否定。这句话用双重否定句表现红军勇往直前的坚强革命意志,比肯定句"能到长城是好汉"更为有力。

在有些文章中,还可以看到三重否定句等否定句。

3. 肯定句和否定句的运用

(1) 为了能委婉地表达意思,可运用否定句式。比起肯定句来,否定句式的运用能使表达的意思与语气发生一点变化。如当我们要指出某个人的缺点,需要直截了当时,用肯定句;需要委婉温和时,用否定句。

肯定句:你<u>有</u>粗心大意的毛病。

否定句:你<u>不</u>够细心。

(2) 为了能比较强烈地表达肯定的意思,可运用双重否定的句式。上文的"天高云淡"句,连用两个否定副词,形成语意肯定的双重否定句式。

① 你把这事搞砸了,难道不是你的错?

② 谁不说俺家乡好?

这两句也是双重否定句,句①是由表示反问语气的副词"难道",加上否定副词"不"构成的。句②是由疑问代词"谁"和否定副词"不"构成的。两句话都增强了肯定的语气。

(3) 为了强调要表达的意思,可以将肯定句、否定句互衬着使用。有时,为了把一个观点、某个事情表达得更为周密、充分,可以从肯定、否定两个方面分别说明。这种肯定句、否定句并用,相互映衬的表达方法往往比单用肯定句,或单用否定句更有效果。

首批法官助理在上海上任后,邹碧华曾专门召开会议,听取年轻法官助理的意见,<u>不是</u>"蜻蜓点水"走过场,<u>而是</u>要求每个与会者都要发言,大胆"吐槽",说出自己的真实想法。

这是全国模范法官邹碧华生前工作的一个片段,也是他富于改革精神的写照。为了突出正面的意思,先从反面说起,用"不是……而是……"来表达,用否定衬肯定,全句的内容显得较为丰富。

(二) 设问句和反问句

设问句和反问句是两种特殊的疑问句。一般的疑问句是有疑而问,设问句和反问句却是无疑而问,明知故问;无须他人回答,而由问者自己解答。它们运用语气变化等技巧来增强句子的修辞效果。

1. 设问句

(1) 什么是设问句。有意先提出问题,引起人们的注意和思考,然后自己再把问题的答案展示出来,形成"自问自答"的样式。开头那句提问句就叫设问句。

① <u>什么是路?</u> 就是从没有路的地方踏出来的,从只有荆棘的地方开辟出来的。(鲁迅《生命的路》)

② 我们又来到金水河上的白玉桥,那栏杆上的浮雕不知被谁抹平了棱角,有的甚至成了光板。<u>是谁? 是谁在破坏我们的珍宝? 是游人吗?</u> 不,不,汉白玉洁白如雪,这说明游人们是爱护国宝的,谁都没有伸手去摸。……<u>它是谁? 是谁?</u> 它是混杂在空气中的二氧化硫![1]

上述语段都是用设问句开头,提出问题后,作者自己来回答。常见的是"一问一答",如句①,也有"多问一答"的,如句②。

(2) 设问句的运用。设问句往往用在一篇文章的开头,甚至可以作为文章的题目,它用来提示文章的主要内容、中心意思。

设问句还可以用在某个段落的开头,提示该段的主要内容。

设问句也可以用在某个段落的某个层次,以便关联上下文,或引出下文。

要把我们的打击走私工作纳入一个"常备不懈,严防猛打"的规范的、法治的轨道。……<u>为什么要这样做?</u> 因为走私的情况在最近几年越来越严重,在某些地方已经达到了泛滥的程度。……石化行业是新兴产业、支柱产业,从来不亏损,<u>现在怎么会亏损呢?</u> 就是大量走私成品油。……[2]

这段话中有两处设问句。第一句处于段落的开头,从上下文的关联看,是对上文说的"纳入轨道"而提出的深一步的问题,因为是设问,也就引出了下文的答案。第二句处于段落之中,谈到石化行业的亏损问题,是段落中的一个层次,也是连接上下文的。这段话中的设问句,使文章结构更加清晰,说理更有条理。

有的时候,设问句后,先从反面予以否定,再从正面回答,这样更能强调作者想要表达的意思。

看,周总理办公室的明灯,

就是一个最好的写照。

<u>这是一盏普通的灯吗?</u>

<u>不</u>,它点燃的<u>是</u>周总理毕生的心血啊,

<u>是</u>敬爱的周总理的红心在闪耀。(石祥《周总理办公室的灯光》)

作者设问后,先说"不",即"这不是一盏普通的灯",然后满怀深情连续说了两句"是……",十分动人。

2. 反问句

(1) 什么是反问句。我们已经知道,设问句的答案由提问者自己提供;反问句则是用疑问

---

[1] 叶永烈. 我曾经作文不及格[M]. 北京:二十一世纪出版社,2010:129.
[2] 朱镕基. 朱镕基讲话实录(第三卷):海关是守卫国家经济利益的长城[M]. 北京:人民出版社,2011:146—147.

句的形式表达问题的答案,表面上看是只问不答,实际上答案已经暗含在问话之中。反问,又叫反诘、诘问。

一瞬间,我竟活过了从心所欲不逾矩之年,又进入了耄耋的境界,要向期颐进军了。这样一来,我能不感到稀奇吗?①

人说,人生七十古来稀,季羡林在九十大寿之际写下的文章中描述了自己的长寿生活,连他自己也觉得"稀奇"。文中用了反问句"我能不感到稀奇吗?"实际的意思是"我感到很稀奇"。基本意思相同的两句话,用反问句表达,感情更为强烈。

(2) 反问句的运用。反问句通常是在一段文字表述之后加以运用的,具有激发前意、点拨要意、引发思考的作用。上面引用的季羡林的这段文字,前面还有不少话语,那句反问句正是一整段文字的结尾,似乎是一个小小的总结。

要合理用好各种形式的反问句。有的反问句是用肯定的反问,表达否定的意思;有的反问句是用否定的反问,表达肯定的意思;还有的反问句将以上两种样式综合着用。

以中国最广大人民的最大利益为出发点的中国共产党人,相信自己的事业是完全合乎正义的,不惜牺牲自己个人的一切,随时准备拿出自己的生命去殉我们的事业,难道还有什么不适合人民需要的思想、观点、意见、办法,舍不得丢掉的吗?难道我们还欢迎任何政治的灰尘、政治的微生物来玷污我们的清洁的面貌和侵蚀我们的健全的肌体吗?无数革命先烈为了人民的利益牺牲了他们的生命,使我们每个活着的人想起他们就心里难过,难道我们还有什么个人利益不能牺牲,还有什么错误不能抛弃吗?(毛泽东《批评和自我批评》)

这段话中有三个反问句,分属两种类型。第一和第三个,是以否定的反问表达肯定的意思。如第一句的意思是:要舍得丢掉……,第三句的意思是:要牺牲、要抛弃……。第二个反问句是以肯定的反问表达否定的意思,表达了这样的意思:我们不欢迎……。整个语段将肯定反问和否定反问交错使用,一步一步深入,语调起伏有变,十分有气势。

反问句可以和设问句结合着用,这样会更有表现力。如:"你为什么还不快走?你不是要去看三点钟的电影吗?"先是一句问话,然后用一句反问句作答,形成设问、反问的组合,这比设问之后回答:"你要去看电影的"有力得多。

运用反问句要确保表达意思的正确,避免把话说反了。句子的正面意思是表面意思的反面,需要十分注意。

(三) 主动句和被动句

1. 主动句和被动句的含义

同样一个意思可以用主动句来表述,也可以用被动句来表述。但是,表达的侧重点不同。一般说来,主动句侧重强调动作行为的发出者,被动句侧重强调动作行为的接受者。用主动句还是用被动句,要由说话人的意图来决定。

2014年3月8日,马来西亚航空公司 MH370 航班在吉隆坡飞往北京途中失联。2015年1月29日,马来西亚政府正式宣布航班失事。对于这个消息,不同的报纸选用了不同的新闻标题:

---

① 季羡林. 这一辈子[M]. 北京:中央编译出版社,2013:69.

① 马方宣布航班失事(文汇报2015年1月30日第12版)

② MH370被正式宣布"失事"(环球时报2015年1月30日第16版)

显然,这两句话的意思是相同的。第一句是对事件的通用表达,强调马来西亚政府这一行为主体。这是主动句。第二句,则以失联的航班作主语,强调了航班的遭遇。这是被动句。

2. 主动句中的把字句

主动句中有一种"把字句"。句中含有介词"把","把"将受事宾语提到句中动词的前面,这样,动词和它的连带成分就比较突出了。

把字句:妈妈把厨房打扫得干干净净。

一般句:妈妈打扫厨房很干净。

把字句把宾语"厨房"提到动词"打扫"的前面,可以突出"打扫"行为,以及连带的结果"干干净净"。

3. 被动句中的被字句

被动句中有一种带有"被"字的句子,叫被字句。按照胡裕树先生的说法,这种句式通过介词"被"将施事主语移到状语的位置,而让原来的受事宾语变成主语,目的显然是强调原来处于宾语位置的受事。受事宾语变成了主语,在句中变成了陈述的对象,位置也就突出了。

在科技界,英语独大,汉语的地位却日渐式微。长此以往,中国会不会步上印度的后尘,方块字被排挤在科学之外?①

本语段最后一个分句中,经"被"的调度,受事宾语"方块字"变成了主语,得到了陈述,反映了汪品先院士对汉语地位有所下滑的担忧之情。

4. 主动句的运用

主动句是运用得比较广泛的。

运用把字句,一定要考虑到该句的动词后面应带有宾语补语等连带成分;在需要强调这一动词及连带成分的时候可以运用把字句。

5. 被动句的运用

在以下情况下可以运用被动句:

(1) 突出行为的接收方。如下面的句子,突出了"双语"。

说母语最多的是汉语,说语言最多的是英语。汉英两大重要语言被用作我国"双语教学"的主要语言,这既是巧合,也是天赐良机。汉英文化分别位于东西文化差异坐标的两极,是东西文化最典型的代表。②

(2) 在语境中,保持上下文叙述的语意贯通、角度一致。

人参是一种名贵的中药材,有神奇的疗效,被列为中草药中的"上品"。

前两个分句的主语都是"人参",第三个分句用了被字句就保持了主语的一致,语气的连贯。

(3) 为了叙述人物的不幸遭遇,不悦内心。如:

---

① 汪品先. 汉语被挤出科学,还是科学融入汉语?[N]. 文汇报,2015-02-27(6).

② 陆建非. 语言文化何来高低贵贱之分[N]. 文汇报,2015-02-27(7).

他被骗了。

(四) 常态句和变式句

句子中各个成分的位置有常态和变式两类。现代汉语中句子各部分的位置一般是：主语在前，谓语在后；动词在前，宾语在后；定语、状语在前，中心语在后；中心语在前，补语在后。各类复句也有比较固定的语序。按如上一般顺序排列的是常态句。有时为了表达的需要，在不改变基本意思的前提下，改变有关句子成分的顺序，就成了变式句。

变式句有多种类型。

① 起来，不愿做奴隶的人们！

② 关于学校安全的重要性，你该懂得。

③ 元宵节时，老字号商店的手工汤圆，蟹粉馅的，板栗馅的，草莓馅的，巧克力馅的，都很热销。

④ 业界人士呼吁尽快建立行业协会和有关规则，为了保证食品的安全。

以上几个单句都是变式句。这样的变式句产生了与常态句不同的修辞效果。如句①是"主谓倒置"，强调"起来"这个谓语，有一种强烈的召唤作用。句②是"动宾倒置"，突出懂得的内容。句③是"定语、中心语倒置"，将汤圆的各种诱人的"馅"挪至中心语之后，用一小句集中介绍，颇具视觉、味觉冲击力。句④将状语放在句末，突显了"呼吁"行为的"目的"。

(五) 长句和短句

同一个意思，可以用长句来表达，也可以用短句来表达。长句的形体较长，联合成分多，修饰语多，结构比较复杂。短句的形体较短，结构比较简单。

长句和短句有不同的修辞效果。长句在表达上严密周详，精确明晰，细腻畅达。长句适宜说明道理，阐明主张，抒发情感，常用于政论文、科学论著，也有用在小说描写上的。短句在表达上简洁明快，活泼干脆。短句适宜记录口语，描写紧张激动的情绪，常用于戏剧台词、演讲稿、一些文学作品特别是儿童文学作品中。有时在政论文中插入一些短句，效果也很好。

① 历史证明，每一段国际关系的形成，每一个国际体系的建立，都带有鲜明时代印记，也必须随着时代发展不断创新完善。①

② 我的一位朋友参加了中国南极考察队。临行，他问我："从南极回来，你想带点什么？"我回答说："希望得到你的一根头发！"一根头发？我的话，也许会引起许多读者的不解。是的，一点也不错，我希望得到的，只是一根头发！这是因为在我看来，这一根头发，是十分珍贵的科学研究资料。②

句①是一个单句，外交部长说历史的证明，"证明"后面的文字都是宾语，这个宾语是一个复句形式。这是一种类型的长句。还有的长句或有很多附加语，或联合成分多等。长句可以是单句，也可以是复句。

光谱分析专业出身的科普作家叶永烈知道，人的头发是不可多得的"环境污染记录丝"，得到来自南极的头发就能得知南极的环境，得知考察队员的生活与身体情况，所以他向朋友索

---

① 王毅. 构建以合作共赢为核心的新型国际关系[N]. 环球时报，2015-03-27.
② 叶永烈. 我曾经作文不及格[M]. 北京：二十一世纪出版社，2010：127.

要一根头发。句②的这段话中,作家与科学家的对话简短干脆明了,后面作者的分析说明也用了短句,因为他考虑到文章的读者是学生。

在语言运用中,长句和短句常常结合在一起使用。例如,文章的开头、结尾,运用短句的比较多,这样能引起人们的注意。长句往往用在文章的中间部分。长短句交替运用,能使文章富于变化和起伏。具体运用怎样的句式,要根据表达的需要而定。

(六)整句和散句

同一个意思,可以用整句来表达,也可以用散句来表达。整句是指结构相同或相似,长短划一的句子。散句是指结构自由,长短不等的句子。

整句和短句有不同的修辞效果。整句在诗歌、抒情文中用得比较广泛。在多数情况下,整句和散句是组合使用的。宋人李涂说过这样的话:"文字须有数行齐整处,须有数行不齐整处。"这是极有道理的。散整交替,使文字和谐,又具有错综之美。

余光中先生认为,在知识爆炸的现代,书愈出愈多,知识愈积愈厚,但是,知识爆炸不一定就是智慧增高。今人的知识一定胜过古人,智慧则未必。他说:

新知识往往比旧知识丰富、正确,但是真正的智慧却难分新旧。知识,只要收到就行了。智慧却需要<u>再三玩味</u>、<u>反复咀嚼</u>、<u>不断印证</u>。如果一本书愈读愈有味,而所获也愈丰,大概就是智慧之书了。……这能善读一本智慧之书的读者,离真理总不会太远。①

这是"散中见整"的例子,还有"整中见散"的。

散句千变万化,难以归纳;整句则可分类,有多种不同的特点与作用。常见的整句有对偶句、排比句、反复句、对比句等。

三、句子修辞知识的教学

(一)句子修辞知识的教学要求

小学语文教学中的句子修辞,主要是指肯定句、否定句,设问句、反问句,主动句、被动句这几项内容。

(1)知道有些句子的基本意思是一样的,但可以有不同的表达方式;表达方式不同,句子的表达效果也有区别。

(2)知道什么是否定句。了解单重否定句与对应的肯定句相比,在表意的程度上要稍弱一些。了解双重否定句是用比较强的语气表达肯定的意思。会说双重否定句。

(3)知道什么是设问句,什么是反问句。会说一般的反问句。

(4)知道什么是被动句。能在具体的语境中了解被字句的用法与作用。

以上要求,基本上是"知道"、"了解"的层面,要求学生会说的是双重否定句和反问句。

(二)句子修辞教学的主要方法

句子修辞主要结合阅读教学进行。因为涉及的句子修辞属于"同义句式"范畴,所以在具体的教学中就可抓住"同义"这一要义,用"比较"的方法让学生领会。

例如,体会否定句的作用,就可与对应的肯定句作对比;学习反问句的作用,就可与常规句

---

① 余光中. 余光中散文精选[M]. 上海:复旦大学出版社,2008:64—65.

作对比；学习被动句,同样适宜在与主动句的对比中进行。

通过句式比较、分析,再借助朗读来体会语气语调以及语意的轻重,就能使学生对有关知识有初步的了解。

（三）句子修辞教学需要注意的问题

1. 关于肯定句和否定句

在否定句式的教学中,否定副词"不",以及"非"、"没有"等,学生是比较容易理解的,但在双重否定句式中,表示反问的疑问副词"难道",以及疑问代词"谁"也是表达否定意义的词,而且较常用,这些知识学生不一定熟悉,要让学生知道。较简单的方法是,告诉学生：句中出现"难道……不"、"谁……不",这也是双重否定句,表达的是肯定的意思。

2. 关于主动句和被动句

主动句和被动句,它们所强调的部分是不同的。

小学语文教学中,常见的主动句、被动句知识是把字句和被字句,常见的训练方式是做把字句和被字句的互换练习。

一般的陈述性的主动句,可以视为强调句中行为的主体,即主语；如果是一个把字句,受事宾语提前到动词前面了,就可能是强调主体的行为及其连带部分。要真正确定具体一句主动句（包括把字句）究竟强调句中的哪一部分,需要根据上下文所创设的语境来判断。通常情况下,我们可以这样认识：

① 环卫工人搬走了那堆垃圾。（一般主动句）

② 环卫工人把那堆垃圾搬走了。（把字句）

③ 那堆垃圾被环卫工人搬走了。（被字句）

以上三句中,句①强调的是"环卫工人",句②强调的是"搬走了",句③强调的是"那堆垃圾"。

还要注意的是,并不是所有动词性谓语的句子都能变换成把字句的。如："我去了安徽老家。"

至于被字句,有些可以还原为有明确行为主体的主动句,但有相当多的被字句,其行为主体是无须说出,或无从说出的。因而,有必要告诉学生：并不是所有的被字句都有相应的把字句。

目前,把字句、被字句互换似乎是在小学教学中最受重视的句子修辞内容,需要提醒的是,这种练习不应成为机械的操练,而必须与句子的实际运用结合起来,与所在文章的上下文所创设的语境联系起来。句子效果的好与坏,只有通过题旨、语境来鉴别。当一个句子在前文的表述之后适宜用被字句的时候,就不必转换主语写成主动句,如此等等。与其把教学时间过多地用在把字句、被字句的机械互换练习上,不如结合阅读分析,让学生深入到具体的文章之中,去领悟同义句式如何正确选择,以及它的表达效果。

思考与练习

1. 朗读下面的句子,体会句子语意的轻重。

他知道这件事。

他肯定知道这件事!

他不一定知道这件事。

他不会不知道这件事。

他不知道这件事。

他不知道这件事?

他怎么会不知道这件事?

2. 下面的句子运用了怎样的修辞方法?这种修辞方法有什么作用?

(1) 我们的国家一要勤,二要俭,不要懒,不要豪华。

(2) 从前线回来的人说到白求恩,没有一个不佩服,没有一个不为他的精神所感动。

(3) 竺可桢来到北海岸边,他细心观察:哪天桃花开了,哪天柳絮飞了,哪天布谷鸟叫了。

(4) 春天像小姑娘,花枝招展的,笑着走着。

(5) 电镀液中的金属粒子不断地被还原,变成了金属原子。

(6) 风一使劲儿,把小螃蟹写的诗全吹跑了。

(7)(谈到人生不必禁忌太多时,季羡林举了这样一个例子)从前有一位化学系的教授,吃饭要仔细计算卡路里的数量,再计算维生素的数量,吃一顿饭用的数学公式之多等于一次实验。结果怎样呢?结果每月饭费超过别人十倍,而人却瘦成一只干巴鸡。一个人到了这个地步,还有什么人生之乐呢?如果再戴上放大百倍的显微镜眼镜,则所见者无非细菌,试问他还能活下去吗?

(8) 今天,这里有没有特务?你站出来!是好汉的站出来!你出来讲!凭什么要杀死李先生?杀死了人又不敢承认,还要污蔑人,说什么"桃色事件",说什么共产党杀共产党,无耻啊!无耻啊!这是某集团的无耻,恰是李先生的光荣!李先生在昆明被暗杀,是李先生留给昆明人的光荣!(闻一多的最后一次演讲)

3. 对小学语文教学中常见的"把字句和被字句互换"练习,你是怎样看待的?在实际教学中你有什么好办法?

4. 教学"同义句式"修辞知识的基本方法是什么?举例说说你是怎样做的。

5. 某教师在习作指导中,用下面的方法对学生进行设问句教学,说说你对他的教学评价。

(1) 启发谈话:在写作时,有时要增强引人深思的效果,需要把一般陈述句变为设问句。

(2) 出示一篇学生习作,教师示范指导,结合习作内容,将有关语句改成恰当的设问句。

原文开头:在我心目中,我的母亲最伟大。

修改文:世界上什么最伟大?当然是母爱。在我的心目中,我的母亲最伟大。

原文结尾:妈妈,感谢你为我付出的一切,我一定要好好学习,将来做一个有出息的人,好好孝敬你。

修改文:我怎能不爱你呢?妈妈,你就像一把大伞,在疾风骤雨中为我撑起一个温馨的港湾;你就像一把扇子,在烈日炎炎下为我扇起一阵凉爽的清风;你就像一座灯塔,在人生大海中为儿女照着一束指引的光芒。妈妈,感谢你为我付出的一切,我一定要好好学习,将来做一个有出息的人,好好孝敬你。

(3) 让学生在自己的习作中选择一处用上设问句。
(4) 交流评议。

第四节　修辞格知识与教学

一、修辞格知识概说

在长期的语言实践中，人们创造了很多修辞方式，并形成了比较固定的格式，这就是修辞格。修辞格有数十种之多：陈望道先生在《修辞学发凡》中提出了 38 种；谭永祥先生专门研究修辞新格，提出了新的 30 种修辞现象；孙汝建、陈丛耘的《言语技巧趣话》综合了各家之说，也提出了新辞格，共 37 种；陈丛耘的《现代汉语修辞术》在《言语技巧趣话》的基础上增加了 7 种，共 44 格。①

黄民裕的《辞格汇编》汇集了 78 种辞格，计有：比喻、移觉、歇后、借代、对比、抑扬、衬托、衬跌、摹绘、精细、双关、引用、仿拟、拈连、移就、移情、比拟、起兴、象征、夸张、设问、反问、倒辞、反语、讽喻、否定、排除、示现、呼告、婉曲、曲解、折绕、讳饰、避复、敬谦、感叹、伸缩、换义、降用、易色、换算、疑离、析字、炼字、镶字、联边、叠字、同字、同异、析词、叠词、联用、颠倒、藏词、飞白、转品、简称、精警、紧缩、省略、繁复、顶真、回环、对偶、排比、层递、反复、倒装、跳脱、错综、共用、统括、断取、同语、借语、互文、合说、分说。②

修辞格可以分成各种类型。各种研究的分类表述不尽相同，比较通用的说法如：联想类——比喻、比拟、借代、通感，语言规整类——对偶、排比、顶真、回环，语义类——夸张、对比、反复、映衬等。

二、修辞格知识选说

以下介绍最常用的修辞格十二种。

(一) 比喻

1. 比喻的含义

比喻，是利用两个事物的类似点打比方，通过联想用乙事物描写或说明甲事物。这是运用最频繁最广泛的修辞格。它能把深奥的道理说得浅显易懂，把抽象的事说得具体，把平淡的事说得生动。

比喻一般由三部分构成：本体、喻体和比喻词。本体指被比喻的事物或情境，喻体指作比的事物或情境，比喻词是用在本体和喻体之间表示比喻关系的词。

(1) 明喻。明喻是本体、喻体、比喻词都出现的比喻。比喻词的样式很多："像、如、仿佛、如同、好比、犹如、宛如、像……一样、像……似的"等，一看就能辨别出这是比喻。它是最为明显的比喻形式。

---

① 陈丛耘. 现代汉语修辞术[M]. 北京：光明日报出版社, 2013：97.
② 黄民裕. 辞格汇编[M]. 长沙：湖南人民出版社, 1984.

① 她的脸红起来,黑红加上半残的粉,与青亮的灯光,好像一块煮老了的猪肝,颜色复杂而难看。(老舍《骆驼祥子》)

② 那平行的双轨一路从天边疾射而来,像远方伸来的双手,要把我接去未知。(余光中《记忆像铁轨一样长》)

句①,老舍入木三分地刻画了虎妞的形象。此句中,本体是"她的脸",喻体是"一块煮老了的猪肝",比喻词是"好像"。对人物脸部的描写用了这样的比喻,十分独特,令人印象深刻。句②,少年余光中没有见过火车,看到月历上的火车在旷野奔驰,便悠然神往。此句中,本体是"平行的双轨",即铁轨,喻体是"远方伸来的双手",比喻词是"像"。看到火车冒着长烟疾驰,作者心随烟飘,产生了一番幻想,把铁轨视为接自己奔向未来的"双手",十分生动,也符合一位乡间少年的身份。这两句比喻本体、喻体,比喻词都出现。

(2) 暗喻。暗喻只出现本体和喻体,不出现比喻词;不过两者之间的关系常用"是、变成、成为"等词语来充当。暗喻又称隐喻。

① 霎时间,东西长安街成了喧腾的大海。(袁鹰《十里长安街》)

② 理想是灯,照亮夜行的路;理想是路,引你走到黎明……(流沙河《理想》)

这两句比喻中,本体分别是"东西长安街""理想",喻体分别是"大海""灯、路",之间用"成了""是"来连接。

暗喻比明喻的结构紧凑,比明喻更为强调本体和喻体之间的相似性。

(3) 借喻。借喻中本体和比喻词都不出现,只出现喻体。

从严治党,惩治这一手决不能放松。要坚持"老虎"、"苍蝇"一起打,……(习近平2013年1月22日在十八届中央纪委二次全会上的讲话)

在日常生活中,老虎是指人见人怕的凶猛野兽,苍蝇是指人见人恨的讨嫌害虫。习近平的讲话中,"老虎""苍蝇"比喻的是腐败分子:"老虎"是指位高权重的腐败分子及其相关的大案要案;"苍蝇"是指职位不是很高的腐败分子,他们小腐巨贪、吃拿卡要、徇私枉法,老百姓也深恶痛绝。"老虎""苍蝇"一起打,形象而生动地阐释了党中央在惩治腐败问题上原则立场和政策措施。这句比喻里,只出现了喻体"老虎"和"苍蝇"。

比喻还有许多样式,如反喻("我不是花")、缩喻("花园之国")、扩喻等。

2. 比喻的运用

(1) 要正确用好比喻。比喻中的本体和喻体必须是两类不同的事物或情景,但两者又必须有相似之处。如将"骆驼"比喻成"沙漠之舟"就不错,两者是不同的事物,又有相似处。"她似乎感到德军那几双饿狼般的眼睛都定在越来越短的蜡烛上。"此句中,用"饿狼般的眼睛"来比喻德国士兵的眼睛,两者并不是两类事物,所以只是一种形容句,而不是比喻句。

(2) 要根据表达的需要选择合适的比喻方式。明喻、暗喻、借喻,比喻形式递次简短,但主体和喻体的关系递次密切,喻体逐步上升到主位上。要善于选择运用。

(3) 明喻中的"像、好像"等比喻词,暗喻中常见的"是、变为"等词语,也会在非比喻句中出现,要正确判断。如:"我好像不记得这件事。""舅舅是一位营养学家。"这两句就不是比喻句。

(二) 比拟

1. 比拟的含义

比拟,是借助想象把物当作人,或把人当作物,或把甲物当作乙物来描写。比拟有拟人和拟物两类。

(1) 拟人。

① 波浪一边歌唱,一边冲向高空去迎接那雷声。(高尔基《海燕》)

② 只有这种草,才是坚韧的草,才可以骄傲地嗤笑那些养育在花房里的盆花。(夏衍《种子的力》)

③ 资本就是从头到脚每个毛孔都渗透着血污来到世间的。

以上三例,分别把无生命之物、有生命之物与抽象概念拟人化。句①将无生命的"波浪"当作人来描写,不仅有行为,也有情感。夏衍在《种子的力》一文中把小草的生命力写绝了,这里所举的句②是作者对小草的赞美,他赋予小草理所当然的权力:能如人一般"骄傲地嗤笑"那些不经风雨的盆花。句③中"资本"的概念十分难懂,马克思写得形象深刻,让人一看便知其本质。

(2) 拟物。

① 咱们老实,才有恶霸,咱们敢动刀,恶霸就得夹着尾巴跑。(老舍《龙须沟》)

② 这些闪电的影子,活像一条条火蛇,在大海里蜿蜒游动,一晃就消失了。(高尔基《海燕》)

以上句①把恶霸当作有尾巴的"物"来写,用"夹着尾巴跑"写出了恶霸害怕老百姓的狼狈相。这是把人当物来写。句②把"闪电的影子"比拟成游动的"火蛇",这是把甲物当作乙物来写。这样描写都很有意境,形象逼真。

2. 比拟的运用

(1) 比拟运用范围广。比拟有很强的表现力,寓言、童话、神话、诗歌、小说、科学小品等作品中常会用到。一般说来,科学论著、应用文不予运用。

(2) 要注意比拟与比喻的区别。比喻重在"喻",强调两者的相似,甲像乙。在比较多的情况下,喻体是名词性词语。比拟重在"拟",强调甲有乙的属性,把甲当乙来描述,起比拟作用的成分往往由动词性词语充当。

　　黄莺像个歌唱家。——比喻

　　黄莺在唱歌。——比拟

(3) 要注意场合、语境、事物特点等,不可滥用。说"星星在眨眼"可以,说"星星在奔跑"就不妥。

(三) 排比

1. 排比的含义

排比,是用三个或三个以上结构相似、字数大体相等的并列语句,把相似或相关的意思连续地说出来。有短语排比、句子排比、段落排比多种类型。排比很有表现力,能提高文章的气势;由于句式整齐,一气呵成,读起来连贯通畅。

　　一群健壮朴实的后生,捶起腰鼓来,就发狠了,忘情了,没命了!百十个斜背响声的后生,如百十块被强震不断击起的石头,狂舞在你的面前。骤雨一样,是急促的鼓点;旋风一样,是飞

扬的流苏;火花一样,是闪射的瞳仁;斗虎一样,是强健的风姿。(刘成章《安塞腰鼓》)

这段描写安塞腰鼓的文字,有两组排比:第一句连用三个动宾短语形成排比,展现了敲鼓人的斗志。第三句由四个句子组成排比,描写了震撼人心的"鼓点"、别样的"流苏",以及敲鼓人的"瞳仁"与"风姿"。描写对象由鼓及人,通过完全整齐的句式的表达,形成了一种越来越强的节奏,产生了非凡的气势。

2. 排比的运用

构成排比的一组语句,至少要包含三项内容,它们的关系可以是相对、相似、相关的关系。

(四) 夸张

1. 夸张的含义

夸张,就是借助丰富的想象,故意扩大或缩小事物的形象、特点、程度、数量、作用等。夸张能增强语言感染力,给人以突出、深刻的印象。

① 石油工人一声吼,地球也要抖三抖。(王进喜)

② 会议室里静得连一根针落地都能听得到。(孙蕴英《疾风落叶》)

夸张有两类,一是"扩大"事物的特点等,往"大"里说,如上面的句①,这是我国工人的优秀代表王进喜的一句名言。石油工人的吼声,能使地球发抖,写出了工人阶级为国钻探石油不怕任何困难的豪迈气派。夸张的另一种类型是"缩小"事物的特点等,如句②,是从"小"里说,安静的程度,夸张地说成"连一根针落地都能听到"。

2. 夸张的运用

夸张在诗歌、小说等作品中用得较多,但在论文、调查报告、公文中不宜使用。夸张要建立在事实的基础上,无论扩大或缩小,都要有分寸,不可太随意,不可信口开河。如形容心情激动,说"我的心快跳出胸膛了",可以,如果说"我的心已经跳出了胸膛",就不可信了。

(五) 对比

1. 对比的含义

对比,是对两种相反或相对的事物,用比较的方法进行描述或说明。运用对比能把事物的对立关系、辩证关系反映得鲜明突出,给人留下深刻的印象或启示。

① 有的人骑在人民头上:"呵,我多伟大!"有的人俯下身子给人民当牛马。(臧克家《有的人》)

② 我是一只来自北方的狼,却害怕南方的冷。北方干冷,冷的是皮;南方湿冷,冷的是骨。①

对比的两个方面可以是两种事物,也可以是一个事物的两个方面。上面的句①中,对比的双方都称"有的人",其实是两种完全不同的人。通过对比,两种人的立场、世界观得到呈现,作者的褒贬也表现得极清楚,给所有读此诗句的人有益的启示。句②说"冷",来自北方的青年通过自己的切身感受,对比了"北方的冷"和"南方的冷",颇有一定道理。

2. 对比的运用

对比的双方必须是同一角度的不同侧面。如上面句①中是对待人民态度不同的两种

---

① 李灿等. 南方供暖,看纬度还是看温度? [N]. 新华每日电讯,2015 - 01 - 26(4).

人。要使对比产生鲜明的效果,对比双方的特质要具对立感,在选择对比对象时必须注意这一点。

(六) 反复

反复,是根据表达的需要重复使用同一语句,有连续反复和间隔反复两种。反复,不同于啰嗦,它是为增强表达效果而采用的修辞手段。

① 斗争,失败,再斗争,再失败,再斗争,直至胜利——这就是人民的逻辑……(毛泽东《丢掉幻想,准备斗争》)

② 那个年代做个读书人着实不容易,时势不安,生活难定,风光时风光,冷落时冷落,此时作家贫病交加,干巴巴的身子,干巴巴的精神,干巴巴的日子,叫他怎样写得出珠圆玉润的字来呢?(唐吉慧《旧信重温徐枕亚》)

(七) 借代

借代,就是不直接说出想要表达的人或事,而是用跟它有关的人或事来代替。要区别借代和借喻的用法:借代中的本体与借体之间有实在的关系,例如用"红领巾"代替少先队员;借喻中的本体与喻体是本质上完全不同的两类事物。用好借代,有助于揭示事物特征,增强语言的形象性。

① "大嫂,别问了,我叫解放军,就住在中国。"(《雷锋的故事》)

② 不拿群众一针一线。(中国人民解放军的"三大纪律八项注意")

(八) 对偶

对偶,是用一对结构相同或相似,字数相等,意义上相互关联的语句,来表达相反、相关、或相连的意思。对偶句形式整齐匀称,读起来节奏感强,令人难忘。

① 欲穷千里目,更上一层楼。(王之涣《登鹳雀楼》)

② 红梅含苞傲冬雪,绿柳吐絮迎新春。(春联)

③ 风声、雨声、读书声,声声入耳;家事、国事、天下事,事事关心。(顾宪成)

(九) 顶真

顶真,是用前句的末尾作下句的开头,上传下接,首尾相连两次以上。顶真使文章结构紧密,语意连贯,语音流畅。

① 我们要认识到,山水林田湖是一个生命共同体,人的命脉在田,田的命脉在水,水的命脉在山,山的命脉在土,土的命脉在树。(习近平 2013 年 11 月讲话)

② 日本人家的风景,经常是,小小的院落,围着小小的栅栏;小小的栅栏里,放着几只小小的花盆;小小的花盆里,开着几朵小小的鲜花;小小的鲜花旁,立着一尊精巧的石灯笼。(曹旭《小木屋》)

(十) 回环

回环,是把前后语句的次序作回环排列,形成一种循环往复的样式,用来表达两种事物之间互相制约互相依存的关系。回环的句式整齐匀称,读来很富韵味。

① 人民需要艺术,艺术更需要人民。(邓小平《在中国文代会上的祝辞》)

② 天上一个月亮,水里一个月亮。天上的月亮在水里,水里的月亮在天上。(歌曲《月之故乡》)

(十一) 拈连

拈连,是把两个原本无关的事物连在一起叙述,把适用于甲事物的词语顺势巧妙地连用到乙事物上。运用拈连,可以使上下文贯通,语气顺畅,增加语言的生动性和新颖性。

① 铁窗和镣铐,坚壁和重门,锁得住自由的身,锁不住革命精神!(杨沫《青春之歌》)

② 你别看我耳朵聋,我的心并不"聋"啊!

(十二) 同字

同字,是把相同的字放在三个以上的词(或句)的开头或末尾。运用同字,可以突出语意的重点,又能使表达和谐而顺口。

① 从中央巡视组专项巡视的反馈情况来看,儿子、车子、位子、房子,通通成为国企输送贪腐利益的"陈仓暗道",由此滋生了官官勾结、官商勾结、权权交易、权钱交易,政治利益与经济利益连环输送的链条式腐败。(张漫子,新华每日电讯2015年2月8日第4版)

② 雪片愈落愈多,白茫茫地布满在天空中,向四处落下,落在伞上,落在桥顶上,落在轿夫的笠上,落在行人的脸上。(巴金《家》)

三、修辞格知识的教学

(一) 修辞格知识教学要求

小学生要认识、学习的修辞格知识,主要指比喻、比拟、排比、夸张、对比。具体的要求是:

(1) 知道在文章中有一些固定的表达方式,它们十分生动、形象。知道认真体会这些表达方式,有利于更好地理解文章的内容,并学习着加以表达,使习作更有文采。

(2) 了解比喻中的"明喻"形式,知道是将什么比作什么,这样比喻有什么好处。能说说明喻句。

(3) 了解比拟中的"拟人"形式,知道是怎样把物当作人来写的,这样比拟有什么好处。能说说拟人句。

(4) 认识"排比"句式、"夸张"句式,通过朗读体会排比、夸张的作用。

(5) 认识"对比"形式,知道对比法的作用。学习说对比句。

(6) 认识"反复"句式,知道反复的作用。

以上要求,明确了学习内容和具体要求,基本是"了解"、"认识"的层面;只要求试说说明喻句、拟人句和对比句。以上几项学习内容分别安排在有关年级学习、训练:二年级——明喻,三年级——拟人,四、五年级——排比、夸张、对比、反复。

(二) 修辞格知识教学的方法与注意点

主要方法:在相关年级,结合阅读教学选取有关句例,让学生在领会文章内容与语言的过程中体会有关修辞格的知识。不设专课。

需要注意以下两点:

一是要正确判断修辞格。要了解,在文中的修辞格,有时是单项性的,有时是综合运用的。

① 层层的叶子中间,零星地点缀着些白花,……正如一粒粒的明珠,又如碧天里的星星。(朱自清《荷塘月色》)

② 春天像一个害羞的小姑娘,遮遮掩掩,躲躲藏藏。

③ 看吧,狂风紧紧抱起一层层巨浪,恶狠狠地将它们摔到悬崖上,把这些大块的翡翠摔成尘雾和碎末。(高尔基《海燕》)

修辞格的综合运用有三种样式。一种是相同修辞格或不同修辞格的"连用",句①就是相同两个明喻形式的连用。其次是"兼用",也有称"融合运用"的,就是在同一个语句中,使用了两个或两个以上的修辞格,分不出先后主从。句②就是融合运用了拟人和比喻。还有一种是"套用",就是在一个语句中,从总体上看是运用了一种修辞格,在语句的组成部分中,又用了一种或多种修辞格。句③是拟人中套用了比喻。从总体上看,是用了拟人的修辞格,分句中"大块的翡翠",用了比喻。当然,修辞格的综合运用不必作为学生的训练点,如句①这样简单的连用,讲一讲也无妨。

二要注意处理好教师讲解语的使用与学生学习的关系,不要因为学生学习要求的局限来限制教师在讲解上的合理发挥。如,我们没有要求学生去理解暗喻、借喻,但碰到对表达文章主旨有重要作用的运用得好的暗喻、比喻,教师应该将自己深入准确的理解渗入到精心设计的讲解语之中,让学生从内容上感悟。碰到有讲读价值的修辞格,都应是这样的。从这个意义上说,教师的语言修养很重要,教师的教学素养同样也很重要。

(三)小学修辞格知识教学举例

教学设计——拟人方法的学习。

出示人教版第八册课文《乡下人家》课后练习中的三个拟人句:

▲ 几场春雨过后,到那里走走,常常会看见许多鲜嫩的笋,成群地从土里探出头来。

▲ 从他们的房前屋后走过,肯定会瞧见一只母鸡,率领一群小鸡,在竹林中觅食。

▲ 月明人静的夜里,它们便唱起歌来:"织,织,织,织呀!织,织,织,织呀!"

① 请你自己读一读,想一想这些句子都是什么句子?(拟人句)

② 从哪里看出这是拟人句呢?(把笋当成人来写)("探出头来"、"率领"、"唱歌",这些都是人才有的动作)

③ 小结:原来,把句子中描写其他事物的动作变成人具有的动作,就是拟人。那么拟人句和普通的句子相比,你有什么感觉?(出示对比句的表格,见表5-2)

表5-2 拟人句和一般句子的对比

拟 人 句	一 般 句 子
几场春雨过后,到那里走走,常常会看见许多鲜嫩的笋,成群地从土里<u>探出头来</u>。	几场春雨过后,到那里走走,常常会看见许多鲜嫩的笋,成群地从土里<u>长出来</u>。
……	……
月明人静的夜里,它们便<u>唱起歌来</u>:"织,织,织,织呀!织,织,织,织呀!"	月明人静的夜里,它们便<u>叫起来</u>:"吱,吱,吱!吱,吱,吱!"

④ 讨论交流,要点预设。

探出头来——看出鲜嫩的笋好像新生的宝宝,迫不及待地要来看看这个新世界。

率领——让人感觉母鸡很有威严,很有安全感。

唱歌——能感觉纺织娘的心情很好。

（原来运用了拟人的修辞手法，可以让这些动植物像人一样有了不同的心情，让文章读起来更加形象、生动）

作者就是运用了拟人的修辞手法，把乡村人家的景色描写得那么迷人，这就是拟人句独特的表达效果。①

思考与练习

1. 什么是修辞格？请举例说明修辞格的作用。

2. 下列句子中哪个是比喻，哪个不是比喻？如果是比喻，请说说它属于哪个类别。

（1）一直到现在，我实在没有再吃到那夜似的好豆，也不再看到那夜似的好戏了。

（2）要利用各种时机和场合，形成有利于培育和弘扬社会主义核心价值观的生活情境和社会氛围，使核心价值观的影响像空气一样无所不在，无时不有。

（3）最可恨那些毒蛇猛兽，吃尽了我们的血肉。一旦把它们消灭干净，鲜红的太阳照遍全球。（《国际歌》）

（4）她长得很像她的外婆，特别是那双眼睛。

3. 举例说明比喻与比拟、借代的区别。

4. 从小学教材中寻找"夸张"句和"排比"句，联系上下文说明修辞效果。

5. 分析下面的句子中运用了怎样的修辞格，并说说有什么修辞效果。（在其他章节中学到的"设问"、"反问"、"引用"、"反语"、"双关"、"叠字"、"叠词"等，也可视为修辞格）

（1）你新的中国，人民的中国啊，／你终于在旧中国的母体内，／生长、壮大、成熟，／你这个东方的巨人终于诞生了。（何其芳）

（2）人民是文艺创作的源头活水。艺术家的喉咙长在自己身上，艺术生命却存在观众之中，每个艺术家都不能脱离人民，有了人民鱼得水，失去人民树断根。

（3）锲而舍之，朽木不折；锲而不舍，金石可镂。

（4）赤道弯弓能射虎，椰林匕首敢屠龙。（叶剑英）

（5）坐着，躺着，打几个滚，踢几脚球，赛几趟跑，捉几回迷藏。风轻悄悄的，草软绵绵的。

（6）那时的农民要筹几个钱多难哪！人们恨不得一分钱掰成两半来使。

（7）海边，金灿灿的海滩上，海螺一个挨着一个。一个一个大大小小的海螺，像一间间大大小小的小屋。

（8）这一树闪光的、盛开的藤萝，花朵儿一串挨着一串，一朵接着一朵，彼此推着挤着，好不活泼热闹！／"我在开花！"它们在笑。／"我在开花！"它们嚷嚷。

6. 什么是修辞格的综合运用？分析下面句子中修辞格的综合运用。

（1）兴安岭多么会打扮自己呀：青松做衫，白桦为裙，还穿着绣花鞋。

（2）竹叶烧了，还有竹枝；竹枝断了，还有竹鞭；竹鞭砍了，还有深埋在地下的竹根。"野火

---

① 吴忠豪，唐懋龙. 小学语文教学内容指要——汉语·阅读[M]. 北京：高等教育出版社，2015：109.

烧不尽,春风吹又生",一到春天,漫山遍野,向大地显露无限生机的,依然是那一望无际的青青翠竹。

(3) 家中养了玫瑰,没过多少天,就在夜深人静的时候,听到了花落的声音。起先是试探性的一声"啪",像一滴雨打在桌面。紧接着,纷至沓来的"啪啪"声中,无数中弹的蝴蝶纷纷从高空跌落下来。那一刻的夜真静啊,静得听自己的呼吸犹如倾听涨落的潮汐。

(4) 赤日炎炎似火烧,野田禾稻半枯焦。农夫心内如汤煮,公子王孙把扇摇。

7. 下面是一年级第一学期课文《项链》(统编本),说说这篇文章在修辞上(包括词语、修辞格)的特点与作用。

项链

大海,蓝蓝的,又宽又远。沙滩,黄黄的,又长又软。雪白雪白的浪花,哗哗地笑着,涌向沙滩,悄悄撒下小小的海螺和贝壳。

小娃娃嘻嘻地笑着,迎上去,捡起小小的海螺和贝壳,穿成彩色的项链,挂在胸前。快活的脚印落在沙滩上,穿成金色的项链,挂在大海胸前。

8. 下面是《世界儿童和平条约》(1986年9月在美国纽约召开的联合国世界儿童和平大会上由各国儿童代表共同签署),如果让五年级学生阅读,你怎样帮助他们了解文中的修辞手法?

我们世界的儿童,宣告未来的和平,

我们想要一个没有战争和武器的星球,

我们要除掉疾病和破坏,

我们再也不要憎恨和饥饿,再也不要无家可归。我们要消灭这一切。

我们的大地给予我们足够的食品——我们将共享。

我们的天空给予我们遍地的彩虹——我们将保卫它们。

我们的河水给予我们不朽的生命——我们保持它们洁净。

我们要共同欢笑,共同游玩,共同工作,互相学习、探索和提高大家的生活。

我们是为和平,为现在的和平,永久的和平,我们大家的和平。

世界上的成年人和我们一起,你们丢掉的只是恐惧和悲伤。抓住我们的欢笑和想象,我们在一起,和平就是可能的。

9. 请你以"春天"为题,写一段文字,文中需包含三种修辞格。也可以自拟其他题目。

第六章 逻辑知识与教学

学习目标

1. 理解"概念"的内涵与外延,掌握明确概念的逻辑方法。
2. 理解"判断"的内涵、特征与结构,了解判断的主要类型。
3. 理解"推理"的内涵,认识"演绎推理"、"归纳推理"与"类比推理"。
4. 掌握"同一律"、"矛盾律"、"排中律"等逻辑思维基本规律。
5. 掌握小学语文教学中"渗透"逻辑知识的基本方法。

第一节 逻辑知识概述

《义务教育语文课程标准(2011年版)》强调在发展学生语言能力的同时,也要发展其思维能力。小学语文教学的主要目的是培养学生的听说读写能力,即发展学生的语言。语言与思维密不可分,语言是思维的载体,思维是语言的内容。从这个意义上说,发展思维就是发展语言,而逻辑就是研究思维形式及其规律的。小学语文教师在教学中碰到的逻辑问题并不少,更有学习的必要。学习一些逻辑知识对于提高自身的思维能力和认识水平,准确地表达自己的思想及取得较好的教学成绩,都有帮助。这里介绍的逻辑,是指形式逻辑,它是研究思维的形式与规律的科学。它的形式主要有概念、判断和推理。思维规律是运用概念、判断、推理等思维形式进行思维时所必须共同遵守的准则,有同一律、矛盾律、排中律。此外,人们在日常生活、学习和工作中常常要对有些事情辨别是非真伪,对一些问题解惑释疑,从而消除争议、谋求共识。为此,还需了解有关论证的知识,要想做到论证有说服力,除了必须遵守逻辑思维规律外,还要严格遵守充足理由原则的逻辑要求。现将这些逻辑知识分述如下。

一、概念

(一) 概念

概念是通过揭示事物的特点或本质来反映某个或某类事物的一种思维形式思维。它是反映客观事物本质属性的思维形式。例如"人"、"桌子"、"笔"就是三个概念,它们分别反映了人、桌子、笔这三种事物的本质属性。

(二) 概念和词语的关系

概念作为一种思维形式是看不见、摸不着的。它必须借助于一定的物质材料才能存在和表达出来。这种物质材料就是语言中的词语。概念是词语的思想内容,词语是概念的表达形式。

它们的关系主要表现在：

（1）概念必须由词语表达，这些能表达概念的词语也就是逻辑学中所说的词项，但词语不一定都能表达概念。表达概念的主要是实词，因而可充作词项，虚词一般不表达概念，不能充作词项。

（2）有的概念由一个词表达，如"文明"；有的概念由词组表达，如"社会主义精神文明"。

（3）同一概念可以用不同的词语来表达。如"书"这个概念，我们汉语写作"书"，英语写作"book"。又如"父亲"、"爹爹"、"爸爸"，不同的词语表示同一个概念。

（4）同一词在不同的语言环境中可表达不同的概念。如"杜鹃"这个词语可以表示一种鸟，也可以表示一种植物。

（三）概念的内涵和外延

每个概念都有它的内涵与外延，概念的内涵就是概念的内容，也就是它所反映的事物的本质属性。如"人"的内涵是"能制造、使用生产工具，会思维会说话的高等动物"，又如"笔"的内涵主要是"用毛、金属或其他物质制成的供写字绘画的文具"。概念的外延是指这个概念适用的范围，即所包括的对象。"桌子"的外延包括：大桌、小桌、方桌、圆桌、办公桌、餐桌等，"笔"的外延包括：毛笔、钢笔、铅笔、蜡笔等。

内涵和外延是密不可分的它们是一个概念的两个方面。所谓概念明确，就是内涵和外延两方面都要明确。

概念的内涵和外延的关系成反比：内涵越小，外延越大；内涵越大，外延越小。

例：

笔——钢笔（内涵扩大，外延缩小）

钢笔——笔（内涵缩小，外延扩大）

（四）概念间的关系

概念间的关系是指两个或两个以上的概念在外延方面的异同关系。

1. 同一关系

这是指外延完全相同的一组概念之间的关系。如"自行车"与"脚踏车"，"长江"与"中国最长的河流"。自行车就是脚踏车，长江就是中国最长的河流，它们的外延完全重合，指的是同一类（或同一个）对象。

2. 种属关系（又称从属关系）

这是指一个概念的外延全部被包含在另一个概念的外延之中。如"机枪"与"武器"。机枪是武器的一种，机枪的外延全部包含在武器的外延之中。机枪的外延小，叫"种概念"，武器的外延大，叫"属概念"。

3. 交叉关系

这是指只有一部分外延相同的概念之间的关系。如"共青团员"和"中学生"就具有这一关系，因为"共青团员"的外延和"中学生"的外延只有一部分是相同的。

4. 并列关系

这是指同一属概念下的各个种概念之间的关系。如"菊花、兰花、仙人掌、腊梅"，它们都是

"花卉"这个属概念下的种概念。

5. 对立关系

如果两个概念的外延互相排斥,两外延之和小于其属概念的外延,并且内涵差别最大,那么这两个概念之间就是对立关系。如"苦"与"甜"、"黑色"与"白色"。"苦"与"甜"的属概念是"味道",但合在一起不是味道的全部外延,还有酸、咸等;"黑色"与"白色"不是颜色的全部外延,还有红、绿、黄、蓝等很多颜色。

6. 矛盾关系

两个概念外延互相排斥,且外延之和等于最邻近的属概念的外延,在内涵上是互相否定的,它们之间没有其他的中间概念,非此即彼,那么这样两者之间的关系就是矛盾关系。如"党员"与"非党员","男教师"与"女教师"。党员不是非党员,男教师不是女教师,党员与非党员的外延之和等于"人"这个属概念的外延,男教师与女教师的外延之和等于属概念"教师"的外延。

在上述六种可比较的关系中,具有前三种关系的概念,其外延或多或少有重合的地方,叫"相容"的关系。具有后两种关系的概念,其外延根本不重合,叫"不相容"或"互斥"关系。但在并列关系的概念中,其外延有些是不相容的(如上例),有些又可以相容,如:文学家、思想家、革命家。鲁迅先生就是这样三者得兼的人。在表达的时候,应当将概念间的关系搞清楚,否则便会出现错误。例如有这样改错的习题:

大扫除开始了,男女老少都参加,男的女的干重活,老的少的干轻活。

上面这个句子犯的毛病就是概念间的关系不明确,"男的女的"与"老的少的"是交叉关系,这里将他们并列起来作并列关系,显然是不正确的。要做到正确使用概念,就必须对使用的概念理解清楚。理解概念,主要是明确概念内涵和外延。明确概念的内涵和外延的逻辑方法,就是对概念下定义和作划分。

(五) 明确概念的逻辑方法

1. 定义

所谓定义简单地说就是揭示概念内涵的一种逻辑方法。正因此,它也就成为明确概念的一种主要方法。例如给"人"这个概念下定义就是:人是能制造、使用生产工具,会思维会说话的动物。这就揭示了"人"这个概念的内涵。

下定义的方法是:首先找出被定义概念的邻近的属概念。比如给"人"这个被定义概念下定义,就找出"人"这个概念的邻近的属概念——动物。其次是找出被定义概念的种差,即找出被定义概念的内涵,具体地说,就是找出被定义概念所反映的对象不同于其他种概念所反映对象的特有属性。如"人"这个概念的内涵是"能制造、使用生产工具,会思维会说话",这是"人"与属概念"动物"下其他并列种概念所反映对象的差异。种差加上属概念就是定义概念。最后用"是"将被定义概念和定义概念连接起来。其形式如下:

被定义的概念＝种差＋邻近的属概念

下定义必须遵守下列逻辑规则:

(1) 下定义概念的外延同被定义概念的外延应当是相等的。比如"能制造、使用生产工具,会思维会说话的动物"的外延就等于"人"的外延。

(2) 下定义的概念中不能含被定义的概念。比如"官僚主义者是经常犯官僚主义的人"。"经常犯官僚主义的人"这个定义概念就包含了"官僚主义者"这个被定义概念。

(3) 定义一般不能用否定的形式,如:"教师不是工人"。"不是工人"没有揭示"教师的内涵"。

(4) 定义不能用比喻的形式。如"教师是人类灵魂的工程师"这是一种生动、形象的文学语言,而不是一个概念的确切的定义。这样下定义就不确切,因为如果说"教师是人类灵魂的工程师",那么作家、艺术家是不是也可以说是人类灵魂的工程师呢?

2. 划分

划分是将一个概念所反映的一类对象,按照某个或某些性质分为若干小类的一种明确概念外延的逻辑方法,即一种通过明确概念的外延来明确概念的又一种主要的方法。如学生可划分为大学生、中学生和小学生。实词可划分成名词、动词、形容词、代词、数词、量词。被划分的概念叫"母项",划分出来的概念叫"子项"。划分应遵守有一定的规则,具体如下:

(1) 划分应当是相应相称的,具体一点说,即划分的母项的外延与划分所得的诸子项的外延之和应当是相等的。如把小说划分为长篇小说和短篇小说两项,就漏掉了中篇小说了,划分后子项外延之和小于母项的外延。再比如:"我看的课外书有《海洋的秘密》、《神秘的南极大陆》、《中国古代科学家的故事》、《中国少年报》、《外国文学家的故事》。"这就犯了子项外延之和大于母项的外延的错误了。因为《中国少年报》是报纸而不属课外书籍。

(2) 划分后所得子项在外延上必须互相排斥,具有不相容的并列关系。如"参加联欢会的有工人、农民、解放军、学生、小学生和机关干部"。此划分错在小学生是学生的一种,他们在概念上是相容的。

(3) 每次划分必须按同一标准(同一种划分根据)进行。如:"这次展出的有油画、版画、山水画、人物画、水彩画等。"这个例子在同一次划分时用了绘画材料和题材内容两个标准,所以造成了概念的混乱。

3. 概括和限定

概念的内涵有多有少,概念的外延有大有小,要使概念使用得准确,就必须搞清楚它的外延。外延小了的要加以扩大,大了的要加以缩小。概念外延的扩大和缩小,就是对概念进行概括和限定。

概念的概括是减少概念的内涵,使外延较小的概念过渡到外延较大的概念的逻辑方法。如:"那是现代化的钢铁工厂。""那是钢铁工厂。""那是工厂。"概念的概括,有助于人们对事物的认识从个别到一般,把握事物共同的属性。

概念的限定是用增加概念的内涵,使外延较大的概念过渡到外延较小的概念的一种逻辑方法。如"喊我的是大娘。""喊我的是房东大娘。""喊我的是头发花白的房东大娘。"三句话中的"大娘"的外延依次缩小,内涵逐次增大,最后使"大娘"的概念更具体。概念的限定,有助于人们的认识事物从一般到个别,使之认识更具体、准确。

二、判断

(一) 判断

判断就是对思维对象有所肯定或否定的一种思维形式。它有两个特征:

1. 判断的断定性

凡是对思维对象的性质、关系、状态等的肯定或否定，就是判断。反之就不是判断。

2. 判断的真假性

一个判断不是真的，就是假的。没有既真又假的判断，也没有和真假无关的判断。如以下四句：

我的朋友是李明。

他不是山东人。

老虎是一种野兽。

老虎不是食草动物。

这种有真假的、能直接表达判断的语句也就是我们常说的命题。也正因此，在我们的日常思维和言语交流中，为了表达的简练，我们也就常常直接称上述例子是一个判断，而不称它是由上述这样的语句和命题所表达的判断。

（二）判断的结构

判断是由三个部分构成的。以"狮子是（不是）一种野兽"为例："狮子"是一个部分，表示判断的对象的概念，叫"主项"，用 S 表示。"一种野兽"是一个部分，是指称判断对象"狮子"具有或不具有某种性质的概念，叫"谓项"，用 P 表示。"是"（或"不是"）是一个部分，叫判断的"联项"，联项是联结主项和谓项的概念。有的判断在主项前面还有表示判断对象数量的词语，叫"量项"，量项是反映判断对象数量的概念。如"有的同学是运动员"和"所有同学的意见是一致的"中的"有的""所有"。"有的"未断定主项的全部外延，称为特称量项；"所有"断定了主项的全部外延，称为全称量项。这是简单判断。简单判断也叫直言判断，其结构式是：（量项）主项——联项——谓项，其逻辑式可写成："S 是（不是）P"。

（三）判断的主要类型

任何一个判断都有其一定的结构，它或者是由概念组合而成的，或者是由另一些判断组合而成的，依据判断的结构，可分为简单判断和复合断判两大类。简单判断如："小王是一个中学生"就是由概念"小王"和"中学生"通过一个联结词"是"而构成的；复合判断如："小王不仅是一个中学生，而且是一个优秀的中学生"，就是由"小王是一个中学生"和"小王是一个优秀的中学生"两个判断通过联结词"不仅……而且……"组成起来的。

1. 简单判断

简单判断直接对思维对象作肯定或否定的断定，不需附加任何条件，所以又叫直言判断。简单判断按逻辑联结词性质和判断对象的数量范围可分为以下六种形式：

月亮是地球的卫星。（单称肯定判断）

黄河不是我国最长的河流。（单称否定判断）

我们班某些学生是三好学生。（特称肯定判断）

语文课本里的某些课文不要求背诵。（特称否定判断）

凡是三好学生都领到一张奖状。（全称肯定判断）

凡是没有借书证的，都不可在图书馆借书。（全称否定判断）

上述诸例中的单称判断的判断对象是单个的事物，如前两句；特称判断的判断对象是某类事物的一部分,如居中的两句,特称判断的主项都有"某些、个别、有些、不少、大部分"等表示部分数量范围的词语;全称判断的判断对象是某类事物的全部,如后两句,全称判断的主项常带有"一切、所有、任何、凡是"等表示全部的数量范围的词语。

2. 复合判断

复合判断就是用逻辑联结词把一个或几个判断(一般是简单判断,但也可能是复合判断)联结而成的判断。复合判断又可按联结词的不同而区分为以下几种常见类型:

(1) 联言判断。即断定事物若干情况同时存在的判断。在现代汉语中,联言判断用并列复句、递进复句或转折复句来表达。如:"我们不仅学会动脑筋,还要学会动手。"

(2) 选言判断。即断定事物若干可能情况的判断。在现代汉语中,选言判断是用选择复句来表达的。选言判断反映的可能性有两种情况:一是不相容的选言判断:若干可能性互相排斥,不能并存。如:"晚上,我俩都在一起复习功课,不是他来我这里,就是我去他那里。"常用"要么……要么……"、"不是……就是……"等联结词来表示;一是相容的选言判断:若干可能性互不排斥,几种情况中至少有一种存在。如:"晚上,我或者看书,或者听广播,或者帮妈妈干活。"这种判断常用"……或者……"、"或者……或者……"等联结词来表示。

(3) 假言判断。即断定事物情况之间条件关系的判断。在现代汉语中,假言判断通常用假设复句或条件复句来表达的。其中又分三类:

充分条件假言判断,如:"如果这个人骄傲,那么这个人就会落后。"

必要条件假言判断,如:"(根据我国宪法)只有年满十八岁,才有选举权。"

充分必要条件假言推理,如:"当且仅当三角形两底角相等,该三角形才是等腰三角形。"

(四) 判断和句子

判断作为一种思维形式是看不见、摸不着的,它必须而且只能通过一个一个的语句来表达。但并非所有的句子都表达判断。哪些语句能表达判断,哪些语句不能表达判断,这是我们必须要弄清楚的。为此,我们以唐代诗人王维的《相思》为例来加以说明。

红豆生南国,春来发几枝?

愿君多采撷,此物最相思!

这是一首五言绝句,从语法角度看,正好依次表示了四种不同的句型:陈述句、疑问句、祈使句、感叹句。那么,在上述几种句型中,哪种或哪几种是能够表达判断的呢?我们必须依据前述的判断特征加以鉴别和断定。由于判断是对思维对象有所断定,从而总是有真有假,因此能够表达的语句必须是那种能区分出真假的语句。

显然,在上述四种句型中,只有陈述句才能直接区分出真假,所以它能够表达判断。如:红豆是生长在中国南方的。这是一个陈述句,它陈述了"红豆生长在中国的南方"这一事实,是可以直接验证出其真假的,因而是一个能直接表达判断的语句。此诗其他三句就不能表达判断。

第二句"春来发几枝"是一个疑问句,它对红豆树到了春天会生发出几枝这一事物情况提出了问题,表示了疑问,而没有作出任何肯定或否定的陈述,所以这个句子本身是没有真假可言的,因而并不直接表达判断。问题是语言的使用并非这样简单,有的疑问句也能表达判断。比如反诘疑问句"陈莲不是光明小学的学生吗?",可以说是一种以疑问的形式表达了某种断定,这一反诘疑问句就陈述了"陈莲是光明小学的学生"这一断定,既然是断定,自然就有真假,所以这类疑问句是表达判断的。

第三句"愿君多采撷"是一个表达某种请求或命令的祈使句。由于这种语句的提出,其意图并不在于表达对事物情况的某种断定,而只是在于表示某种请求、愿望,而请求、愿望并没有真假可言,所以这种祈使句一般不直接表达判断。

第四句"此物最相思"只是一种抒发某种感情的语句,即感叹句,它只表示作者借物寄情的一种感慨,表达的是一种感情("红豆是引发人的相思之情的啊!")而不是直接去陈述和断定事物的某种情况,所以它本身也没有真假可言,因而也就不是表达判断了。不过有一点值得注意的是,有时候感叹句也能表达判断,如"杨家岭的早晨多么美啊!"有时为了语言表达的需要,表达同一个判断,可采用不同的句式。如:

杨家岭的早晨是美丽的。

杨家岭的早晨多么美丽啊!

难道杨家岭的早晨不美丽吗?

三、推理

(一) 推理

推理是由一个或几个已知的命题推出一个新命题的思维形式。推理总是由一些命题构成的。在推理中,作为推理依据的命题,称为推理前提。由前提推出的命题称为推理的结论。所谓推理就是由前提推出结论的一种思维形式。如:

科学是有用的,(前提)

逻辑学是科学,(前提)

所以,逻辑学是有用的。(结论)

正确的推理有两个要求:一是前提要真实,一是推理的形式要正确。

(二) 推理形式的有效性

为了说明推理形式有效性,先看下面甲、乙两位同学的对话:

甲:快要考大学了,你该学习努力点。

乙:我又不想要考大学!

在这两句对话里,甲、乙在说话中就各自进行了一次推理:

(1) 甲的推理如下:

凡想要考大学的人是需要学习努力点。(大前提)

你是想要考大学的人。(小前提)

所以,你是需要学习努力点。(结论)

(2) 乙的推理如下:

凡想要考大学的人是需要学习努力点。(大前提)

我不是想要考大学的人,(小前提)

所以,我不需要学习努力点。(结论)

甲、乙两人各自的两个前提都是真命题,甲推出的结论是真命题,而乙推出的结论却是假命题。这是为什么呢？原因在于甲遵守了推理规则，是一个形式有效的推理，而乙却违反了推理规则，是一个形式无效的推理，因为乙违反了下面我们要谈到的演绎推理三段论中的第三条规则。

要想保证从真前提能必然推出真结论，就不仅要求推理的前提是真的，而且要求推理的形式是有效的。也只有推理形式是有效的，推理才是合乎逻辑的推理，而违反推理规则的、形式无效的推理，就只能是不合乎逻辑的推理了。逻辑学所要研究的是推理形式的有效性，即什么样的推理是有效的，是合乎逻辑的；什么样的推理是无效的，是不合乎逻辑的。逻辑学上把真前提能必然推出真结论的推理称为演绎推理。对于演绎推理来说，只要其前提是真的，推理形式是有效的，那么结论就必然为真，所以演绎推理也可称为必然性推理。与此相对的是，那种由真前提并不能必然推出真结论的推理称为非必然性推理，也叫或然性推理。归纳推理（广义的归纳推理也可包括类比推理）就属于或然性推理，因为运用这种推理，前提真而结论假是有可能的。对于归纳推理来说，就不能像演绎推理那样来理解和评定其是否合乎逻辑的，而只能较宽松地说，只要推理是合理的，也就是在一定意思上是合乎逻辑的。这样，我们在讨论如何才能做到推理合乎逻辑的问题时，就只能对演绎推理和归纳推理分别予以说明。

（三）演绎推理

演绎推理是一种由一般性知识出发，推出个别特殊事理的推理方法。演绎推理最基本的形式是三段论。它由作为大前提、小前提和结论的三个判断组成。如：

凡是金属都能导电。（大前提）

铜是金属。（小前提）

所以，铜能导电。（结论）

在大小前提和结论中，有三个概念（只能有三个概念）。如上例中有"金属"、"能导电"、"铜"三个概念。在结论中的主项（如"铜"）叫小项，结论中的谓项（如"能导电"）叫大项，结论中没有的项（如"金属"）叫中项。中项是把大项和小项连接起来的媒介。

在进行三段论推理时，要遵守下列规则：

（1）在一个三段论中，必须且只能有三个概念，否则会犯"四概念"的错误。如：

群众是真正的英雄。

我是群众。

所以，我是真正的英雄。

此推理中，结论就不一定是必然真实的，这就是因为中项"群众"这一词在大前提中表示"人民大众"这个概念，在小前提中却表示"我这个群众中的一分子"这个概念。这样，整个推理中就有四个概念了。

（2）中项在前提中至少要周延一次。所谓周延，就对某个项的全部外延作了断定的意思。如：

狗是四条腿的动物。

羊是四条腿的动物。

所以，狗就是羊。

这个荒诞的推理的错误就在中项"四条腿的动物"两次都不周延（狗或者羊只是"四条腿的

动物"中的一部分,所以在两前提中都没有断定"四条腿的动物"的全部外延),犯了中项不周延的错误。

(3) 前提中不周延的概念,在结论中也不应当周延。如:

班主任是要对学生进行政治思想教育的。

王老师不是班主任。

所以,王老师不要对学生进行政治思想教育。

在前提中没有断定"要对学生进行政治思想教育的"的全部外延(因为"要对学生进行政治思想教育的"不一定都是班主任),所以,"要对学生进行政治思想教育的"是不周延的,而在结论中却周延了(所有"要对学生进行政治思想教育的"全部外延被排除在"王老师"外延之外,所以是周延的)。犯了"不当周延"的错误。

在演绎推理中,除三段论(直言判断作大前提)外,还有假言推理(假言判断作大前提)、选言推理(选言判断作大前提)等。根据人教版小学语文第十册《为人民服务》的内容可列出下面几个推理:

凡是为人民做过有益工作的人死了,都要给他送葬开追悼会。

张思德同志是这样的同志。

所以,我们要给他送葬开追悼会。(直言三段论)

如果为人民的利益去死就比泰山还重。

张思德是为人民利益而死的。

所以,张思德同志死得比泰山还重。(假言三段论)

人固有一死,或重于泰山,或轻于鸿毛。

张思德同志是死得比泰山还重的。

所以,他不是死得轻于鸿毛的。(选言三段论)

(四) 归纳推理

归纳推理是从个别的特殊的事例出发,推出一般知识的结论的推理方法。如:

某中学的语文教学水平高。

某中学的数学教学水平高。

某中学的外语教学水平高。

所以,某中学的所有各科教学水平高。

归纳推理又可分完全归纳推理和简单枚举归纳推理两种。完全归纳推理根据对某类事物的全部个别对象的考察,已知它们都具有某种性质,由此得出结论说:该类事物都具有某种性质。比如,某班级的英语老师阅完试卷后,根据每张试卷的成绩都在 60 分以上,她得出结论:这个班级的每个学生的英语成绩都在及格线以上。这里运用的归纳推理就是完全归纳推理。

至于简单枚举的归纳推理,则是根据某种事例的多次重复而未发现相反情况,从而作出一般性结论的一种不完全归纳推理。如铜是固体,铁是固体,铅是固体,就不能推出一切金属都是固体了。因此采用简单枚举的归纳推理时,对某类事物对象考察越多,结论就越可靠,否则容易犯"轻率概括"、"以偏概全"的逻辑错误。

(五) 类比推理

类比推理根据两个或两类对象在某些属性上相同(或相似),推出它们在另外的性质上也可能相同(或相似)。

甲有性质 a、b、c、d。

乙有性质 a、b、c。

所以,乙也有性质 d。

比如,一个人学习效率的高低总是和一个人学习态度是否端正,学习方法是否正确及思维能力的高低等有密切关系。既然如此,当我们已知甲、乙两个同学在学习态度、学习方法和思维能力等方面都大致相同或相似时,现又知甲已考上一所水平较高的学校,而乙是否也考上了同类的学校暂时还不知道。但我们根据他们在学习态度等方面的大致相同的情况,就有理由得出这样的结论:乙也可能考上了同类水平的学校。

类比推理所得的结论不一定都是真的。但可以作为进一步研究的假说。科学研究中许多假说都是通过类比推理提出来的。

四、逻辑思维的基本规律

人们在运用概念、判断、推理等思维形式进行正确思维和有效交际时,必须严格遵守形式逻辑的一些基本规律,这里所说的逻辑思维规律,是指在人们的一切思维活动和思维过程中普遍起作用的那些规律,大体上就是指传统形式逻辑的三条基本规律:同一律、矛盾律、排中律。

(一) 同一律

任何一个概念或判断都有其确定的内容,因此在思维和论辩过程中,必须保持概念或判断的确定与同一。就概念来说,在什么意思下使用什么概念,就应该按照这同一个意义去使用它,而不能随意变换概念的内容或把不同的概念互相混淆。就词语来说,一个词语表达什么概念,在同一思维过程中,就必须表达这同一个概念,不能时而表达这个概念,时而又表达另一个概念。否则就要犯混淆概念或偷换概念的逻辑错误。就判断来说,是什么判断就是什么判断,在思维和论辩过程中,不能把两个不同的判断随意混淆或等同起来。否则,就要犯转移论题或偷换论题的逻辑错误。如:某中学生的一篇作文中的一段:

我这次到农村去,看到广大农民生产热情空前高涨,大灾之年,夺得了大丰收,使我受到深刻的教育,思想也大有提高。我一定要珍视这次大丰收,把它贯彻到自己的日常生活学习中去。

其中"大丰收"这个词语出现两次,但表达的概念不尽相同,前一次表示"农作物大丰收",后一次表示"思想上大丰收"。这就是在同一思维过程中,运用的概念前后不一致,违反了同一律。

(二) 矛盾律

要求在同一思维过程中,对同一对象不能同时作出两个互相矛盾的判断,即不能肯定它是什么,同时又否定它不是什么。换句话说,就是保持思维的首尾一致,不得自相矛盾。如:我们都熟悉一篇小学课文《寓言二则》中卖矛又卖盾的人所说的话就违反了矛盾律,因为"不论什么盾都戳得穿的矛"与"不论什么矛都戳不穿的盾"不可能同真。再比如下面的改错练习:

我们全家都去看电影了,只剩我一个人在复习功课。

队长笑嘻嘻的脸上显出了严肃的神情。

数学作业都做完了,只刻下一道题还没想出来。

我断定他大概是宫小玲的哥哥。

参加会议的人基本上都到齐了。

这学期我们班差不多根本没有考试不及格的现象。

这些都违反了矛盾律。

(三) 排中律

两个互相矛盾的判断不能同时都是假的,因此在同一思维过程中,对于两个互相矛盾的判断,就必须承认其中有一个是真的,给予明确的肯定,不能模棱两可。如:

我认为这篇文章所讲的道理不能说是全面的,不过,也不能说是片面的。

排中律与矛盾律好像一样,其实不然,矛盾律不允许我们在思维中作出对立或矛盾的判断,而排中律进一步要求我们在两种矛盾的思想中作出明确的选择。

五、论证

论证是借助于断定一个或一些命题的真实性,通过逻辑推理来确定另一个命题的真实性或虚假性的思维过程。这说明论证既可以是确定另一个命题的真实性的过程,即证明的过程,也可以是确定另一个命题的虚假性的过程,即反驳过程。任何论证都是由论题(论点)、论据通过论证方式而构成的。要想让论证具有说服力,除了必须遵守上述的基本思维规律外,还要严格遵守充足理由原则的逻辑要求。充足理由原则对论题、论据和论证方式各有求,只有满足这些要求,论证才是有说服力的。其要求有三:

第一,对论题来说,论题必须明确,而且在同一论证过程中,始终保持同一,这就是同一律在逻辑论证过程中的体现。

第二,作为理由的论据应是被断定为真的命题。

第三,理由(作为论据的命题)与推断(作为论题的命题)之间应当具有必然的逻辑联系,即论题应当是合乎逻辑地由论据必然推出。

下面数学老师向某学生提问的例子就满足了充足理由原则的要求:

师:"13是素数吗?"

生(想了想后说):"13是素数。"

师:"为什么?"

生:"这是因为13只能被1和它自身所整除。而一个数如果只能为1和自身所整除,那么这个数就是素数。"

师:完全正确。

学生之所以完全正确就是在于其回答中所包含的逻辑论证过程符合充足理由原则的要求，理由真实，推论合乎逻辑。

不符合这三方面的要求就会发生"偷换论题"、"虚假论据"和"推不出"的逻辑错误。

> **思考与练习**

1. 怎样做到概念明确？
2. 举例说明概念和词语之间的关系。
3. 说说判断和语句之间的关系。
4. 就论证中所举的例子写出其有效推理形式。

第二节　概念知识与教学

词语教学中，常要用到概念的有关知识。如果教师能自觉运用概念知识指导教学，那么就可以使学生准确理解词语和恰当运用词语。理解词语的含义，其实就是明确概念的内涵和外延，可以运用下定义、划分、概括、限制等逻辑方法；正确地运用词语，则经常涉及概念之间关系的知识。有经验的教师，善于利用小学语文课本中概念归类练习对小学生进行逻辑思维训练，并运用有关概念的知识引导学生正确地理解和运用概念，逐步培养和增强他们的逻辑思维能力。小学语文教材中的概念归类练习可分为两大类：一是并列关系、属种关系的概念归类；一是关系概念的归类。

一、并列关系、属种关系的概念归类教学[①]

并列关系、属种关系有如下几种类型：

(1) 并列关系的概念，要求学生弄清它们的区别和联系，排在一起的原因。如：

　　伯父　父亲　叔父

对这三个概念，要想知道它们的区别，就得弄清楚它们的内涵，即本质属性；要想知道它们排列在一起的理由，就得弄清楚它们的共有属性。从年龄、性别、辈分等多方面看，它们都各有许多属性，而在这些属性中，有些是本质属性(如年龄大小、男性、辈分高低等)；在这些本质属性中，它们又有着共同的属性(如都是男性，是同辈)。

练习时，可先让学生从各自的伯父、父亲、叔父的年龄、性别、辈分等特点去比较，看哪些特点是不相同的，哪些特点是相同的，学生就会明白：从年龄上看，伯父比父亲大，叔父比父亲小；从性别看，他们都是男性；从辈分上看，伯父、父亲、叔父同辈，比自己高一辈。年龄不同，是他们的区别；男性、同辈，是他们共同的特点，正因为他们有这些共同的特点，才将它们排列在一起。

(2) 列出几个并列的种概念，并在其前面或后面列出它们的属概念，要求学生弄清楚这几

---

① 陈宗俊，凌南山. 浅析小学语文"基训"中的概念归类[J]. 四川教育，1985，(5)：22—24.

个概念间的关系。如：

背心　外衣　毛衣　棉衣　衣服

这是概念归类练习的最基本的形式。它涉及的概念知识也比较多，不仅涉及概念的内涵和外延，还涉及概念间的并列关系和属种关系等知识。

我们可以分析出：背心、外衣、毛衣、棉衣、衣服虽然形状、材料不同，但是，它们都是穿在人身上的，这就是共有属性，而这些共有属性，正是它们的属概念"衣服"的本质属性（内涵），那么，它们分别是"衣服"的外延；前四个概念和后一个概念构成属种关系，前四个概念之间则构成并列关系。这种形式的练习比较复杂的，因此，最好从概念的内涵和外延两个方面入手：

因为内涵能回答"什么是"，所以可提出：什么样式的，什么做成的，穿在人的哪个部位的是背心？……逐次下去，学生就会弄清：背心、外衣、毛衣、棉衣，形状不同，材料不同；这一类用棉花、兽毛或纤维做成的，穿在人身上的就是衣服。外延能回答"哪些是"，所以可提出：哪些是衣服？学生就会弄清，背心是衣服，外衣、毛衣、棉衣也都是衣服。进而明白：背心、外衣、毛衣、棉衣是一类的东西，它们的总称叫衣服。

（3）混杂地列出不同属的种概念，要求按属的不同来分类。如：

水稻　燕子　表兄　黄豆　外婆　黄鹂
山雀　谷子　乌鸦　伯父　玉米　奶奶

玉米——

燕子——

伯父——

对这种练习我们同样可从概念的内涵和外延两个方面来分析：

从内涵上看，因为每一类概念必然有共同的属性，所以，我们可以由一个种概念有意识地找到它某一方面的本质属性，再看题上的哪些概念也有这一属性。

从外延上看，因为每一类概念必然被包含于一个属概念之中，那么，可以先由一个概念找到它的属概念，再看这个属概念包含了题上的哪些概念。

鉴于以上分析，我们可以找到两种方法引导学生：

① 通过抓共有属性来分类（要有意识地将学生引导到共有属性上）

如对"燕子"，可提出：燕子这种动物，身上长的是什么？它是在地上跑，水里游还是在天上飞？然后总结：燕子、黄鹂、山雀、乌鸦都是长羽毛，能在天上飞的动物，所以，它们是一类的。

② 通过抓属概念（对小学生，不一定要找最邻近的属）来分类。如，对"伯父"可提出：你称作"伯父"的人，是你的什么人？（亲人）那么，题上列的词语，哪些可用来称你亲人？然后总结：伯父、表兄、外婆、奶奶，都是亲人，所以他们是一类的。

最后总结要分类，可以看它们哪些有共同的特点，也可以看它们哪些有一个总。

（4）只出现属概念，要求找出属概念包含的一些并列的种概念。如：

有关天气的——晴　多云　阴　有雾　下雪　大风　有雨

动物——

植物——

这种练习涉及概念划分的规则。概念划分的规则,要小学生严格遵守,是难以做到的。所以,只要注意"划分标准要同一"这一条就行了。练习时,首先抓住练习题前的例子,提出:这些有关天气的情况,相同不相同?接着指出:例中是按不同种的天气情况来举出表示天气的词语的。然后提问:不同种的动物有哪些?不同种的植物有哪些?

(5) 同一属下的并列的种概念中,夹杂了另一属的一个概念,要求把这个概念找出来。如:

铅笔　毛笔　足球　钢笔

这种"排除异类"的形式,可以从两个方面分析:

① 它们的本质属性存在差异,铅笔、毛笔、钢笔,虽然质料不同,但用途是一样的——"写字";足球的用途是"体育锻炼"。

② 它们的属概念存在差异,铅笔、毛笔、钢笔的属概念是笔,而足球的属概念是球。因此,有两种办法引导学生思维:

一是抓本质属性的不同。可以相继设问:这四种物品从用途这一特点上看,哪几种相同?哪一种不同?

二是抓属概念的不同。从属种概念的关系知道:B包含A,则A是B的一种。可以提出:铅笔是什么的一种?上面几种东西,还有哪些是笔(或学习用具)的一种?哪种东西不是?

(6) 在几个概念中,找出一个概念和已确定的概念构成属种关系。如:

高粱对庄稼(高粱是庄稼的一种)

笛子对:1.演出　2.音乐　3.文具　4.乐器

根据属种概念的知识,我们知道:要断定"A是B的一种"则可用A与B构成判断"A是B"去检查,如该判断正确,则B是A的属概念,A是B的一种;如不正确,则B不是A的属概念,A不是B的一种。

因此,练习中,可先引导学生:高粱是不是庄稼?(是)所以说,高粱是庄稼的一种。那么,笛子是不是演出?(不是)所以说,笛子不是演出的一种,也就是说:"笛子对演出"不和题目要求。像这样,让学生逐个检查,正确的答案就不难得出了。

如果仅仅根据题上的提示,"A是B的一种"这种格式去引导,不知道什么是属种概念的小学生,可能做出"笛子对演出"或"笛子对音乐"这样的不合题目要求的答案来。

(7) 列出递次包含的属种概念。如:

动物　哺乳动物　鲸　齿鲸

这种练习既是属种关系概念的训练的深化,也涉及概念的内涵和外延的反比关系:内涵愈多,外延愈小,内涵愈小,外延愈大。比如"哺乳动物"比"动物"多了一个特有属性(内涵)——哺乳,"哺乳动物"所概括的范围(外延)就比"动物"所概括的范围小了。上例,从左往右看,内涵递次增多,外延递次缩小,从右往左看,内涵递次减少,外延递次扩大。

对于小学生,如果引导他们从内涵的多少去认识,是比较困难的,最好还是从外延的大小上入手。

练习时,可这样提问:动物的数量大,还是哺乳动物的数量大?依次下去,可得出:从数量上看,动物大于哺乳动物,哺乳动物大于鲸,鲸大于齿鲸;反之,齿鲸小于鲸,鲸小于哺乳动物,哺乳动物小于动物。因此,排列的顺序,可以像题上这样由大到小排列,也可以由小到大排列。

也可以利用前面学过的属种关系的知识来训练。如,先复习:衣服和背心,衣服包含背心,背心是衣服的一种。接着相继提出:动物和哺乳动物呢?哺乳动物和鲸呢?……就可以知道,动物包含哺乳动物,哺乳动物包含鲸,鲸包含齿鲸;齿鲸是鲸的一种,鲸是哺乳动物的一种,哺乳动物是动物的一种。

二、关系概念归类教学[①]

关系概念归类有如下几种类型:

(1) 根据特定的依赖关系,给一个概念找出一个适合这种关系的概念。如:

轮船对大海(轮船是在大海中航行的)

飞机对:1. 机场 2. 草地 3. 天空 4. 空地

事物和事物之间,往往存在着依赖关系。比如,轮船和大海,轮船依赖着大海航行;飞机和机场,飞机依赖机场降落。题目中的提示指出,轮船和大海的关系,是轮船在行进中对大海的依赖关系。那么,给飞机"配对",也必须根据这一特定的依赖关系,考虑飞机在行动中和哪里发生关系。

练习时,可先让学生读括号中的话。提出:轮船在哪里?(在大海里)干什么?(航行)指出"航行"是轮船在行进。再提出:飞机行进叫什么?(飞行或航行)在哪里才能飞行(天空)在草地上、空地上能不能飞行?在机场上叫不叫飞行?

(2) 列出一系列关系概念,要求按一定的顺序重新排列。如:

提示例子:头部　身体　牙齿　上身　嘴
　　　　　身体　上身　头部　嘴　牙齿

① 哥哥　伯伯　祖父　弟弟　叔叔

② 小肠　食道　嘴　大肠　胃

我们可以这样分析:首先,排列出来的概念,都有相同相关的地方。如:"例子"中都是人体的全部或某一部分。题目①中都是亲人,②中都是人体消化器官。正是因为它们有这种相同相关的地方,才把它们联系在一起。其次,这些概念,由不同的关系联系起来,就产生不同的顺序。如①中,他们的关系在于长幼不同,如果以谁比谁年长为关系,则可排列成由长到幼的顺序;如果以谁比谁年幼为关系,则可排列成由幼到长的顺序。再次,排列时,头脑中往往有意无意地形成关系判断。如②中,嘴先于食道,食道先于胃,胃先于……逻辑学告诉我们,表达关系的常用词语有:大于、小于、早于、晚于、在前、在左、在右、在南、在北等。基于这三方面的分析,训练时可以分三步进行。

第一,引导学生总结,平时观察相关的事物时,有哪些顺序(比如大小,从上到下,从先到后,从全部到部分,从近到远等)。

第二,和学生一道分析出:例中相邻两个概念是全部和部分的关系;排列顺序是由全部到

---

① 陈宗俊,凌南山. 浅析小学语文"基训"中的概念归类[J]. 四川教育,1985,(6):16—17.

部分再到小部分；也可以用相反的顺序排列。然后，以此法让学生对以下各组概念找出关系并重新排列。

第三，引导学生用表达关系的词语去检查，看排列得是否正确。比如：祖父大于伯伯，伯伯大于叔叔……"或者，弟弟小于哥哥，哥哥小于叔叔……（这里的"大于"、"小于"含有辈分兼及年龄的意思）

（3）根据一对概念的关系，给一个概念找个相应的概念。如：

例：寒冷对冬天　正如炎热对夏天

微笑对高兴　正如流泪对（　　　）

这种练习既涉及关系概念的依赖关系，也涉及概念的对立关系。分析具有依赖关系的两对概念，能得到两个对应的判断：寒冷是冬天的气候——炎热是夏天的气候。

练习时，在引导学生分析出例中的对立关系和依赖关系后，对后面的练习可采取如下提问方式：

① 微笑和流泪相反，那么，高兴和什么相反？

② 微笑表示高兴，那么流泪表示什么？

③ 微笑是高兴时候的情态，那么，流泪是什么时候的情态？

（4）在几对概念中选出和第一对概念表示的关系最相似的一对概念。如：

医生：病人

1. 爸爸：哥哥

2. 教养员：幼儿园

3. 老师：学生

4. 朋友：邻居

这种形式的练习题中牵涉事物之间的多种关系。如，父与子，有亲缘关系，教养关系，供关系等，亲缘关系是主要关系。因此，我们可以抓住两者在"哪个主要方面发生关系"这个问题，进行分析和训练。

先弄清第一对关系。可提出：医生对病人，做什么？（看病）看病是医生的什么事？（工作）可见，医生对病人，在哪个方面发生关系？接着，弄清其他几对概念的关系。与第一对概念表示的关系最相似的第三对概念，就找出来了。

世界上事物的关系纷繁复杂，要让学生弄清楚一些基本的关系，需要经常引导学生联系客观实际。每一种形式的训练，最好先由教师引导学生完成一部分，剩下的再由学生独立完成。值得注意的是，尽管教师在钻研教材时，要接触到不少逻辑术语，但是，在训练中，却不能出现这种术语，要用通俗易懂的语言去引导学生正确思维。

思考与练习

1. 读下面的四组词，说说为什么这样排列。

天鹅　喜鹊　燕子　啄木鸟

灰狼　野猪　老虎　大象

蚂蚁　蜘蛛　蜜蜂　蝴蝶

黑鸡　花鸭　白鹅　灰兔

2. 把下面的词分成四类并说明理由。

瓷器　球网　铁器　球架

象棋　灯泡　军棋　竹器

开关　球场　跳棋　球拍

木器　电线　插头　动物棋

3. 找出每组与前面例子最相似的答案并说明理由。

A. 胡琴对乐器（胡琴是乐器的一种）

豌豆对　（1）午饭　（2）水果　（3）蔬菜　（4）大蒜

B. 马：牲畜　（1）西瓜：瓜地　（2）鸡：家禽

（3）铁：矿藏　（4）蜘蛛：虎拍

4. 把下面的词语按一定顺序重新排列。

A. 笔　学习用具　金星牌钢笔　钢笔

B. 端午节　除夕　重阳节　中秋节　春节

5. 下面各题的几个词语中都有一个不是同类或性质不同的，请你将它找出来并说明理由。

A. 铅笔　电笔　毛笔　钢笔　圆珠笔

B. 老虎　动物　狮子　熊猫　金钱豹

6. 请修改下列病句。

A. 春天到了，种子在长叶、生根、发芽。

B. 今天，我吃了牛奶糖、巧克力和糖果。

C. 蛇对眼镜蛇正如黄瓜对蔬菜。

D. 我们都有铅笔、毛笔、足球、钢笔等写字工具。

E. 公园里有黑熊、豹子、老虎、鸽子等野兽。

7. 根据前句完成后句。

如虚心对进步，正如骄傲对（　　　）。

高大对山脉，正如（　　　）对丘陵。

8. 对照例句完成下句。

医生对病人，是工作者对工作对象。

（　　　）对（　　　），是工作者对工作对象。

9. 请运用下定义、划分、概括和限制等逻辑方法设计一个词语教学案例。

第三节　判断知识与教学

在句子教学中，可以运用有关判断的知识指导学生准确地理解句子和正确地运用句子。从逻辑的角度说，有的句子是直言判断，有的句子是复合判断。如小学语文《跳水》一课写了一个船长看见自己的孩子在桅杆上摇摇晃晃,就立刻拿枪向他瞄准,命令他跳到水里的故事。里面的三句话就是三个不同的复合判断:水手们笑声更大了,孩子的脸红了。(联言判断)只要孩子一失足,他就会跌到甲板上,摔个粉碎。(假言判断)要么让孩子跌在甲板上摔死,要么想办法命令他跳到海水里去。(选言判断)判断既然是对事物作出断定,那就有正确与错误之分,存在着恰当不恰当的问题。

一、直言判断知识教学

(一)直言判断恰当性

要使判断恰当,在教学中要注意以下几个问题:

(1)量项使用要恰当。如"有的浪费是应该避免的。""有的鲸不是鱼。"这两个判断是不恰当的,量项应为全称而非特称。又如我们说"有些教师是特级教师"中的"有些"用得准确,而"我们在工作中,有些缺点是应该认真克服的"。这一句中的"有些"就不恰当了。

(2)联项性质(肯定或否定)要恰当。一个否定词表否定,两个否定词连用就表肯定,三个否定连用又是否定的意思。如:"谁也不能否认这部作品没有教育意义"其实这句的原意是想强调这部作品的教育意义,但由于误用了三重否定,结果就与原意(肯定这部作品具有教育意义)完全相反了。

(3)主项、谓项搭配要恰当。如:"他爱看球的习惯好像有所改善。""同学们的愉快笑容和爽朗的歌声,至今还在我的耳边回响。"这两句都犯了主谓项搭配不当的毛病。

(4)不要乱用如"好坏"、"高低"、"多少"、"是否"、"胜败"等包含两面意思的词语。如:"主题正确是衡量一篇文章好坏的重要标准。"主项只有"正确"一个方面,而谓项却有"好坏"两个方面。又如"学习成绩的提高,取决于学生自身是否努力"。主项有"是"一个方面,而谓项只有"是否"两个方面了。

(二)直言判断知识运用

聂在富对判断不当问题有很好的论述:[①]

小学生在课堂发言和作文中经常出现语句不够通顺的情况,从逻辑的角度看,有一些是有关判断的错误,例如,"他每天放学后都要去打游戏机,这样下去难免不犯错误"属于误用否定;"妈妈从市场上买回了黄瓜、茄子、西瓜等蔬菜"属于概念误用造成的命题错误。教师也要运用逻辑知识认真予以纠正。

还有一些关于句子的思考练习,有的是为了让学生认识判断的基本形式,有的是以修改病句的方式让学生学会正确运用判断。这类练习既是句子训练,也是判断训练,有的是认识判断的训练,有的是运用判断的训练。例如:

读下面的句子,注意带点的词表示的意思有什么不同。再说两句话,分别用上这两个带点的词。

我们班所有同学都是藏族学生。

我们班所有同学都不是汉族学生。

[①] 聂在富. 语言文字知识与小学语文教学[M]. 北京:人民教育出版社,2006:141—154.

我们班有些同学是"三好"学生。

我们班有些同学不是"三好"学生。

这项练习属于认识判断种类的训练。练习的目的是让小学生正确地使用肯定联项、否定联项以及全称量项和特称量项。训练要求中的"读下面的句子",是让学生用强调的语气读出表示不同量项和联项的词语;"注意带点的词",是为了让学生学习运用不同的词语表示不同的量项。最后要求学生仿例说两句话,一句运用特称判断,一句运用全称判断。再如:

读下面的句子,把前后不一致的地方改正过来。

这本书有声有色。

我的家乡是山东临沂人。

这些作文题目的范围比较困难。

这项练习属于正确运用判断的训练。训练题目中的三个句子都是病句,按语法术语说,属于主谓搭配不当;按逻辑术语说,属于主项、谓项搭配不当。肯定判断要求主项和谓项之间在外延上必须具有相容关系,而不能是全异关系。练习时可以首先引导学生把句子分为"什么"和"怎么样"两部分(主谓和谓语)。然后再看后面的部分能不能恰当地说明前面的部分,如,"书"能不能说"有声有色","家乡"是不是"人","作文题目的范围"能不能说"困难"。最后要求学生在尽量保持句子原意和原有的词语的前提下进行修改,如"这本书有声有色",可以修改为"这本书的叙述描写有声有色",而不应修改为"这本书写得很生动";"我的家乡是山东临沂人"可以修改为"我的家乡是山东临沂","这些作文题目的范围比较困难"可以修改为"这些作文题目的范围比较狭窄"。

二、复合判断知识教学

复合判断应当注意如何正确地、恰当地运用各种复合判断的联结词。

例如:"张华的学习成绩之所以老是上不去,不是学习不刻苦,就是原来的基础太差。""只要刻苦学习,他的学习成绩就能很快提高。"从逻辑角度看,这两句就属于联结词使用不当。我们可以这样分析:前句用联结词"不是……就是……"形成的不相容选言判断。根据不相容选言判断的逻辑要求,其两个支判断("学习不刻苦"和"原来的基础太差")是不能同真的。而事实上这两个支判断是可以同真的,因为张华的学习成绩之所以老是上不去,可以是这两个支判断所肯定的原因同时起作用的结果。因此该复合判断应当是用联结词"或"联结支判断而组成的相容选言判断。由此,前句就是一个误用了不相容选言判断联结词的判断。后句是一个假言判断,依据其前后件的条件关系来看,前件("刻苦学习")仅仅是后件("他的学习成绩就能很快提高")的必要条件,而非充分条件。从语言训练的角度看,教师在课堂练习中要求学生给"( )刻苦学习,他的学习成绩( )很快提高。"加上关联词语,构成条件复句。学生不明确应当用"只有……才能……"还是"只要……就能……"。这时,教师不应当简单说什么对,什么不对,而应当运用逻辑知识,引导学生分析前件和后件之间的逻辑关系,使学生明白:"刻苦学习"是"他的学习成绩就能很快提高"的重要条件,因为,不刻苦学习,他的学习成绩肯定不能很快提高,但刻苦学习了,并不一定就能保证他的学习成绩很快提高。仅靠刻苦学习,如果方法不对,或原有基础太差,也难以使他很快提高自己的学习成绩。这就是说,"刻苦学习"是"他的学习成绩就能很快提高"的必要条件,而不是充分条件,所以应当填写的关联词语是"只有……才能……",而不是"只要……就能……"。

在句子教学中若教师能运用复合命题间相互转换的知识进行语言转换的训练,可能会收到意想不到的效果。例如,在《飞夺泸定桥》的教学中,讲读了第一段之后,教师可以要求学生用一句话概括出主力红军夺取泸定桥的原因。学生一般要用因果复句表达——"因为主力红军要北上抗日,所以必须夺取泸定桥。"在此基础上,教师可以要求学生进行语言转换,首先转换为假设复句(充分条件假言命题)——"如果主力红军不夺取泸定桥,就不能北上抗日。"然后再转换为条件复句(必要条件假言命题)——"主力红军只有夺取了泸定桥,才能北上抗日。"

这种语言转换的训练,是小学语文课堂教学中常见的练习形式,具有强化感知、促进理解和运用的作用,并有利于举一反三,培养学生的创新能力。

思考与练习

修改下列病句,并运用相关的逻辑知识说明理由。

1. 青年从正是世界观形成的时期。
2. 红壤是我国亚热带植物的主要产区。
3. 只要刻苦努力学习,就能取得好成绩。
4. 陈小宇同学今天没来上课,一定是病了。
5. 只有提高群众的劳动积极性,才能提高群众的觉悟,实行责任制。
6. 他是众多死难中的幸免的一个。
7. 凡是在科学和学问研究上有成就的人,不少是在客观物质条件十分艰难的情况下,经过顽强刻苦的努力下获得成功的。
8. 小船在平静的湖面上颠簸。
9. 谁也不能否认优异的学习成绩不是靠勤奋学习得来的。

第四节 推理知识与教学

我们日常生活、学习中都离不开推理这种思维形式,无论是在交际过程中还是书面表达中,都会不断地运用推理。小学语文教学应当注重学生推理能力的培养和训练。在小学语文教学中训练学生的推理能力,要把逻辑知识渗透在语言训练之中,引导学生按照推理的规律合理地开展思维活动。聂在富就教师如何在小学语文教学中运用推理知识引导学生进行推理思维训练作过较好的阐述。对此我们稍作修改,对个别案例进行了适当的说明或增补。①

一、推理知识教学的策略

(一) 挖掘教材中潜在的推理形式,进行推理思维训练

这是运用推理知识指导学生理解复句、句群的主要做法。小学语文教材有不少课文体现

---

① 聂在富.语言文字知识与小学语文教学[M].北京:人民教育出版社,2006:141—154.

了逻辑推理的内容，教师可以通过分析课文的推理形式引导学生理解复句和句群的内容，达到逻辑思维训练与语言训练的统一。例如：

① 鲸用肺呼吸，也说明它不属于鱼类。(《鲸》)

这是一个复句，也是一个三段论推理的省略形式，它省略了大前提——"鱼是用鳃呼吸的"。把它还原为完整的三段论推理，其形式是：

鱼是用鳃呼吸的，(大前提)

鲸用肺呼吸(鲸不是用鳃呼吸的)，(小前提)

所以，鲸不属于鱼类。(结论)

教学时，可以提问学生："为什么说鲸用肺呼吸就说明它不是鱼类？"以此启发学生补充出被省略的大前提——因为鱼都是用鳃呼吸的，从而摸清作者由一般到个别说明事物的思路。

② 不同种类的鲸，"喷潮"的水柱也不一样。须鲸的水柱是垂直的，又细又高；齿鲸的水柱是倾斜的，又矮又粗。有经验的渔民根据水柱的形状就能判断鲸的种类和大小。

这是一个句群，句群里所说的"有经验的渔民"是运用充分条件假言推理来判断鲸的种类的，依据的大前提是：如果是须鲸，"喷潮"的水柱是垂直的；如果是齿鲸，"喷潮"的水柱就是倾斜的。他们的推理可能是：这条鲸喷潮的水柱是垂直的，这是须鲸①(肯定后件式)；这条鲸喷潮的水柱不是垂直的，这不是须鲸②(否定后件式)。也可能是：这条鲸喷潮的水柱是倾斜的，这是齿鲸(肯定后件式)。这个推理同上面的那个肯定后件式犯了同样的错误这条鲸喷潮的水柱不是倾斜的，这不是齿鲸(否定后件式)。

③ 啊，亲爱的狼先生，那是不会有的事，去年我还没有生下来呢。(《狼和小羊》)

教学时，可以提问学生："为什么小羊说'那是不会有的事'？"这样就会引起学生的兴趣，进而思考补出被省略的大前提"只有去年我已经出生，去年才可能在背地里说您的坏话。"这时，教师就可板书还原完整的必要条件的假言推理：

只有去年我已经出生，去年才可能在背地里说您的坏话

去年我还没有出生，

所以，我去年不可能在背地里说您的坏话。

这样学生就会对必要条件假言推理有了深入的理解，同时也进行了推理思维训练。

小学语文教材中还有一些课文运用了类比推理。例如：

他想：如果照小草的叶子那样，用铁打一把有齿的工具，在树上来回拉，不是比用斧子砍强得多吗？(《锯是怎样发明的》)

这个句子包含的推理形式是：

有齿的草叶很锋利，能在手指上拉出口子。

有齿的铁片也会很锋利，能截断木头。

显然，这是具有类比推理逻辑特征的。根据"草叶"和"铁片"这两种事物在本质上都具有

---

① 这不是一个有效推理，这里用肯定后件式，是不对前件有所断定的，因为这不符合充分条件假言推理应遵守的规则。原文的下一个肯定后件式的假言推理也不成立。

② 这是一个有效推理，这里否定后件就能对前件有所断定，这是符合充分条件假言推理所遵守的规则。

相同的属性——"都是薄片"、"有齿"和"能拉出口子"而进行的推理。中国古代的锯，相传是鲁班通过这样的类比推理发明出来的。

如，教学《蜜蜂引路》，教师可以抓住"列宁是怎样找到养蜂人的"这个练习题剖析列宁的思考过程，借助板书概括出他的推理模式——

蜜蜂采花粉后总要飞回蜂房
养蜂人一定是住在蜂房附近
跟着蜂群走就能找到养蜂人

列宁的思考过程大体上是一个由大前提、小前提和结论组成的三段论演绎推理①。教师让学生对照板书阅读课文，使他们潜移默化地受到推理模式的训练。

(二) 在利用旧知识、学习新知识中训练推导能力

在利用旧知识学习新知识的过程中，可以训练学生类比推理的能力。如，在《江雪》的教学中，启发学生找出"千山鸟飞绝，万径人踪灭"这组句子的特点，学生经过议论之后说：这是对偶句，两个句子中相对的词语意思相近。于是教师因势利导，说明：在古代诗歌或现代文章中，遇到对偶、排比句或成语时，对不大理解的词语，可以根据它们的结构的特点，从已知词语的意义推导出未知词语的某些意义，如，"绝"是"没有"的意思，与它相对的"灭"词义相近，是"不见"的意思。然后举出"三千里河东入海，五千仞岳上摩天"，让学生由"里"的含义推断出"仞"是表示距离的量词，由"河"的含义推断出"岳"是表示自然景物的名词；再举出"日暮苍山远，天寒白屋贫"，让学生由"白"是表示颜色的词语推断出"苍"也是表示一种颜色。

(三) 适时点拨，启发学生找到思考的方向

斯霞老师在教《我要的是葫芦》一课时，问学生："葫芦藤开始长得怎么样？后来有了什么变化？结果怎样？"学生依据课文内容一一作了回答，显得并不困难。紧接着，她又问学生："为什么叶子上的虫子多了，小葫芦就落了呢？"这一下学生给问住了。从他们的目光中，教师看出他们解决这个问题有困难。于是告诉他们"叶子是植物的营养器官之一，能制造植物果实生长所需要的养料。你们想想，叶子和葫芦有什么关系呢？"经过这么一指点，学生找到了思考的路子，一个学生回答说："因为叶子能制造葫芦生长需要的养料，叶子上的虫子多了，拼命吃叶子，叶子就会变黄枯死，不能再制造营养了。小葫芦得不到营养，就要落下来了。"听了这个学生的回答，教师立即加以肯定。这个涉及植物学知识问题，经过教师的点拨，激发学生积极思维，终于解决了。

(四) 引导学生结合日常现象思考问题、解决问题

教师根据学生思维活动中遇到的障碍，引导他们结合日常现象解决问题，也是推理训练的一种方式。在《飞行员的背心》一课的教学中，学生对"橙黄色的背心"有疑问，他们提出：在海水中"白色"、"鲜红"等也很显眼，为什么要用橙黄色？本来教师可以很容易地解释：白色易和海鸟混淆；鲜红易和水上浮标混淆。但教师没有这样做，他认为学生不甚理解的主要原因在于对"保护色"全面正确的认识。保护色有两个作用，其一是显，其二是隐；有自然状态和人为规定两类。教师让学生说说他们在日常生活中见到过的保护色，学生争先恐后地发言：交通

---

① 这个推理形式是不正确的，因为它的中项是不周延的。

警察蓝上衣上的袖套,红白相间的标杆,各色指示灯,草绿色军装,鸟的羽毛颜色等。学生从大量的日常现象中明白了飞行员的背心要用橙黄色的道理,问题化难为易了,学生的认识提高了。解决问题的过程实际上是一个从一般到个别的演绎推理的思维训练过程。

(五)抓住关键词,对学生进行综合逻辑思维训练

小学语文中有很多课文体现了逻辑训练的内容。教师在分析课文过程中能够抓住关键词对学生进行一些推理过程的训练,有时能达到逻辑思维训练与语言训练的"双赢"。例如:

《拔苗助长》是篇寓言故事。为了揭示它的寓意,有位教师这样进行了课文分析。教师先让学生吃透关键词语,进行了抽象概括的思维活动。对第一个情节中的"巴望"指出它的本义就是"盼望",接着提问学生:"巴望"属于人的哪一方面的活动?通过启发,学生懂得这是写人的愿望。教学第二个情节中的"拔"字时,教师问道:怎样才能使禾苗长得快些?用"拔"的办法使禾苗长得高,行不行?为什么?通过启发,学生认识到那个人的做法违背了事物的规律。

教学第三个情节中的"枯死",教师又问学生:这是写什么,为什么禾苗都枯死了?从而启发学生懂得那个人只从自己的愿望出发,不按事物的规律办事,结果把事情办糟了。

最后,教师让学生借助形象和寓意,进行逻辑推理。从逻辑推理的角度来看,《拔苗助长》的作者省略了演绎推理的大前提,只留下了小前提和结论。如果把省略的大前提补出来,就构成了完整的直言三段论:

任何人只从自己的愿望出发,不按事物的规律办事,都会把事情办糟。

古代的那个人只从自己的愿望出发,不按事物的规律办事(拔苗助长)。

所以,古代的那个人把事情办糟了(禾苗都枯死了)。

这个训练基本包含了各种思维形式,如概念、判断和推理,在进行语言训练的同时也进行了思维训练。

二、推理知识教学的案例

【案例一】
人教版四年级下册《蝙蝠和雷达》教学片段

《蝙蝠和雷达》说明了类比推理对于人类发明创造的重要意义。课文说,飞机能在夜间安全飞行是人从蝙蝠身上得到了启示,有如下两段文字:

科学家经过反复研究,终于揭开了蝙蝠能在夜间飞行的秘密。它一边飞一边从嘴里发出一种声音。这种声音叫作超声波,人的耳朵是听不见的,蝙蝠的耳朵却能听见。超声波像波浪一样向前推进,遇到障碍物就反射回来,传到蝙蝠的耳朵里。蝙蝠就立刻改变飞行的方向。

科学家模仿蝙蝠探路的办法,给飞机装上了雷达。雷达通过天线发出无线电波。无线电波遇到障碍物就反射回来,显示在荧光屏上。驾驶员从雷达的荧光屏上能够看清楚有没有障碍物,所以飞机在夜间里飞行也十分安全。

一位教师在教学中能够运用逻辑知识理解课文,认识到这两段课文是用类比推理的方法,说明人类是从蝙蝠身上得到了启示发明了雷达,因此明确了这两段课文的教学重点是引导学生进行比较,找出蝙蝠在夜间飞行和飞机在夜间飞行的共同点。他设计了一系列提问:"雷达能发出电波,和蝙蝠的哪一点相像?""电波遇到障碍物反射回来,和蝙蝠的哪一点相像?""雷达的荧光屏能显示反射回来的电波,和蝙蝠的哪一点相像?"最后,学生在教师的引导下列出了蝙蝠和飞机夜间飞行对比表:

　　蝙蝠:嘴能发出超声波,超声波遇到障碍物反射回来,耳朵能听到超声波,蝙蝠凭嘴和耳朵在夜间飞行。

　　飞机:雷达能发出电波,电波遇到障碍物反射回来,雷达的荧光屏能显示出来,飞机凭雷达能在夜间飞行。

【案例二】

人教版五年级下册《晏子使楚》教学片段

　　晏子用假言推理来对付楚王,维护了自己的尊严。有如下一段课文:

　　楚王知道晏子身材矮小,就叫人在城门旁边开了一个五尺来高的洞。晏子来到楚国,楚王叫人把城门关了,让晏子从这个洞钻进去。晏子看了看,对接待的人说:"这是个狗洞,不是城门。我要访问'狗国',当然得钻狗洞。我在这儿等一会儿,你们先去问个明白,楚国到底是个什么样的国家?"接待的人立刻把晏子的话传给了楚王。楚王只好吩咐大开城门,把晏子迎接进去。

　　在他的话里暗含着这样的推理过程:

　　只有访问狗国,才能从狗洞钻进去,

　　我不是访问狗国,

　　所以,不能从狗洞钻进去。

　　教学中,教师问学生:开始,楚王让晏子从城门旁的洞钻进去,后来为什么又吩咐大开城门把晏子迎接进去?学生说:楚王本来想羞辱晏子,可是晏子的一番话打破了他的如意算盘。教师进一步问:晏子是怎么说的?学生回答说:"这是个狗洞,不是城门。我要访问'狗国',当然得钻狗洞。"如果楚王让晏子从城门旁的洞钻进去,就等于自己承认楚国是狗国了。在这个推理过程中,晏子首先用一个必要条件假言命题提出了大前提,然后利用楚王的自尊心,很自然地否定了假言命题的前件,确定了小前提,从而也否定了后件,得出"不能从狗洞钻进去"的结论,维护了自己的尊严。

【案例三】

部编版二年级上册《雾在哪里》、部编版一年级下册《小壁虎借尾巴》教学片段

　　教例1在《雾在哪里》一课的教学中,教师出示了三个句子:雾把大海藏了起来;雾把天空连同太阳一起藏了起来;雾把海岸藏了起来,同时也把城市藏了起来。接着让学生在

三个句子的后面加上一句话说明"雾是个怎样的孩子"。结合所学课文,学生很自然说出:"雾是个又淘气又顽皮的孩子。"

教例2 在《小壁虎借尾巴》一课教学中,教师首先在黑板上写出一个总起的句子——"动物的尾巴真有趣。"然后要求学生分别说出小鱼、老牛、燕子和壁虎尾巴的特点。

上面的第一个教例是由个别到一般的思维训练,体现了教师对逻辑知识的自觉运用。教师运用了归纳推理的知识进行了认真的思维训练。前面三句话说的都是学生已经在课文中学到的内容,要求加上的一句话也很明确,所以经过思考可以顺利地说出。先分说,后总说,这是常用的表达方式,这个推理训练同表达训练结合得很紧密。

上面的第二个教例是由一般到个别的思维训练。"动物的尾巴真有趣"是大前提,因此,凡是动物的尾巴都有有趣的特点。总起分承是常用的表达方式,同样,这个推理训练同表达训练也结合得很紧密。

【案例四】

教科版三年级上册《沙漠里的"船"》教学片段

课文《沙漠里的"船"》中有这样一句话:"沙漠里有水的地方很少,骆驼的嗅觉很灵敏,什么地方有水源,它都能找到。"教师通过如下谈话引导学生追寻骆驼凭借嗅觉与寻找到水源的因果关系:

教师:为什么骆驼嗅觉灵敏就能找到水源?

学生:就像猎犬一样,能嗅出人不能嗅到的气味。

教师:这么说,沙漠里的水有气味了?

学生:水是无色、无味道、无气味的。

教师:那么骆驼是怎样通过它灵敏的嗅觉找到水的?请大家注意沙漠的气候、环境。

学生:沙漠里温度高。空气干燥,风沙又大,有水的地方比无水的地方空气要湿润一些,因为水在向空中蒸发。

教师:有水的地方空气湿润些,骆驼在远处又如何感觉得到呢?

学生:沙漠里风大,当稍微湿润的空气吹到骆驼面前时,哪怕有一丁点儿与干燥的空气不同,它"灵敏"的嗅觉都能感觉出来,于是它沿着那种舒服的空气方向找去就能找到水源了。

教师:说得很有道理。现在谁来完整地说一下。

【案例五】

人教版三年级下册《惊弓之鸟》教学片段

逻辑导读是以逻辑思维训练为核心,引导学生用推理的方法探寻作者布局谋篇的思路,组句构段的规律以及事物内在联系的一种导读方法。

运用逻辑导读方法指导学生阅读时,要通过对课文语言文字的理解,进行一次又一次严格的逻辑思维训练。学生可以依形象把逻辑思维具体化,又依逻辑思维把形象深刻化,这样,促使儿童从以形象思维为主导向以抽象思维为主导"过渡",并随时把两者很好地结合起来。

下面是著名特级教师靳家彦运用逻辑导读的方法执教《惊弓之鸟》一课的课堂实录:

教师:请同学们思考一个问题:这只大雁掉下来的根本原因是什么?

(学生边读书边思考,有的小声议论)

学生:因为它是一只受过箭伤的鸟。

学生:即使受过箭伤,如果没有更羸拉弓的声音也不会掉下来,所以根本的原因是弓弦响。"嘣"的声音是使受伤的大雁掉下来的原因。

学生:我觉得把他们俩的意见合在一起就对了。(笑声)这是一只受过箭伤的大雁,又听到弓弦响心里害怕,伤口裂开掉下来了。

教师:大家的分析很有道理。请大家看这张图。(出示挂图,引导学生认真观察图画,然后自读课文)谁来读读开头?

学生:(读开头三句话)更羸是古时候魏国有名的射箭能手。有一天,更羸跟魏王到郊外去打猎。一只大雁从远处慢慢飞来,边飞边鸣。

教师:大家对这几句话是怎样理解的?

学生:"射箭能手"这个词语说明更羸在搭弓射箭的技术上是非常高明的,不是一般人。

学生:"一只"大雁说明它离开了同伴。大雁都是在一起飞行的,排成整齐的"一"字或"人"字。

学生:"从远处"说明它离开雁群时间不短了,落下的距离已经很远。

学生:"慢慢地"说明它飞不快,可能是一只受过伤的大雁。

学生:"边飞边鸣"说明它伤口疼痛,也是呼喊同伴。

教师:大家的发言很有道理。这里有一句话应该理解好:"大王,我不用箭,只要一拉弓,就能把这只大雁射下来。"这里的"射"字应该怎样理解?

学生:这里的"射",不是真正搭弓射箭,而是拉弓发出的响声使大雁惊慌害怕,让它自己掉下来。

学生:那为什么不说把它"吓"下来,而说"射"下来呢?

学生:这是故事的开头,如果这时更羸说把它"吓"下来,下面的故事就没意思了。

学会:这样魏王也就不吃惊了。

教师:你们的理解很有意思。我们再看看更羸是怎样做的?

学生:(读)"更羸并不取箭,他左手拉弓。右手拉弦,只听'嘣'的一声响,那只大雁忙往上飞,拍了两下翅膀,忽然从半空里直掉下来。"

教师:这里有个很关键的字,是哪个字?

学生:"嘣",这个字是关键,是这个声音把大雁吓掉的。

教师:我们不能孤立地看,要把事情的前因后果联系起来,这样才能理解事情的道理。请同学们再读更羸讲明道理的一节。

（学生读课文，教师用投影仪出示学生读的这段话，关键词语用红色横线标示）

教师：请同学们先看投影，然后再来说明更赢是怎样一步步推论的。

（投影内容如下）

它飞得慢。（看到的）	观察	叫的声音很悲惨。（听到的）
飞得慢，因为它受过箭伤，伤口没有愈合，还在作痛；	分析	叫得悲惨，因为它离开同伴，孤单失群，得不到帮助。
它一听到弦响，心里很害怕，就拼命往高处飞。	推理	它一使劲，伤口又裂开了，就掉了下来。
判断（不用箭，只要一拉弓，就能射下来。）		

（学生观察后，对照课文内容举手发言）

【案例六】

人教版五年级下册《草船借箭》教学片段之推断时期

师：同学们，《草船借箭》这篇文章是依据哪部古典名著改编而成的？

生："三国演义"。

师：那谁知道这篇文章发生在中国历史上的哪个时期呢？

生：当然是三国啦！

师：有不同答案吗？

（生沉默，无人作答。出示：中国历史朝代沿革顺序……西汉、东汉、三国、西晋……）

师：如果老师说"草船借箭"的故事不是发生在三国时期，那么，你们能从这个信息中猜测到是哪个时期吗？

生：只能是东汉啦！

师：对，是东汉！可是，同学们，你们能从文章中找出可以推断故事发生在东汉末的依据吗？

（生又沉默，无人作答。）

师：给大家一个提示，找一找，人物的称谓，能不能发现其中的线索？谁发现了？

生：文章中有一句话"谢谢曹丞相的箭"，曹操当时是丞相，说明三国还未形成，因此，可以推断"草船借箭"的故事发生在东汉末年，而非三国时期。

【案例七】

人教版五年级下册《草船借箭》教学片段之推断风向

师：草船借箭之所以能够成功，关键是诸葛亮神机妙算，能掐会算，他知人心、识天文、晓地理。你看，有雾顺风的天象他都知道，真让人佩服得五体投地。同学们，你们知道当时刮的是什么风吗？我们比比看，咱班谁能称得上"小诸葛"！

（生再沉默，无人作答……在老师引导学生大胆地猜猜看的时候，大家七嘴八舌地说了起来……）

生：我觉得应该是西风。

师：为什么？

生：《三国演义》中讲：赤壁之战前，诸葛亮"借东风"，这样才可以火攻，"万事俱备，只欠东风"就是从这里来的。现在草船借箭应该是相反的方向，所以，我猜测应该是西风。

师：大家给他掌声！你真了不起！一是你了解《三国演义》中的其他故事，二是你能根据这个故事进行合理的推理与分析，三是你还知道"万事俱备，只欠东风"这个成语的出处。太厉害了！可是，你说得还不够确切，如果是西风的话，只会有利于往东走，所以，这个风不是西风。是西南风，还是西北风呢？你还要晓地理才行啊！

生：西北风！因为诸葛亮在南岸，从北边刮来的风才行！

师：这只是其中一个思考方式。如果同学们具备丰富的地理常识和生活阅历的话，一下子就知道是西北风了，因为中国北冷南热，冷空气多产生于北方，冬季常刮西北风。但是，如果你不知道任何的常识，仅仅从文章的表述中，你能不能推断出当时的风向呢？找找草船借箭成功后，草船回来的有关语句！

生："船头朝东，船尾朝西"说明船可能往东走了。

生："叫二十条船驶回南岸"说明船往东南走了。

生：船往东南走而"顺风顺水"，既然是顺风，只能是西北风了！

师：你们太棒了！犹如诸葛在世，识天文，晓地理啊！个个"赛诸葛"！

可见，语文教学绝不仅仅是对字、词、句的理解与知识的传授，更应是方法的引导，思维的锻炼。

思考与练习

1. 请以人教版五年级下册《晏子使楚》为例，运用逻辑推理知识设计一个晏子如何三次反击楚王的教学案例。

2. 请就人教版二年级下册《蜜蜂引路》中"列宁如何找到养蜂人的？"给出有效的逻辑推理形式。

第七章　文体知识与教学

学习目标

1. 明确"文体"及其主要类型和分类角度,把握文学文体和实用文体的主要特征。
2. 理解"文体"之于语文教学的价值和意义,熟知小学生常见文体的基本知识。
3. 能从文体与跨文体的角度区分、确认小学语文课本中的文体类型。
4. 能够从文体的角度把握文本的文类特征,并据此确定教学内容。

第一节　文体知识概述

一、文体的概念

阅读与写作本质上都是一种"文体思维"。特定的表达目的需要相应的文体样式;文体样式不同,阅读方法也会有所差异。比如,我们通常不会用阅读新闻的方式去阅读诗歌,也不从诗歌阅读的视角——"意象"去读解新闻;当我们拟写一则以实用为目的的寻人启事时,我们断然不会考虑比喻、拟人等修辞手法的运用;当我们推敲论说文时,通常也不会从"悬念"的角度切入;只有当我们阅读绘本时,"图文合一"、"图文互补"才有可能是一个关键的切入点。

传统修辞学的主要流派大都把文体风格视为表达方式,如"词语的修饰"、"恰当的方式"、"文辞、技巧"、"熟练、技巧、机敏性","把大事说小,把小事说大的艺术"等。一般来说,文体学的操作定义通常包括:(1)文体是附加在思想上的外衣;(2)文体是恰当的表达方式;(3)文体是以最有效的方式讲适当的话;(4)文体是个人的语言特点;(5)文体是集合特点的总合;(6)文体是超出句子以外的语言单位之间的关系;(7)文体是对常规的偏离;(8)文体是选择;(9)文体是意义;(10)文体是语言的不同功能的表现。[①]

其中较有影响的文体理论主要:(1)把文体视为选择,即包括选择意义,也包括选择适当的语言形式;(2)把文体视为"偏离",即在常规的基础上产生的意义及形式变化;(3)把文体视为功能,即在特定情景语境中所起的作用。[②]

西方与文体相关的术语概念是 Style,这一概念在汉语中对应的概念主要有语体、文体、风格、文笔等。Style 主要有两类含义:一是指"说话或写作的格调,一般从非正式到正式之间变

---

① 张德禄. 语言的功能与文体[M]. 北京:高等教育出版社,2005:22.
② 张德禄. 功能文体学[M]. 济南:山东教育出版社,1998:39.

化,看情景的类型,说话的对象、地点、话题等而确定";二是指"一个人历来说话或写作的方式,或指某一段时期的说话或写作方式,如狄更斯的风格,莎士比亚的风格"。①

国内有学者将文体概念的涵义从三个层次上来界定:第一层是体裁的规范,第二层是语体的创造,第三层是风格的追求。并将文体界定为"一定的话语秩序所形成的文本体式,……文体是作品的语言秩序、语言体式"。②

常见的西方文体分类主要是按语域来进行的,③比如公文文体、新闻文体、科技文体、广告文体、商务文体、法律文体、体育文体、医学文体、教育文体等。其次,还可从功能视角区分出叙述体、论述体、抒情体等,从体裁视角的区分出诗歌、小说、戏剧、散文等,从文章或话语体裁的角度可以区分出刻板体、正式体、商洽体、随意体、抒情体等。

二、文学文体与实用文体

文体有广狭之分,广义的文体指各种语言变体,相当于语体,既包括文学文体,也包括实用文体;狭义的文体,专指文学文体。

文学文体,指文学类型对不同语言形式的选择。语言系统在语音、词汇、句法、段落和篇章等各个层面上都提供了选择的可能。不同的选择铸就了不同的文体模式。文学文体是语言学和文学批评相结合的产物。语言分析是文体学的基础和推动力,"我们对语言系统的运作知道得越多、越详细,对于文学文本所产生的效果就能达到更好、更深入的了解"。④ 文学文本与其他文本没有本质区别,但文学话语和其他话语却有不同,因为文学文本的"语境是一个话语世界,它的语境是动态的,是话语参与者共同创造出来的"。⑤

在社会功用、接受主体、思维方式、语体风格等各方面,实用文体与文学文体都有较大差异。实用文体有明确、具体的实用目的和功能,从文体特征来看,实用文体的文本结构是"言-意"式的两层结构,强调以言表意的直接性、便捷性、易读性⑥。实用文体应符合一般的语用交际规则,如合作原则、礼貌原则、明晰原则等,但在文学文体中,恰恰是对这些原则的"有意违背",从而制造出特定的阅读效果。

中西文学体裁有二分、三分、四分法等。二分法主要是指韵文和散文,三分法主要是指诗歌、散文、戏剧/神话;其中,四分法的影响最大,它主要包括诗歌、小说、散文、戏剧四大类。鉴于文学体裁的多样化和复杂性,有学者将文学体裁分为诗歌、小说、散文、戏剧、对联、传记、歌曲七种,并在诗歌、小说、散文、戏剧、对联体裁之下又各自分出若干副体裁(sub-genres)。比如诗歌包括四言诗、骚体诗、赋、乐府诗、歌行体、古体诗、近体诗、词、元曲、白话诗等;散文包括诸子散文、传记散文(书、记、碑、铭等)、骈文、游记散文等;小说又分为神话传说、寓言故事、史传

---

① 申丹.西方文体学的新发展[M].上海:上海外语教育出版社,2008;中文导读.
② [英]Elizabeth Black.语用文体学[M].北京:世界图书出版公司,2014;中文导读.
③ 语域,指特定群体所用的一种言语变体,该群体的人通常从事相同的职业(如医生、律师)或具有同样的兴趣(如集邮爱好者、足球球迷)。(引自《朗文语言教学及应用语言学辞典》,第392页)
④ 王荣生,宋冬生.语文学科知识与教学能力[M].北京:高等教育出版社,2011:15.
⑤ [英]Elizabeth Black.语用文体学[M].北京:世界图书出版公司,2014;中文导读.
⑥ 王荣生,宋冬生.语文学科知识与教学能力[M].北京:高等教育出版社,2011:26.

文学、志怪、志人、传奇、话本、章回、世情、公案等;戏剧又分为变文、杂剧、南戏、京昆、才子佳人剧、传奇历史剧等;对联又分为名胜联、喜庆联、题赠联等。①

前述从语域来划分的文体类型大都是实用类文体,日常实际使用的文体样式如学术论文、调查报告、科普文章、报刊言论、新闻、通讯、书评与影评、访谈录、说明书、留言、短信、电子邮件等都是实用类文体。中国古代的策论、诏令、序跋、奏议、箴铭等也是实用文体。

三、文体知识与小学语文教学

就当前中小学语文教学来说,一个比较重要的工作是有关文体知识的筛选与引进。不过,在小学语文教学中,有关文体的知识、类型、表述与具体使用还缺乏较合理、清晰的共识,相关分类与表述还缺乏逻辑上的一致性。有学者将"记叙文"、"议论文"和"说明文"的文体三分法称为"伪文体"和"教学文体",认为这种文体分类与"实际文体"并不相符。因为"在实际应用的写作中,并没有哪一种文体叫作记叙文,只有散文、小说、通讯、传记等;没有说明文,只有解说词、说明书、导游词、调查报告、实验报告等;没有议论文,只有杂文、新闻评论、文学评论、影视评论、学术论文等"。②

从《义务教育语文课程标准(2011年版)》1—3学段中有关文体类型的表述来看,较为宏观的表述是"诗文",其次是"文章",然后是"叙事性作品"和"说明性文章";较微观的表述是童话、寓言、故事、儿歌、儿童诗、古诗。"非连续性文本"只是一个文本类型判断。"课文"这一概念则能涵盖上述所有表述。这里的文体概念缺少较一致的层级区分,比如"叙事性作品"应该包括童话、寓言、故事,以及小说、戏剧、叙事散文、传记等;而"文章"应该包括散文、说明性文章等。从具体要求来看,对"课文"的要求是否适用于"文章"?反之亦然。比如"能联系上下文,理解词句的意思"这是对课文的要求,对于"文章"来说好像也适用;"能初步把握文章的主要内容"是对"文章"的要求,同理,对于"课文"来说当然也适用。实际上,相比于文体类型的多样性而言,无论是语文课程标准,还是小学语文教材里的文体类型都相对单一了些。(见表7-1)。

表7-1 《义务教育语文课程标准(2011年版)》中的文体名称与相关要求

学段	文体名称	相关表述与要求
第一学段 (1—2年级)	课文	结合上下文和生活实际了解课文中词句的意思,在阅读中积累词语
	童话、寓言、故事	阅读浅近的童话、寓言、故事,向往美好的情境,关心自然和生命,对感兴趣的人物和事件有自己的感受和想法,并乐于与人交流
	儿歌、儿童诗、古诗	诵读儿歌、儿童诗和浅近的古诗,展开想象,获得初步的情感体验,感受语言的优美

---

① 陈刚.文学多体裁翻译[M].杭州:浙江大学出版社,2015:13—36.
② 潘新和."文体""教学文体"及其他[J].中学语文教学,2007(12):3—6.

(续表)

学段	文体名称	相关表述与要求
第二学段 （3—4年级）	课文	能联系上下文，理解词句的意思，体会课文中关键词句表达情意的作用
	课文	积累课文中的优美词语、精彩句段，以及在课外阅读和生活中获得的语言材料
	文章	能初步把握文章的主要内容，体会文章表达的思想感情。能对课文中不理解的地方提出疑问
	诗文	诵读优秀诗文，注意在诵读过程中体验情感，展开想象，领悟诗文大意
	叙事性作品	能复述叙事性作品的大意，初步感受作品中生动的形象和优美的语言，关心作品中人物的命运和喜怒哀乐，与他人交流自己的阅读感受
第三学段 （5—6年级）	课文	能联系上下文和自己的积累，推想课文中有关词句的意思，辨别词语的感情色彩，体会其表达效果
	课文	在理解课文的过程中，体会顿号与逗号、分号与句号的不同用法
	文章	在阅读中了解文章的表达顺序，体会作者的思想感情，初步领悟文章的基本表达方法。在交流和讨论中，敢于提出看法，作出自己的判断
	诗文	诵读优秀诗文，注意通过语调、韵律、节奏等体味作品的内容和情感
	叙事性作品	阅读叙事性作品，了解事件梗概，能简单描述自己印象最深的场景、人物、细节，说出自己的喜爱、憎恶、崇敬、向往、同情等感受
	诗歌	阅读诗歌，大体把握诗意，想象诗歌描述的情境，体会作品的情感。受到优秀作品的感染和激励，向往和追求美好的理想
	说明性文章	阅读说明性文章，能抓住要点，了解文章的基本说明方法
	非连续性文本	阅读简单的非连续性文本，能从图文等组合材料中找出有价值的信息

  在中小学语文教学中，有学者建议从文学文体、实用文体的角度出发作出中观层面的文体划分，然后再就特定课文进行具体的文体判别。把课文归入某个文体类别，以期通过对"这一篇"课文的教学，学生能够触类旁通、"转个为类"，掌握一类文体的读写方法，建构一类文体的读写图式。

  从实用文体、文学文体这一角度来看，两种文体类型各有不同的读法与写法。有学者指出，实用文体的阅读主要有五种方式：(1)检视性阅读教学，用最快的速度获取文本表达的主要信息。(2)理解性阅读教学，用自己的话来转述文本表达的主要意思。(3)批判性阅读教学，先理解然后再评论文本表达的主要观点。(4)操作性阅读教学,领会文本表达的操作要领学会实际操作。(5)研究性阅读教学,借"作者的问题"思考"自己的问题"。文学文体的主要阅读方式有两种:(1)浸润式地感知文学作品。接纳作者虚构的世界,并浸润其中,享受阅读的过程和乐趣;感知由文字、声音唤起的形象和情感;在具象化的感知中,"看到"作者对社会和生活的"观念",并与自己的人生价值和生活意义相关联。(2)借助文学解读的工具或行家的指点,扩展、加深对作品的理解和感受,看到自己原本看不到的地方、看不出的意思和意味。①

虽然这种基于文体类型的阅读方式区分还有不够完善的地方,比如"实用文体"中的"理解性阅读"、"批判性阅读"和"研究性阅读"同样适用于"文学文体"的阅读,但这种阅读教学中的"文体意识"——基于文体特点的阅读方式和阅读教学,是语文教学中亟需强化的。

在教学实践中,比较关键的环节是"辨别"课文的文体类型。因为大多数语文教材是以"主题组元"的方式编排的,我们可以尝试根据"文体类型"重组教材篇目,以此实现"转个为类"的教学目的。比如有教师将苏教版六年级上册七个单元的25篇课文重组为"五个文体阅读单元:(1)记叙文单元:《郑成功》《把我的心脏带回祖国》《钱学森》《詹天佑》。(2)说明文单元:《麋鹿》《大自然的文字》《学与问》《一本男孩子必读的书》《养成读报的好习惯》。(3)小说单元:《船长》《爱之链》《牛郎织女》。(4)散文单元:《姥姥的剪纸》《安塞腰鼓》《青海高原一株柳》《草原》《鞋匠的儿子》。(5)报告文学单元:《最后的姿势》《小草和大树》《轮椅上的霍金》②。

当然,对于小学语文教学来说,文体辨别的困难在于存在大量带有"跨文体"特征的课文。比如在实际教学中,苏教版四年级上册课文《雾凇》至少有说明文、科普小品、状物散文、写景文、解说词等的文体类型判定。其判定理由分别是:(1)说明文——课文主要是说明、介绍"雾凇"及其形成的条件、过程。(2)科普小品——课文兼具说明文的准确性与小品文的生动性。(3)状物散文——课文既有对雾凇的描述,也有感情的抒发。(4)写景文——生动、形象地描写了雾凇形成的景象,给人身临其境的感觉。(5)解说词——课文的主要内容在于描摹与介绍雾凇形成的条件、过程和情景,既有准确明白的特点,也有真切动人之处。在实际教学中,对《雾凇》一课的文体类型判定将会影响教学内容的选择与确定:如果将它看成说明文的话,说明的对象、方法、顺序,说明的语言等可能是教学重点;如果将它看成科普小品的话,准确性与生动性的双重特点可能是教学重点;如果是散文的话,情感体验就可能成为教学的重点指向。

再如人教版六年级上册《唯一的听众》一课,在实际教学中,许多老师是将它当成"记叙文"来教的。如果是记叙文的话,也就意味着文中之事可能是"实有之事",但事实上无论是文中之事,还是课文作者都找不到"实有其事"的证据。如果将它当成"叙事散文"来教的话,解读的重点会聚焦在"作者的情意经验"上,但既然作者与文中之事都不可证实的话,所谓"作者的情意经验"也较难落实。如果把它当成"小小说"来教,那么,"虚构"这一小说的文体特征就很容易把前述问题消解掉;这篇小小说的教学内容可落在下述几个方面:(1)作为小小说的构思之巧;(2)氛围的营造与情调问题;(3)我与老妇人,即感受与感觉的交互。

"辨别"文体类型之后的另一重要工作是"提取"特定文体类型的"关键属性",从而据此确

---

① 薛法根.识体·适体·得体——文体分类教学的价值考量[J].语文教学通讯(小学刊),2016(9).
② 薛法根.识体·适体·得体——文体分类教学的价值考量[J].语文教学通讯(小学刊),2016(9).

定教学内容。提取关键属性的前提是明确不同文体的"特质",比如小说这类文体相关的特质有人物、情节、主题、虚构等,童话的特质有想象、幻想、主题、人物、情节等,诗歌的特质则包括想象、意象、节奏、情感等。当我们在追究特定文体类型的"特质"时,就在逐渐接近"这一篇"课文的"关键属性"了;当识别了"这一篇"课文的关键属性时,"教这篇课文教什么"的问题也就比较容易解决了。

结合已有研究成果,从便于教学操作以及与写作文体类型统一的角度来看,我们建议将文体类型区分为实用文体和文学文体两大类,前者主要指的是实用性文章,它们"以实际应用为目的,是学生走上社会、适应社会所必需的文体";后者主要是指各类文学作品,更多指向"熏陶,着眼于学生的精神成长"[①]。此外,再从表达方式的角度进一步区分出记叙类(包括记述和描写)、说明类、论辩类等。这两个分类视角各有交叉:比如虚构类和非虚构类文学文体中都有大量记叙的表达方式;实用文体中的消息、通讯和日记等也以记叙为主要的表达方式(见表 7-2)。

表 7-2　小学语文教材选文的文体分类框架

文体类型			主要表达方式	课文列举
文学文体	记叙类	虚构	记述、描写等	
		小说		《凡卡》
		寓言		《葡萄是酸的》
		童话		《去年的树》
		戏剧		《负荆请罪》
		传说/传奇/故事		《牛郎织女》
		绘本		
		非虚构		
		传记		《少年王勃》
		报告文学		《跨越海峡的生命桥》
		散文		《慈母情深》
	诗歌		描写、记述等	《枫桥夜泊》
实用文体	说明类	科普文章	说明、介绍等	《琥珀》
		社科文章		《精读与略读》
		解说词		
		序跋文		
		说明书		
	论辩类	论说文	论证、阐释等	
		杂文/随笔		《真理诞生于一百个问号之后》
		演讲稿		
		文学评论(影评、书评等)		

[①] 陈先云. 文体协调:小学语文教科书选文的语言形式标准[J]. 课程·教材·教法,2016(12):47—53.

(续表)

文体类型			主要表达方式	课文列举
其他类	新闻类	消息、通讯、社论等	记述、描写等	《开国大典》
	公务类	公告、通知等	陈述、说明等	
	行业类	计划、总结等		
	日常类	留言、书信等		

当然,因为分类视角的繁杂,这样一个文体分类框架在逻辑上也还有不够完善之处,与事实上的文体类型也可能有相当的差异。不过,作为一个权宜之计,我们的确需要一个相对明确的文体分类框架,作为教材编制和阅读教学的基本参考依据。接下来,我们准备结合具体课文,聚集小学语文教学中的几类主导文体,介绍一下记叙类、说明类、散文类和绘本类的文体知识与教学问题。

思考与练习

1. 尝试用自己的话给"文体"下一个定义。
2. 选定你认可的文体分类框架,并尝试用这个框架梳理、分析某一册语文教科书中的文体类型。
3. 什么叫"跨文体"?从小学语文教科书中选出一篇典型的"跨文体"类课文加以分析。

第二节　记叙类文体知识与教学

一、记叙类文体知识概述

记叙类文本是小学语文教材中选入比例最大的一类。与"记叙"相关的常用概念还有"叙述"、"叙事"、"记述"等。从文学理论的研究成果来看,相关知识也很丰富,比如对"叙述"的知识开发,就包括"叙述的快慢(详略)"、"叙述的倒错"、"过去的现在化"、"观点的一致与移动"、"直接经验和间接经验"、"叙述的场面"、"虚构与非虚构"、"主观与客观"、"作者客观的态度与全知的态度"、"第一人称与第二人称"等内容。此外,诸如视角、人称、人物、情节、节奏、主题、冲突、对话、场景、结构、动作、语言风格、故事语法、叙事时间、悬念、铺垫、伏笔、照应、欧亨利式结尾、冰山理论等也都是与记叙相关的文体知识。具体到语文教学中,我们需要做的主要是关注"这一篇"记叙类文本的文体特质,提取其关键特征,进而确定合宜的教学内容。

二、记叙类文体的教学

(一)叙事特质的把握:以沪教版三年级上册《少年王勃》为例

把握记叙类文体的叙事特质,重点要关注两点:一,好故事的关键在于"波澜","波澜"来自"欲望"、"困境";二,关注叙事,其实主要是在关注"叙事的方式和意味"。

作为一种最常见，也最容易"进入"的读写活动，"记叙"不但存在于许多文体样式中，比如传说、寓言、民间故事、传奇、神话、传记、小说、散文、戏剧、新闻，甚至诗歌和科普小品（如《奇异的琥珀》）等，也存在于我们的日常生活中。比如，"在刚刚过去的半小时内，我在办公室整理好学生的论文，然后到文印室请人装订，然后返回，冲茶，看书，想教学设计的问题"——当"我"把半个小时里发生的几个"小事情"概述出来的时候，我就是在记叙。

当然这只是一般的日常叙事，我们的生活中充满了这种平淡无奇、波澜不惊的"小事情"，它们发生了，然后过去了——它勾不起我们"叙事"的动机、意愿，因为它实在太平常不过了，我们的人生就是由这样一个个"小事情"构筑起来的：打字、喝茶、逛街、购物、备课、看书、开会、阅卷、做饭、散步、生气、吵架、空想……什么时候，这些发生了的"小事情"才会激发起我们"叙述"——实述或虚构的意愿呢？当那些"小事情"看起来不那么平淡无奇的时候，当它们令人惊讶、悲伤、欢喜、沮丧的时候，当它们有意思、有意味、有意义的时候……比如《世说新语》里的这一则：

王子猷居山阴，夜大雪，眠觉，开室命酌酒，四望皎然。因起彷徨，咏左思《招隐诗》。忽忆戴安道。时戴在剡，即便夜乘小舟就之。经宿方至，造门不前而返。人问其故，王曰："吾本乘兴而行，兴尽而返，何必见戴？"

王子猷访戴安道"乘兴而行，兴尽而返"的率性任情的潇洒就是这则"小事情"的意思和意义，它拉开了我们这些普通人与王子猷的距离，拉开了世俗生活与诗意生活的距离，它给我们一个心向往之的境界。再如《契诃夫手记》里的一则：

某五等文官死后人们才知道，他曾经为了赚一个卢布到剧院里去学过狗叫。他穷。

这几乎是实际生活事件的如实叙述，没有任何加工，人们对五等文官过去不堪的经历是在他死后才知道的，而这简单的叙述包含了许多令人惊讶和出人意料的内容：他曾经很穷！他穷到为了赚一个卢布到剧院学狗叫！他后来居然成了五等文官！他以前的经历没人知晓！他死后这些才被人获知！这种惊讶感不只事件里的人们感到惊讶，我们读到这两句话后也会有此感受。当然，如果从叙事的角度来看，这两句话也有一个叙事的角度问题——"谁来讲述这个故事"与故事令人惊讶的效果之间是有联系的。不过，即使如此，这个命运波澜起伏的五等文官所经历的事情、事件，已经有足够的"意思"和"意味"来"叙述"了。

事情、事件发生了，如果不把它讲述出来，就不称其为"故事"，也没有发生"叙事"这一行为。所谓"叙事"，就是把发生过的事情、事件以特定的方式讲述出来。与此相关的要素就包括"为什么讲"、"谁讲"、"讲给谁听"、"怎么讲"等。这里的"怎么讲"又可能包括"从哪里讲起"、"写实还是虚构"等。当我们考虑这些相关因素时，就是在考虑"如何叙事"了，或者说就是在考虑"叙事的方式与意味"了。换句话说，就是怎么讲述这个故事，才能更好地传达出故事的意思、意味或意义呢？

那么"叙事"的要素有哪些呢？与此相关的关键词也有好多，比如情节、人物、结构、视角、主题、场景、对话、动作、基调、风格、语气等①。其中与"情节"有关的关键词又包括：（1）开端、发展、高潮、结局；（2）情节点、叙事弧线、困境等。与"视角"相关的关键词又包括：人称、全知、

---

① ［美］詹姆斯·S·布朗等.实用文学研究导论[M].罗长青，译.北京：中国社会科学出版社，2011：67—90.

限知等,它的主要关注点在于"谁在讲述这个故事",从谁的角度"看到"这个故事,因为特定视角会呈现或遮蔽一些内容。

在这些关键词中,在诸多叙事的关键要素里,尤其关键,区别于其他文本类型——如抒情、议论、说明等的应该是"情节"。一般来说,叙事+情节=故事。"叙事"不等于"情节",情节是"事件的叙述,重点在因果关系上":"国王死了,王后也死了。"这是叙事;"国王死了,王后也因此悲伤而死。"这是情节①。故事由一系列情节点推进的,它推动故事朝向一个新的方向发展。而情节的构成关键在于波澜,波澜来自欲望和困境:问题构成困境,困境即欲望,一旦欲望启动,一个潜在故事就被启动了;困境越大,故事越大。有学者用"叙事弧线"来表述一个完整故事的叙述与展开②(见图7-1)。

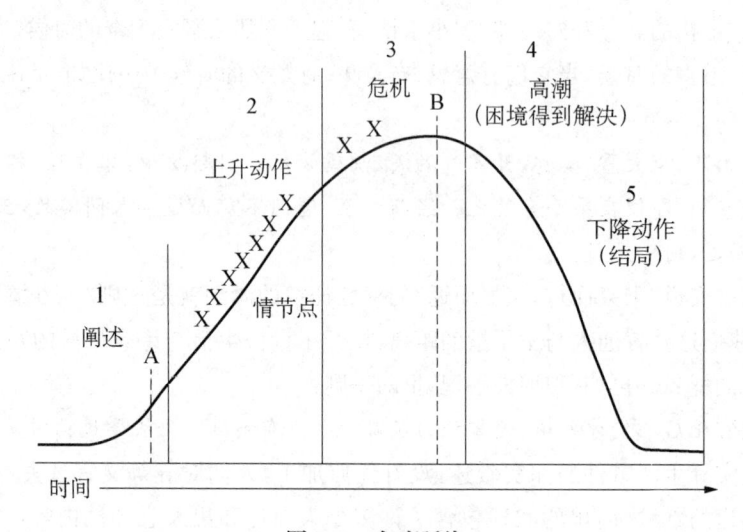

图7-1 叙事弧线

接下来,我们以《少年王勃》为例,从"情节"与"叙事效果"这一角度谈谈欲望、困境之于情节、好故事的重要性。为了说明问题,引入了同一故事的两个版本——教材版和《唐摭言》版(见表7-3),主要差异在于"叙事的方式"。

表7-3 教材版和《唐摭言》版少年王勃的故事

教材版	《唐摭言》版
有一年,少年王勃到远方去探望父亲。路过南昌时,滕王阁刚刚整修一新。一位姓阎的都督正准备在滕王阁举行宴会,听说王勃很有才气,便邀请他也来参加。重阳节那天,前来参加宴会的人很多。都督要求客人写一篇庆贺文章,在座的你看看我,我看看你,谁也不敢答应。 这时王勃正站在窗前,凝望江上迷人的秋景:远处,天连着水,水连着天,水天一色。一只野鸭正披着落日	王勃著《滕王阁序》,时年十四。都督阎公不之信。勃虽在座,而阎公意属婿孟学士者为之,已宿构矣。及从纸笔巡让宾客,勃不辞让。公大怒,拂衣而去,专会人伺其下笔。第一报云:"南昌故郡,洪都新府。"公曰:"亦是老生常谈。"又报曰:"星公翼轸,地接衡庐。"公闻之,沈吟不言。又云:"落霞与孤鹜齐飞,秋水共长天一色。"公矍然而起

---

① [美]福斯特.小说面面观[M].苏炳文,译.广州:花城出版社,1984:26.
② [美]哈特.故事技巧:叙事性非虚构文学写作指南[M].曾轶峰,译.北京:中国人民大学出版社,2012:22.

(续表)

教材版	《唐摭言》版
的余晖缓缓地飞翔，灿烂的云霞在天边轻轻地飘荡…… 　　王勃边看边想，突然回转身来，胸有成竹地说："让我来试试吧！"他文思如泉，笔走如飞，不一会儿就写成了。当那位都督听人读到"落霞与孤鹜齐飞，秋水共长天一色"这句时，竟忍不住地拍案叫绝："奇才！真是奇才！" 　　王勃写的这篇《滕王阁序》，成了千古传诵的名文。	曰："此真天才，当垂不朽矣！"遂亟请宴所，极欢而罢。

教材版《少年王勃》只在"都督要求客人写一篇庆贺文章，在座的你看看我，我看看你，谁也不敢答应"这一处情节点上设置了困境，除此以外，整个故事平铺直叙、波澜不惊、意趣寡淡。即使是这一处困境与波澜，也并非"王勃"与"都督"之间的冲突，而是"都督"与"客人"之间的。但《唐摭言》版就不同了，几乎步步困境，处处波澜：

波澜一是"时年十四"，突出王勃年龄之小；

波澜二是"不之信"，强调不被都督信任；

波澜三是"已宿构"，说明已有成文写好；

波澜四是"不辞让"，十四岁的王勃居然不谦虚辞让；

波澜五是"公大怒"，王勃的不辞让激怒了都督；

波澜六是"伺其下笔"，都督虽然大怒，但还是想看看王勃到底写成什么样子；

波澜七是"老生常谈"，从都督的角度看无波澜，但从王勃的角度看，好像他处境艰难了；

波澜八是"沉吟不言"，情况有了转机；

波澜九是"矍然而起"，连曾经"不之信"、"已宿构"、"拂衣去"的都督都没办法不赞叹了！

与《唐摭言》版九重波澜所制造的叙事效果相比，教材版的平铺直叙实在是对一个"好故事"的失败改编。也正是因此，我们在面对教材版《少年王勃》时，教学解读可能难以深入下去，教学内容的确定也会成为问题。为此，我们也许可以在教学解读和选择教学内容时，引入《唐摭言》，通过两种叙事方式的比较，体会各自不同的叙事效果。这样的话，聚焦叙事类文本特性展开解读和教学，跟孤立地教一个失败的故事文本相比，也许效果要好一些。

（二）叙事类文本的教学解读：以苏教版三年级下册《日月潭的传说》和沪教版三年级上册《葡萄是酸的》为例

叙事文本的教学解读，应关注"叙事的要素"，聚焦"这一个"故事及其叙述方式。

《日月潭的传说》和《葡萄是酸的》（见表7-4）也都是叙事类作品，但它们与前述人物传记式的《少年王勃》有所不同：(1)一个是传说故事，一个是寓言故事；(2)它们又都是虚构性的故事；(3)虽然它们都是虚构性的故事，但与一般的小说虚构又有所不同。如何把握它们的文本特性，进而基于文本特性和学情状况选择教学内容，这是我们在文本解读、教学设计环节需要关注的重点。

表 7-4 《日月潭的传说》《葡萄是酸的》课文

日月潭的传说	葡萄是酸的
日月潭是我国台湾省最大的一个湖泊。那里青山环抱，树木葱茏，是个著名的风景区。说起日月潭，还有一个动人的传说呢。 　　很久很久以前，两条恶龙吞吃了太阳和月亮，天地间漆黑一团。 　　为了降伏恶龙，拯救日月，人们聚集在一起商量办法。有人说："恶龙躲在潭底，只有请到水性特别好的人才能战胜它们。"还有人说："恶龙非常凶猛，只有拿到阿里山里的金斧头和金剪刀，才能将它们制服。"可哪儿去找水性特别好的人呢？怎么才能得到阿里山里的金斧头和金剪刀呢？就在人们一筹莫展的时候，年轻的渔民大尖哥和水社姐挺身而出，要去降伏恶龙。 　　大尖哥和水社姐手拿砍刀，高举火把，来到阿里山。他们翻山越岭，披荆斩棘，吃尽了千辛万苦，终于从阿里山的山洞里拿到了金斧头和金剪刀。回到潭边，他俩又冒着生命危险，纵身潜入湖底，与两条恶龙激战了三天三夜。大尖哥用金斧头砍死了它们，水社姐用金剪刀剪开了龙肚子，救出了太阳和月亮，人们重又见到了光明。 　　大尖哥和水社姐又累又饿，便用龙肉来充饥。他们吃下龙肉后，身子就一个劲地往上长。转眼间，大尖哥和水社姐就化作了两座青山，永远地守卫在潭的两边。 　　人们为了纪念这两位为民造福的年轻英雄，就把这两座山命名为大尖山和水社山，把这个潭叫作日月潭。	（一） 　　狐狸饥饿，看见架上挂着一串串的葡萄，想摘，又摘不到。临走时，自言自语地说："还是酸的。" 　　（二） 　　狐狸看到了成串成串的熟透了的葡萄，它在想怎么才能吃到它们。 　　它跳了半天，但总没有能吃到葡萄。为了使自己不至于太难过，它说："葡萄是酸的。" 　　（三） 　　饥饿的狐狸越过果树园的墙头，看到了丰盛的成串成串的葡萄。狐狸的视线一落到葡萄上，眼睛和牙齿都发亮了。多汁的葡萄在阳光中亮晶晶的像碧玉一般，唯一的遗憾是葡萄都挂得高高的，狐狸无论怎么也挨不近抓不住。眼睛看得见，牙齿可咬不着。 　　狐狸白费了一个钟头，它只好走了。它愤愤地说道："算了！虽然看上去挺好，实际上却都没有成熟！没有一颗不是酸的！我又何必叫我的牙齿酸得咯咯咯地发响呢？"

　　作为普通读者，当我们面对《日月潭的传说》时，会把它当成一个好玩的故事来读，不太会考虑它究竟"好玩在哪里"。当我们作为解读者、教师读者时，这个问题就会提出来了。具体来说，就是作为"传说"故事，《日月潭的传说》究竟有什么特点呢？通过梳理，我们会发现：

　　（1）故事是怎么形成的——累加细节在故事创作中的作用，以及故事的再加工；

　　（2）传说故事的故事语法——克服障碍、克制敌人的条件：关于人的，关于物的，奇人＋法宝；

　　（3）传说重点在"传"和"说"——传说的文体特点在于传＋说，你传给我，我传给他听。口头的、即时的、现场的、再加工的、渲染的、追求惊奇效果的，因而其情节构造是非逻辑化的，比如他们饿了就吃龙肉，为什么吃龙肉不吃其他东西？这很血腥啊！他们吃了龙肉后就身体长高长大，为什么呢？这里面的逻辑是特殊"故事语法"的传奇化的逻辑，而非现实逻辑，也不是小说的叙事逻辑，虽然同小说一样，它的情节也有困境与波澜。但是这样不合逻辑的叙事会产生一种"奇特"、"奇异"的叙事效果，而这可能就是"传说故事"这类叙事作品的独特之处。

　　把握了《日月潭的传说》这一篇课文的特性之后，我们再来考虑教学内容的选择问题就方便一些了。比如，我们可否通过"故事再构"的方式把"传说"改造成"小说"或其他叙事类文体？故事再构的方式就是补充细节、增加逻辑关联吗？

　　就《葡萄是酸的》这篇课文来看，它的独特性首先在于一个寓言三种讲法的呈现方式。不过，这篇课文的教学解读与处理的问题往往也与此有关。比如通常我们理解这篇课文时，往往会有这样的结论：(1)狐狸是自欺欺人的；(2)狐狸之所以自欺欺人，是因为它吃不到葡萄说葡萄酸；(3)篇幅越长的寓言，故事讲述得越好；(4)篇幅长的寓言好在描写的具体上。不过，我们的问题是：

① 狐狸真的是自欺欺人吗？——它有自欺，但好像没有欺人；

② 狐狸为什么自欺？——吃不到葡萄说葡萄酸。但它为什么吃不到葡萄就说葡萄酸呢？它完全可以实事求是地说"葡萄虽然挺好，但我吃不到"啊，那它为什么用歪曲事实的方式说"葡萄是酸的"？

③ 狐狸是怎么自欺的？——它吃不到葡萄说葡萄酸。寓言有关这一问题的叙述真的这么简单吗？

④ 在课堂上有学生肯定了狐狸的自我安慰，认为这是"值得学习的"，对此，老师当如何回应？——狐狸这样的行为能算是"值得学习"的"自我安慰"吗？

⑤ 篇幅越长的寓言，故事讲述得越好吗？——第三则最长，它就是最好的故事吗？它是好在具体上吗？为什么"具体"就好了呢？好在哪里？

⑥ 作为寓言故事，《葡萄是酸的》到底可以从什么角度切入来解读呢？

这些问题如果未能解决的话，我们对这则寓言的理解可能还是不到位，学生的理解也可能还是停留在"自欺欺人"、"自我安慰"、"生动的比喻，具体的描写"上。教学这篇课文，如果仅仅停留在这个层次上，好像还不够。就上述问题来看，结合这篇课文的特点，我们以为：

第一，狐狸是自欺，而没欺人；它之所以自欺，是因为不敢面对一个"失败的自我"，也就是不肯承认自己的"无能为力"，它的这种自欺有点像阿Q的"精神胜利法"。

第二，狐狸的自欺逻辑严密：葡萄是酸的——没有一颗不酸（言外意：如果有一颗不酸，那狐狸就有吃的理由）——在这种情形下，如果狐狸吃了葡萄，会导致"牙齿咯咯咯发响"的后果；——结论是：在这种情形下，谁吃葡萄谁犯傻。

第三，狐狸的自欺能否算是自我安慰？这要看文本细节，如果根据第二则寓言得出这样的结论，无可厚非，因为它只说"狐狸看到了成串成串的熟透了的葡萄"，未曾言明这葡萄是野生的，还是家养的。但第一则，尤其是第三则是"越过果树园的墙头，看到了丰盛的成串成串的葡萄"，表明这里的葡萄并非野生——偷吃葡萄而未得，这种行为就不能算是"自我安慰"了，这就好比小偷入室盗窃未果，我们也很难说小偷这种自我安慰的行为值得学习一样。

第四，从叙事的角度来看，第三则寓言的确要好于前面两则，但好在哪里呢？"具体"只是一个表面的现象，并非具体的都是好的。我们要考虑的是为什么"具体"了就有意思了？这就跟我们前面提到的叙事要素有关了。我们以为，这里的"具体"跟叙事的"欲望"和"困境"有关：葡萄越成熟，越诱人，狐狸想吃它的欲望就越强烈；狐狸的欲望越强烈，其吃葡萄的行为就越努力，越持久（事实上，跳几跳之后就可以作出判断——吃不到葡萄，但它还不死心）；很想吃，也付出了很多努力，却最终还是吃不到，这样，故事的"困境"就被放大了，叙事的效果就出来了。

第五，除了从上述情节构造的"欲望"与"困境"切入外，我们还可以从"两重性"的角度切入来理解寓言故事。维果茨基用"两重性"和"感情逆行"解释寓言这类文本的叙事特性[①]。所谓

---

① [苏]列·谢·维果茨基. 艺术心理学[M]. 周新，译. 上海：上海文艺出版社，1985：157.

"两重性"指的是寓言故事体现出来的感情通常是沿着两个对立的方向发展。比如《狐狸和乌鸦》,狐狸一方面是阿谀者,一方面又是嘲笑者,它一边阿谀乌鸦,同时又以嘲笑乌鸦,"它所说的每句奉承话听起来都像是包涵着两层意思:既是阿谀,又是嘲弄"。就《葡萄是酸的》而言,也有两重性问题:我们能够从寓言中读到一个失败的、沮丧的狐狸,同时又能看到一个胜利的、聪明的、心安理得的狐狸;从某种程度上讲,狐狸越是心安理得,它不敢面对失败的心理也就越强烈和突出。

（三）叙事类文本"读写结合"训练的设计:以人教版六年级上册《军神》为例

文本的教学解读是叙事类文本读写结合设计的前提和基础,可从叙事要素、表达训练的角度建构二维框架,作为读写结合训练设计的工具。

在日常教学中,我们常常会涉及读写结合的训练,那么,就叙事类文本来说,读写结合的训练应该从哪些角度切入、展开呢？接下来,我们以《军神》为例谈一谈,如何从叙事要素与表达训练的角度展开读写结合训练设计。

军神

一家德国人开设的诊所里,医生沃克换上手术服,洗净手,戴上消毒手套,准备给一个年轻人做眼科手术。

这时,护士跑过来,低声告诉他:这位病人拒绝用麻醉剂。沃克的眉毛扬了起来。他走进手术室,用教训的口吻说:"年轻人,在这儿要听医生的。"

病人平静地回答:"先生,眼睛离大脑太近,我担心施行麻醉会影响神经。而我,今后需要一个清醒的大脑!"

沃克怔住了:"你,你能忍受吗？你的右眼需要摘除坏死的眼球,把烂肉一刀一刀割掉!"

"试试看吧。"

手术台上,一向从容镇定的沃克医生额头上汗涔(cén)涔的,双手有些颤抖。"要是忍不住,你可以哼叫。"他告诉病人。

病人一声不哼。他双手紧紧攥住身下的白垫单,手臂上青筋暴起,崭新的白垫单居然被他抓破了。

手术做完了,沃克医生擦着汗走过来,由衷地说:"年轻人,我真担心你会晕过去。"

病人脸色苍白,勉强一笑,说:"我一直在数你的刀数。"

沃克医生吓了一跳,有些不相信:"我割了多少刀？"

"七十二刀。"

沃克惊呆了,失声嚷道:"啊！你是一个真正的男子汉,一块会说话的钢板！如果你是一位军人,那么,你就是一个'军神'！"

"你过奖了。"病人轻声回答。

这位年轻人后来成了赫赫有名的将军。他,就是中国人民解放军的刘伯承元帅。

面对一篇叙事类文本——《军神》是名人故事,当我们在考虑读写结合——一个先入为主的设计要求——训练时,我们应该至少从两个角度切入:一是叙事的要素,二是表达训练的方式。从这两个角度切入,构建一个二维框架,然后结合课文的特点,二维交叉,就可以创生出不同的训练点,比如,我们将叙事要素的"情节"与表达训练的"重构"结合,就产生了对《军神》情节的重构这样一个读写结合活动(见表7-5)。

表7-5 基于叙事要素和表达训练方式的二维框架示例

顺序 情节 视角/人称 场景/环境 动作 对话 主题 人物 ……	
	模仿 变式 补白 复述 重构 创想 ……

这里的二维框架具有教学设计工具的功能,我们可以根据它来寻找读写结合的若干可能性,然后再从这些可能性中选定我们的训练点(见表7-6)。

表7-6 基于二维框架的读写结合点确定

表达训练	文体特点	训练要求	《军神》设计示例
模仿	动作	身体/心理感觉的动作表现	打针时的小孩动作
变式	顺序	调整叙事的顺序	重设故事起点:病人一声不哼……
	语言	繁简变换	
		增删处理	删除"勉强一笑"效果如何
补白	动作-心理	动作、神态的心理活动	沃克医生做手术时的心理
	情节	补充略去的情节	
复述	人称	变换人称讲述故事	从一个士兵或沃克医生的角度
重构	词语链	基于词语链的文意理解	扬眉—教训—怔住—颤抖
	情节	增设困境/波澜	
创想	人物	人物心理/动作表现	想象一个听故事人的动作、表情
	环境	环境描写	想象手术时的天气、环境状况
	情节	画出叙事弧线(图示化表达)	刘伯承和沃克的情绪发展线
	环境	信息提取与环境图示	

关于叙事类文本阅读教学中的读写结合设计,我们需要强调的是:(1)"叙事"的本质是"事+叙",即发生了什么事情、事件,如何讲述、呈现它?(2)基于阅读的表达训练,其前提和基础是阅读,读写活动可能都要充分;(3)既要在训练中获得语文经历/表达实践经验,又要习得

阅读与表达方法；(4)叙事作品又有不同类型，寓言、童话、传记、散文、小说、传说……我们一定要关注"这一个故事"的特性。

> **思考与练习**
>
> 1. "记叙类"文体包括哪些"亚文类"？虚构与非虚构类记叙文体的特征是什么？
> 2. 梳理、分析某册语文教科书中的记叙类文体样式。
> 3. 试从小学语文教科书中选出典型课文，借以说明童话、寓言、小说和叙事散文的文体特征，以及在阅读教学中确定教学内容的依据与方法。

第三节　说明类文体知识与教学

一、说明类文体知识概述

说明类文体在英语中的表述通常是"expository writing"，主要指的是说明、解释、阐述、讲解等。说明类文体主要是"提供某一主题的信息或者解释某一问题"，其扩展形式包括"举例、描述做一件事情或者制作一件东西的过程、分析原因和结果、比较和/或对照、给术语或者概念下定义和把事物分解成部分或者分成类别"。①

按照说明的对象，说明类文体可分为：(1)事物说明，如说明书、景点介绍等；(2)事理说明，如对原理、策略、规律、现象或理论的解释说明等；(3)过程说明，如使用操作指南、说明书、旅游攻略等。从说明文的语言风格来看，可分为文艺性说明和平实性说明，前者比如科普小品。在中小学语文教科书中，说明类文体的主要种类是科普小品。

说明类文章有两个关键点："一是如何获得妥帖的解答，二是如何向别人明白地阐述。"根据这样的关键要求，说明类文章通常需要关注：(1)科学观察、实验、调查，资料的梳理和运用；(2)关键术语的呈现与阐释；(3)有条理的说明顺序；(4)准确可靠的信息；(5)多样化的信息呈现方式与说明方法；(6)特定的结构组织方式；(7)精准、可靠的语言表述等。②

二、说明类文体的教学

如前所述，当前，中小学语文教科书中说明类文体的主导类型是科普小品。关于科普小品，我们所熟知的文体特征是它的"两栖性"：既有一般说明文的准确性，也有小品文的生动性。具体来看，科普类说明文需要关注的问题有：科普说明文主要是教怎么说明，即怎么"以科普的方式"说明事物、现象、原理的，而不是教它说明的那个具体知识；但是，它说明的那个知识也要理解——不理解就不算"读懂"了这篇课文；科普说明文和其他文章一样，同样要关注说了什么和怎么说的问题，关注那个"说了什么"主要是从"阅读理解"的角度来谈的，而不是从"知识拓宽"的角度来讲的，当我们调用或拓展有关"知识层面"的内容时，一定要与"阅读理解"

---

① [新]Jack C. Richards 等. 朗文语言教学与应用语言学词典[M]. 北京：外语教学与研究出版社，2005：435.
② 王荣生，宋冬生. 语文学科知识与教学能力[M]. 北京：高等教育出版社，2011：35—37.

活动有关才好;只有从这个意义上,我们教学科普说明文,才算是"语文课"而非"自然常识课"或"科学课"。

有教师在教学《雾凇》一文时,抓住"水汽、雾气、霜花、雾凇"这四个关键词,理出几组"词串"(比如,描摹雾气变化的——弥漫、飘荡、涌向、笼罩、淹没、模糊、蒸腾;体现雾凇形态变化的——白银、银线、银条、银松雪柳)展开教学。这种教学处理类似于抓住了说明文"关键术语的呈现与阐释"。

接下来,我们以语文S版六年级上册《奇异的琥珀》为例,谈谈科普小品的教学问题。

奇异的琥珀

这个故事发生在很久很久以前,约摸算来,总有一万年了。

一个夏天,太阳暖暖地照着,海在很远的地方翻腾怒吼,绿叶在树顶上飒飒地响。

一只小苍蝇展开柔嫩的绿翅膀,在太阳光里快乐地飞舞。后来,它嗡嗡地穿过草地,飞进树林。那里长着许多高大的松树,太阳照得火热,可以闻到一股松脂的香味。

小苍蝇停在一棵大松树上。它伸起腿来掸掸翅膀,拂拭那长着一对红眼睛的圆脑袋。它飞了大半天,身上已经沾满了灰尘。

忽然,有只蜘蛛慢慢地爬过来,想把苍蝇当作一顿美餐。它小心地划动长长的腿,沿着树干向下爬,离小苍蝇越来越近了。

晌午的太阳光热辣辣地照射着整个树林。许多老松树渗出厚厚的松脂,在太阳光里散发出金黄的光彩。

蜘蛛刚扑过去,突然发生了一件可怕的事情:一大滴松脂从树上滴下来,刚好落在树干上,把苍蝇和蜘蛛一齐包在里头。

小苍蝇不能掸翅膀了,蜘蛛也不用再想什么美餐了。两只小虫都淹没在老松树黄色的泪珠里。它们前俯后仰地挣扎了一番,终于不动了。

松脂继续滴下来,最后积成了一个松脂球,把两只小虫重重包裹在里面。

几十年,几百年,几千年,时间一转眼就过去了。后来,陆地渐渐沉下去,海水渐渐漫上来,逼近那古老的森林。有一天,水把森林淹没了。波浪不断地冲刷树干,甚至把树连根拔起。树慢慢地腐烂了,剩下的只有那些松脂球,淹没在泥沙下面。

又是几千年过去了,那些松脂球成了化石。

海风猛烈地吹,澎湃的波涛把海里的泥沙卷到岸边。

有个渔民带着儿子走过海滩。那孩子赤着脚,他踏着了沙里一块硬东西,就把它挖了出来。

"爸爸,你看!"他快活地叫起来,"这是什么?"

他爸爸接过来,仔细地看了看。

"这是琥珀,孩子。"他高兴地说,"有两个小东西关在里面呢,一只苍蝇,一只蜘蛛。这是很少见的"。

在那块透明的琥珀里面,两个小东西仍旧好好地趴着。我们可以看见它们身上的每一

> 根毫毛,还可以想象它们当时在黏稠的松脂里怎样挣扎,因为它们的腿的四周显出好几圈黑色的圆环。从那块琥珀里,我们可以推测发生在一万年前的故事,并且可以知道,在远古时代,世界上早已有那样的苍蝇和蜘蛛了。

从教学实践来看,《奇异的琥珀》这篇课文的文体判定基本没有分歧,大家大都是将它当成"科普小品"来教的。不过,具体教学的内容落点则存在差异,比如:有的老师主要教的是"合理的想象";有的老师将重点放在了"琥珀的奇异之处及琥珀的形成过程";有的老师不认同"想象"这一判断,认为这篇文章的特点主要体现在"推测的合理性"。这些差异意味着大家对这篇课文的解读存在分歧。那么,这篇课文的特点究竟是什么呢?

我们先来看一则工具书中对"琥珀"的解释说明:

琥珀,是远古松科松属植物的树脂埋藏于地层,经过漫长岁月的演变而形成的化石。透明似水晶,光亮如珍珠,色泽像玛瑙。品种有金珀、虫珀、香珀、灵珀、石珀、花珀、水珀、明珀、蜡珀等,尤以含有完整昆虫或植物的琥珀为珍贵。

这样来说明、解释琥珀和它的形成过程一点都不好读。那么,怎样才好读,才有意思呢?可不可以用讲故事的方式呈现、说明琥珀的形成过程呢?故事来自哪里?

——它里面有个小虫子!小虫子是一个生命。当初,它在做什么?哦,这只是一只小虫子。就像所有的故事一定有两个及两个以上的形象一样,没有"关系"也无法构成故事。那么,……

当我们假定作者的创作过程时,也许他也经历了这样的构思历程。这种追溯式的假想有助于我们把握课文的特征。从"写了什么"的角度来看,课文主要讲述的是"琥珀的形成过程与特点";从"怎么写的"的角度来看:(1)从文章整体的角度看,它是基于合理推想的故事设计(科普味儿 = 故事 + 知识,其中故事来源于推想);(2)从语言特点看,它是生动的说明,生动来自故事,是故事,就有了关于形象、情境、情节等的设计,当然这里还有"语体风格"问题——说明语体还是文艺语体,还是二者的整合。

从"这一篇"科普小品的特点来看,课文的解读重点应落在三个点上:故事、细节与推想。课文的生动、好读主要来自于"故事体"的写作形式,它甚至有点类似于科技短片解说词,有很强的画面感、镜头感,而且情节引人入胜。原文有两类文字,一类是直接引用的,一类是旁白的,很有现场听故事的感觉。细节来自特定的形象设计(苍蝇和父子等)、情境再现(树木、海边)。所谓推想,指的是推理和想象,就这篇课文而言,推理赋予了它逻辑构架,据此,我们可以追究课文"福尔摩斯式"的推理判断;想象赋予了它血肉筋骨,据此,我们可以讨论科学的逻辑与想象的逻辑问题。

实际上,"想象"与"推断"的区分在这篇课文里有着比较重要的作用。所谓推断,是看到琥珀里的苍蝇和蜘蛛,想到它们之间的关系,想到它们的遭遇——推断是指必定发生的事情;所谓想象是指,对苍蝇爱打扮、两只虫子的遭遇,以及父子俩的境况,以及他们发现琥珀的情况的设计,"想象"是指不一定非此不可的事情。由此,我们可以考虑课文教学内容的可能性问题:(1)区分事实、推断与想象;(2)揣摩故事进程与说明顺序、结构的组织方式;(3)对比、斟酌故事体说明与百科全书体说明的语言风格差异。

我们再以相对平实的说明文《中国石拱桥》为例,讨论说明文中的"信息提取与重组"问题。在教学这篇课文时,有不少老师喜欢设计"读写结合"的学习活动,在这类活动中,提取并重组课文关键信息来"介绍赵州桥"较为常见。但许多老师的课堂教学主要是"让学生提取和重组",而没有"教提取与重组的方法"。换言之,学生在这类学习活动中,主要是"经历了提取、重组的语言实践",但缺少"提取、重组方法的习得"。

那么,提取、重组的关键又是什么呢?在我们看来,"提取关键信息"是第一步,提取的关键在于筛选、确认有关赵州桥的关键信息,比如位置、历史、类型、名称、设计者、特点、意义等;给"关键信息排序"是第二步——排序的关键是确认和安放"赵州桥的附属信息";第三步是调整、修正语言表达。提取关键信息可用"删除法"——要向人介绍赵州桥哪些信息可以不介绍?确认关键信息的特征可用"标签法"——概括、标明关键信息的特征;重组关键信息可用"组合法"与"微调法"——根据关键信息的标签尝试各种组合方式。

比如下述三个重组示例中,A 项的信息排序是"名称—位置—设计者—历史—意义—特点—意义",B 项是"位置—意义—名称—设计者—历史—意义—特点—意义",C 项是"历史—位置—名称—意义—设计者—特点—意义"(见表 7-7)。

表 7-7　重组示例表

【示例 A】赵州桥又称安济桥,坐落在河北省赵县的洨河上。它由隋朝著名石匠李春设计建造,距今已有 1 300 多年的历史。赵州桥是一座举世闻名的石拱桥,它雄伟、坚固,而且美观,体现了我国古代劳动人民的智慧和才干,是我国宝贵的历史遗产。
【示例 B】在河北省赵县的洨河上,有一处宝贵的历史遗产——赵州桥。它又称安济桥,由隋朝著名石匠李春设计建造,距今已有 1 300 多年的历史。赵州桥是一座举世闻名的石拱桥,它雄伟、坚固,而且美观,体现了我国古代劳动人民的智慧和才干。
【示例 C】距今已有 1 300 多年历史的赵州桥,坐落在河北省赵县的洨河上。它又称安济桥,是一座举世闻名的石拱桥。赵州桥由隋朝著名石匠李春设计建造。它雄伟、坚固,而且美观,体现了我国古代劳动人民的智慧和才干。

> **思考与练习**

1. "说明类"文体包括哪些"亚文类"?事理与事物类说明文体的特征是什么?
2. 梳理、分析某册语文教科书中的说明类文体样式。
3. 试从语文教科书中选出典型课文,借以说明科普小品和平实说明文的文体特征,以及在阅读教学中确定教学内容的依据与方法。

第四节　散文类文体知识与教学

一、散文类文体知识概述

作为中小学阅读教学的"主导文类",散文几乎占据了语文教材的半壁江山。但散文这一文体类型也是阅读教学中问题最多的一个领域,这主要与散文的文类特征难以把握有关。散文这一文类的特征被认为是"无特征":一方面,从文体类型判定上,它是小说、诗歌、戏剧这三类特征明显文类的"剩余品",是用"排除法"界定出来的文体类型;另一方面,从表现方式来看,它又具有"无规范"的特点,它有一个庞大的家族,成员样式繁多,究其共性就是"散"——形式不拘一格、内容个性张扬。

有学者认为散文有三种定义:(1)广义的散文(即英语的 prose,相对于韵文 verse),包括诗歌之外的一切体裁;(2)较广义的散文,除诗歌、小说、戏剧之外的一切体裁;(3)狭义的散文,即英语中的 essay,大致相当于我国的杂文。[1]

结合已有研究,从便于教学的角度考虑,我们将散文区分为文学类散文和实用类散文两类,前者主要是较多个人主观情感经验涉入的文体样式,其主要特点是:独特的情感认知、个人化的言说对象、个性化的言语表达。也就是说是用精准的言语表达来体现日常生活中感悟的人生经验。因此,文学类散文的阅读教学指向应该主要落在下述两个方面:(1)分享作者在日常生活中感悟的人生经验;(2)体味作者精准的言语表达。[2]

实用类散文包括杂文、随笔等较少个人情感涉入的文体样式,这类散文接近于论辩类文体。就这类散文而言,阅读教学中可以考虑的因素有:(1)写作意图与对象;(2)立论方法;(3)篇章的组织与结构;(4)段落的过渡与扩展;(5)句型的选择与运用;(6)词汇的分析与比较;(7)语言的逻辑与表达;(8)语气与态度;(9)文体与修辞;(10)节奏与韵律;(11)引语、暗指与典故。[3]

二、散文类文体的教学

我们以人教版五年级下册《祖父的园子》为例,谈谈文学性散文的文体特点及阅读教学的问题。

对于《祖父的园子》的教学设计,我们将教学目标的陈述聚焦于学习活动类型与教学处理方式。教学目标的具体样本主要来自广东、宁夏和新疆的部分老师[4],分析过程大致是:(1)从近 500 个教学设计中随机抽选 80 个;(2)提取其教学目标;(3)通过相关软件(内容分析软件 ROSTCM6 和网络分析软件 Ucnet6)对其进行语义关系网络分析,析取中心度值较高的词语;

---

[1] 刘世生,朱瑞青. 文体学概论[M]. 北京:北京大学出版社,2006:277.
[2] 王荣生. 语文学科知识与教学能力[M]. 北京:高等教育出版社,2011:158—165.
[3] 刘世生,朱瑞青. 文体学概论[M]. 北京:北京大学出版社,2006:277.
[4] 高端研修小学语文教师工作坊.《祖父的园子》教学设计[EB/OL]. http://train.teacherclub.com.cn/dts/channel/2014ywgzf_889/index.html,2015-05-20.

(4)再结合具体教学目标陈述展开分析。

(一)"感受"的两种形态与教学处理方式

"感受性学习"是怎么回事？"感受"和"体会"、"感悟"有什么区别？"感受"是可教的吗？什么样的"感受"是可感、可教的？教"感受"应该怎么教？

下文是老师设计的与感受有关的目标。

样本目标：1：能找出文中富有情趣的句子，并谈谈自己的感受；感受作者童年生活的自由快乐，体会作者对童年生活的眷恋和对祖父的怀念。

样本目标2：感受园子的自由自在和"我"在园子中的活动；感受园子的自由美好和"我"在园中的活动。

样本目标3：感悟作者的表达方式；初步领悟文章的表达方法；感受园子的自由美好和"我"在园中的活动；朗读感悟课文内容，体会作者的心情，感悟作者的表达方式；领悟借物抒情的表达方式；感受并学习运用课文中出现的反复手法。

样本目标4：有感情地朗读课文，读出作者当时的感受。

样本目标5：感受课文中出现的反复手法的运用。

样本目标6：感受作者表达情感的方法。

样本目标7：了解作者生平，进而初步感悟园子对于作者的精神意义。

样本目标8：能找出文中富有生趣的句子，并谈谈自己的感受。

通过对宁夏一路浅锦、新疆昆仑行、广东岭南小语三个工作坊老师们关于《祖父的园子》的教学目标的陈述分析，提取相关陈述中的语义关系网络（如图7-2和表7-8所示），我们可以发现，居于语义关系网络中心的动词是"感受"。也就是说，就学习活动类型来看，主要定位是一种"感受性学习"。那么，感受性学习是怎么回事呢？怎样才算是有效的感受性学习呢？阅读作品自然生发一种感受，这是自然形态的感受；引导学生感受特定的文字、情感状态，这是一种教学状态的感受……在特定文本的教学活动中，怎样引导学生的感受呢？感受性学习与情感、态度和价值观的学习有关吗？如果有关，它们之间是什么关系呢？诸如此类的问题都与"感受"这一学习类型有关。

感受性的心理活动起于外界信息输入，当我们接触到外界信息（文字、事件、画面等）时，会被影响、触动，会心有所感，"感受"就是从"受"到"感"的心理过程与心理活动。一般而言，感受性活动是自然生成的。在阅读活动中，感受的生成也是自然而然的。但是，这种自然生成的"感受"有可能是千差万别的，因为它受制于每个人的经验、情绪、阅读积累等相关因素。在阅读教学中，学生的这种自然生成的阅读感受是不需要教的，因为它事实上已经自然生成，不需要教师的介入。当然，不需要教当然并不意味着不能有所作为，我们可以组织交流活动来分享、交流、讨论各自的阅读感受，这样，感受与感受在各种差异、碰撞中又会生成新的内容。这些差异和生成的内容，可以作为阅读教学的起点分析材料——当我们思考学生何以会有这样的感受差异时，它们就有了教学价值。

感受的另一种形态是非自然生成的，我们可以称之为"限定性的感受"，就是说学生要朝向教师引导的方向来感受，或者说是"感受特定的内容"。就《祖父的园子》这篇课文来看，大家普遍一致的方向是——引导学生感受特定/作者的感受。感受作者的感受，即"感其所感"，这种

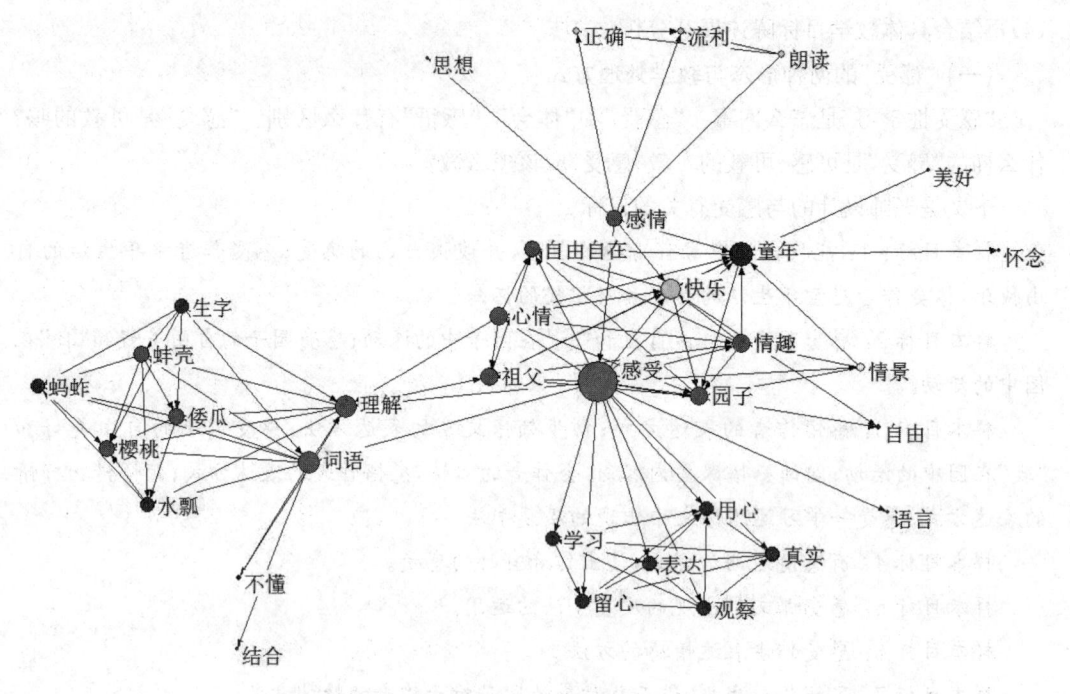

图 7-2 《祖父的园子》教学目标语义关系网络

形态的感受并非自然生成的,从某种程度上讲,与其说它是一种情感活动,倒不如说它更像是一种分析、理解活动,在这种感受活动中,情感与理性分析要共同作用,才能真正完成学习任务。也就是说,"感其所感"的前提是,你首先要知道作者的"所感"是什么?而知道作者的"所感"就不是能够通过"感受"来完成的学习任务了。在这类学习活动的教学处理中,我们需要注意的是:作者的感受是什么?这种感受是以怎样的形式表现出来的?学生在感受作者的感受时会遇到什么问题?学生怎样才能找到"感其所感"抓手?

就大家确定的教学目标来看,语文阅读教学中的"感受性学习"主要指向了第二种形态,即要求学生进行特定内容、对象的感受。但这里的要求又有一些细微的差别,尤其从感受的对象和内容来看(见表 7-8)。

表 7-8 对与感受有关的样本目标的进一步分析

样 本 目 标	感受的内容指向
感受作者童年生活的自由快乐	作者;情感
感受园子的自由美好/感受园子的自由自在	园子;情感;作者
感受作者表达情感的方法	方法
感受课文中出现的反复手法的运用	手法
感悟作者的表达方式	表达方式

从上述样本目标来看,"感受"的指向既有作者的情感,也有作者表达情感的方法。这里的问题是:方法、手法、表达方式一类"形式化"的东西是可以通过"感受性学习"掌握的吗?方法、手法、表达方式一类问题是通过"分析"、"鉴赏"、"评价"、"运用"来学习更好呢,还是通过

"感受"来学习更好呢?如果可以通过"感受性学习"来掌握方法、手法和表达方式,又该怎样去"感受"呢?或者说"感受的方法"又是什么呢?……在上述样本目标的基础上,我们可能还要进一步思考诸如此类的问题,才能把"感受性学习"类教学活动想得更清楚、更深入一些。当然,除此之外,像"透过课文的语言文字,深切感受祖父与我之间浓浓的亲情"这类目标陈述,还是略显笼统了些,因为事实上,阅读感受和理解活动总是"透过语言文字"的。

就《祖父的园子》来说,怎样"感其所感"才比较有效呢?我们以"感受作者在园子里的自由和快乐"为例。学生就这个学习任务的情况大致可以分为几种情况:一是不能感受到,二是朦胧感受到,三是清晰感受到,四是深刻感受到。教学的任务主要是引导前三类学生走向第四种水平层次。怎么引导呢?萧红的自由和快乐是从内心到身体的自由与快乐——一种发自内心,形诸于外的自由与快乐,而且这种形之于外,不仅包括萧红自己,还包括了园中的所有生物,它们都自由,都放肆,都快乐。从阅读引导上来看,有位教师的处理方法值得参考:让学生用自己喜欢的方式朗读关键语段——想怎么读就怎么读。这是从形之于外的关键点入手,引导学生渐次走向内在的做法。也就是说,是以其形求其神。

(二) 关于情感及相关目标

在教学设计时,除了要设计知识与能力目标,还需考虑"情感、态度、价值观"目标(下文简称情感目标)。那么如何准确地认识"情感",并在区分知识、能力与情感三类目标的基础上,设计好情感目标呢?

在我们看来,阅读教学活动中的"情感"至少有以下六种形式:(1)作为普通读者的阅读情感生成;(2)文本蕴含的情感;(3)作者可能的情感寄托;(4)指向作者/文本情感把握的教学活动;(5)作为学习/认知手段的情感调动;(6)教师期望学生发生的情感变化。

那么,教学目标中通常的"情感目标"主要指向的是哪一种形式的"情感"呢?第1—3种是"相对客观存在"的事实性情感,第5种是作为教学手段的情感,是相对外在的东西。从目前教学目标常见陈述来看,"情感目标"主要指向的是第4、6两类。不过,就目标类型来看,第4种与其说是"情感目标",倒不如说是"能力目标",它指向的是学生的对文本/作者的"情感把握",这里的"情感把握"其实主要是一种理解、分析性的学习活动,更像是一种认知性的学习。

再看一些相关的样本目标:

样本目标1:知识目标——感情朗读课文,理清思路,把握文章主旨;能力目标——培养学生自主阅读的能力。

样本目标2:知识目标——理解课文内容,体会作者的心情,感悟作者的表达方式;能力目标——领悟作者如何表现"我"在园子里的心情的表达方法。

样本目标3:能力目标——能找出文中富有情趣的句子,并谈谈自己的感受;情感目标——透过课文的语言文字,深切感受祖父与我之间浓浓的亲情;情感目标——感受作者童年生活的自由快乐,体会作者对童年生活的眷恋和对祖父的怀念。

样本目标4:知识目标——理解课文内容。

样本目标5:知识目标——学习作者留心观察生活,用心感受生活,真实地表达自己感受的方法;情感目标——学习作者留心观察生活,用心感受生活,真实地表达自己感想的写作手法;能力目标——学习作者留心观察生活、用心感受生活,真实地表达自己的感受。

样本目标6:情感目标——推荐阅读原著。

样本目标7:情感目标——体会祖父的爱,感悟园子的精神意义。

样本目标8:情感目标——有感情地朗读课文,读出作者当时的感受;情感目标——感受作者童年生活的自由和快乐,体会作者对童年生活的留恋。

样本目标9:情感目标——理解课文内容,体会作者的心情,感悟作者的表达方式。

样本目标10:情感目标——仔细阅读课文,了解内容,体会出"我"在园子里自由自在,快乐无忧的心情。

样本目标11:情感目标——引导学生理解课文内容,想象"我"在"祖父园子"里的生活情境。

样本目标12:能力目标——感悟作者对文章的表达方式;情感目标——感悟作者的表达方式。

样本目标13:情感目标——联系《呼兰河传》,尝试从一段话到读懂一篇课文,到读一本书,到读一个作家。

样本目标14:情感目标——感受作者语言新鲜、自然、率真之美。

样本目标15:能力目标——体会作者心情,感悟作者的表达方式;情感目标——感受作者童年生活的自由和快乐,体会作者对童年生活的留恋。

样本目标16:能力目标——在读中感受"我"在园子里充满乐趣、自由自在的生活;情感目标——体会"我"在园子里自由自在,快乐无忧的心情。感受作者童年生活的情趣。

上述的目标表明,教师对情感的认识是模糊的,对"情感目标"与"知识目标"、"能力目标"也难以作出明确的区分(见表7-9)。

表7-9 三大目标的设定与思考

教学目标	问题思考
能力目标——体会作者心情,感悟作者的表达方式; 情感目标——感受作者童年生活的自由和快乐,体会作者对童年生活的留恋	1. "体会心情"与"感受自由"是两种不同的目标类型吗? 2. "心情"与"快乐"、"留恋"有什么差异?为什么把它们分列为能力、情感目标?
能力目标——感悟作者对文章的表达方式; 情感目标——感悟作者的表达方式	同样的"感悟",同样的"表达方式",何以一个是"能力目标",而另一个成了"情感目标"?
有感情地朗读课文,读出作者当时的感受	"读出作者的感受"是否可能?即便可能,它是不是"情感目标"?
知识目标——学习作者留心观察生活,用心感受生活,真实地表达自己感受的方法; 能力目标——学习作者留心观察生活,用心感受生活,真实地表达自己的感受; 情感目标——学习作者留心观察生活,用心感受生活,真实地表达自己感想的写作手法	同样是"观察生活"和"感受生活"的目标指向,三个老师把它们分别列入知识、能力和情感目标了,那么,这样一类学习活动到底是知识的、能力的,还是情感的?

如果我们能对阅读教学活动中的"情感"形式有较深入的认识,教学目标与教学实施的针对性会更强,教学效果也会更好。当然,我们还需要做进一步思考,即"教情感,我们教什么,教到什么程度?我们可以借鉴教育目标分类学中有关"认知领域"、"情感领域"的设计框架,提供情感目标拟定参考框架,即分为认知维度和情感维度。认知维度,着眼于情感的觉知、理解、分析和评价;情感维度,着眼于情感的反应、接受、认同及行为意向。

> 思考与练习

1. "散文类"文体包括哪些"亚文类"?文学类和实用类散文的文体特征是什么?
2. 梳理、分析某册语文教科书中的散文类文体样式。
3. 试从小学语文教科书中选出典型课文,借以说明文学性散文和实用性散文的文体特征,以及在阅读教学中确定教学内容的依据与方法。

第五节 绘本类文体知识与教学

一、绘本类文体知识概述

作为一种特定类型的文学作品,绘本阅读正受到越来越多的关注。但绘本的特质究竟是什么?一线教师有关绘本阅读的知识状况怎样?如何基于绘本特质确定教学内容?对于这些问题,我们还缺乏足够深入的探讨。

有作家(Sutherland)指出,绘本的特质主要有五个方面:(1)以简短、直白的方式讲述故事;(2)包含的概念数量有限;(3)概念能够被儿童理解;(4)文字直接、简单;(5)插图与文字互补。从教师参与讨论的情况来看,虽然大家对绘本特质之"图文合一性"的理解没有分歧,但对"这一特质意味着什么"则有不同的看法。有的老师认为这一特质有助于帮助识字量少的学生顺利进入阅读,有的老师主要从阅读兴趣方面来考虑,有的老师则强调图画与想象力培养的关系问题。总体来看,对"图文合一"、"图文互补"中的"互补性"关注不够。

郝广才在《好绘本如何好》一书中,提炼、梳理了有关绘本阅读的知识系统。比如在绘本特质方面,作者提出"搭桥的艺术"、"儿童式语言的运用"、"文字的声音、重量、外形"、"寻找与发现的乐趣"、"用平等的态度对待孩子"等。以"寻找与发现的乐趣"为例,作者指出"好的绘本,都会在图中隐含许多讯息,以激发读者的想象,引导孩子产生更多的好奇"。作者用以解构"绘本"的知识/概念系统还包括:绘本元素/点的舞蹈、形式技巧/线的律动、内容手法/画的张力三个部分,其中绘本元素包括造型、故事、配角、伏笔、背景、气氛、意义、暗号、道具、韵律、角色;形式技巧包括引导、视点运用、用图说故事、用画面唤起意念、翻页的技巧等;内容手法包括想象与逻辑并存、制造惊奇、越荒谬越要合理化、大人出现幻想结束等。

二、绘本类文体的教学

为把握绘本阅读的知识状况——对绘本阅读的基本理解,我们汇总、梳理了网络上有关绘本阅读的研讨帖子。借助工具软件对有关内容进行了语义关系网络分析。具体情况如

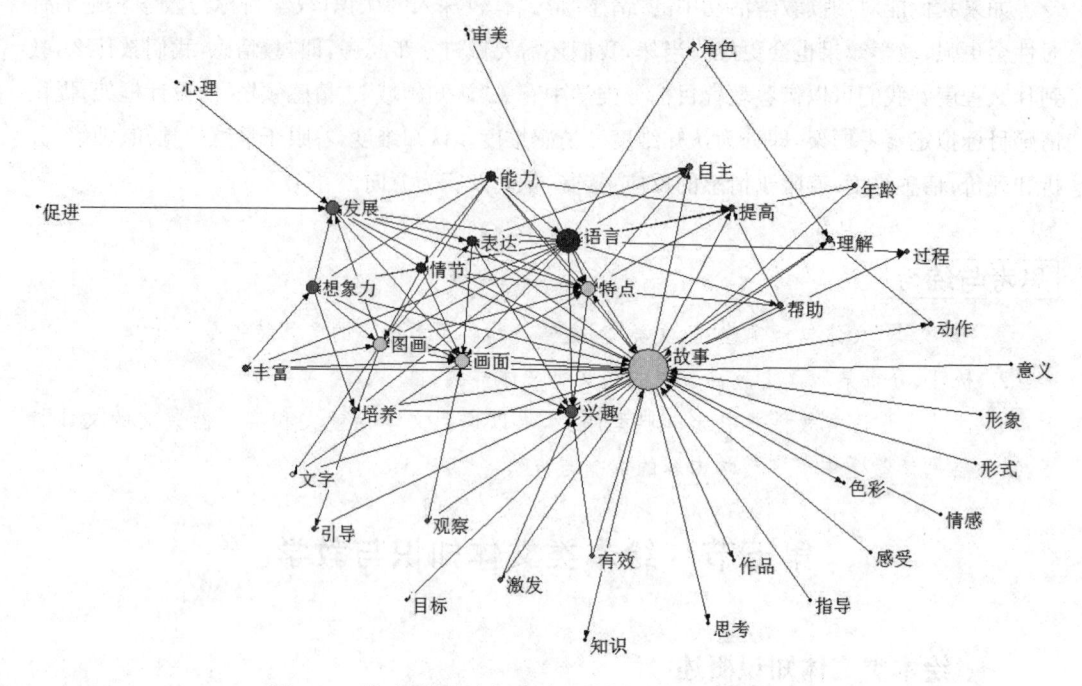

图7-3 关于网络绘本阅读讨论内容的语义关系网络分析

图7-3所示。

从语义关系网络分析结果来看,在教师对绘本阅读的理解中,居于比较核心位置的有"故事"、"画面"、"兴趣"、"特点"、"语言"、"表达"、"情节"等。从这些核心词语来看,我们有对绘本特质的基本把握。比如有老师提到"最主要的就是要抓住绘本的特质来进行"。有老师指出:"好的绘本,不仅图画精美,构图、色彩是孩子在视觉上引起愉悦,而且每张图画都有丰富的内涵,绘本阅读再把孩子带入美好的故事情节中,孩子的情感受到陶冶。绘本故事横跨国界穿越各种文化背景,透过文字与画面,孩子得以进入不同的世界,让创造力无限扩大。对于儿童来说,阅读本身的兴趣所在,就是让孩子发现了另外一个世界。"基于绘本这样一种特质,有老师提出"展开丰富的想象,具有画面感的阅读"的教学设计思路。也有老师认为,在绘本阅读教学中,要"坚持结合'图画、情境、领域、要点'来做好阅读指导"。

许多教师是从教学功能的角度来看待绘本的,比如从"亲子互动的最好玩具"、"应性施教的好教材"、"培养想象力"、"培养美好语境"和"在快乐中明理"等角度把握绘本教学功能的。也有老师认为"绘本恰恰能承担起帮助孩子阅读的重任"。还有的老师强调"绘本教材的呈现,无疑提升了孩子们阅读兴趣的空间"。

也有一些老师就绘本阅读教学展开提出了很好的建议和措施,比如:

积极鼓励他们边读边猜想后面将要发生的事,鼓励他们参与到编写故事中,想出与作者不同的更有意思的情节或续编结尾;鼓励他们将自己比拟成故事中的角色。引导孩子在参与中学会挑选图书。班级同学间互动(同学间互相交流图书,交流读后感,有能力的甚至合作创作新书)、师生间的互动(教师向学生推荐优秀绘本,轮流借给学生;学生把自己看到的优秀绘本推荐给老师,让老师来推广)、亲子间互动(号召家长和孩子一起开展亲子阅读,在家和孩子共读绘本,或请家长来学校为孩子朗读绘本,和孩子一同走进图画书的世界)。

当我们明确了绘本的特质之后,接下来的问题是:如何基于绘本特质读懂绘本?如何基于绘本特质引导学生读懂绘本?如何基于绘本特质确定教学内容?针对这一议题,我们拟就非故事体绘本《勇气》的教学设计展开讨论。

作为非故事体绘本,《勇气》的内容相对单纯——从不同层面、角度理解"勇气"的内涵,如"勇气,是你第一次骑车不用安全轮"、"勇气,是和别人吵架后你先去讲和"、"勇气,是你知道个大秘密,却答应对谁也不说"……但是,如果仅仅把关注点聚焦在这一点上,似乎不需要画面,仅借助文字就可以展开课堂教学。那么,作为"绘本",具有"图文互补"特质的《勇气》究竟应该教学什么呢?从下面两个教学设计(见表7-10)的内容确定情况来看,哪些内容关注到了"图文互补"这一特质呢?王鹤琰老师的关注重点在于"图文互补"中的"合理推想"——以文补图、以图补文,然后推想出一个合乎逻辑的"画面中的事件"。周珏老师则既关注到了"阅读活动"中的"图文互补"问题,而且将绘本阅读延伸到了"绘本创作"——前者侧重于画面内容的主次区分,后者则是关联生活经验"画'勇气'",这一教学内容充分把握了绘本"图文互补"的特质。

表 7-10 教学设计

作者	教学内容	绘本特质的关注点
王鹤琰 (上海市莘光小学)	1. 合理推想与完整表达 2. 拓展"勇气"内涵的理解	合理推想
周珏 (上海师范大学附属卢湾实验小学)	1. 学习观察,通过比较能分辨画面内容的主次,能展开较合理的想象 2. 尝试联系生活说一说,画一画"勇气是什么"	读:分辨画面内容的主次 创:图画创作

思考与练习

1. "绘本类"文体的文体特征是什么?
2. 梳理、分析小学段常见绘本读物的文体类型。
3. 试选择经典绘本读物,借以说明绘本的文体特征,以及在阅读教学中确定教学内容的依据与方法。

主要参考文献

［1］布莱克.语用文体学［M］.北京：世界图书出版公司，2014.
［2］陈光磊.汉语词法论［M］.上海：学林出版社，1994.
［3］陈望道.修辞学发凡［M］.上海：复旦大学出版社，2015.
［4］陈丛耘.现代汉语修辞术［M］.北京：光明日报出版社，2013.
［5］丁炜，徐家良.小学生写作学本的编写理论与实践［M］.南宁：广西教育出版社，2015.
［6］黄民裕.辞格汇编［M］.长沙：湖南人民出版社，1984.
［7］胡裕树.现代汉语［M］.上海：上海教育出版社，2011.
［8］霍懋征.小学语文教学经验谈［M］.上海：上海教育出版社，1985.
［9］兰宾汉，邢向东.现代汉语［M］.北京：中华书局，2014.
［10］李吉林.李吉林情景教学理论与实践［M］.北京：人民日报出版社，1996.
［11］李运富.汉字学新论［M］.北京：北京师范大学出版社，2012.
［12］林焘，王理嘉.语音学教程［M］.北京：北京大学出版社，1992.
［13］林治金.中国小学语文教学史［M］.济南：山东教育出版社，1997.
［14］刘焕辉.言语交际学［M］.南昌：江西教育出版社，1986.
［15］刘世生，朱瑞青.文体学概论［M］.北京：北京大学出版社，2006.
［16］吕叔湘.现代汉语八百词［M］.北京：商务印书馆，1980.
［17］倪宝元.语言学与语文教育［M］.上海：上海教育出版社，2001.
［18］聂在富.语言文字知识与小学语文教学［M］.北京：人民教育出版社，2006.
［19］彭漪涟，余式厚.写给中学生的逻辑学［M］.北京：北京大学出版社，2012.
［20］苏新春.汉语词义学［M］.广州：广东教育出版社，1997.
［21］王国安，王小曼.汉语词语的文化透视［M］.上海：汉语大词典出版社，2003.
［22］王力.现代汉语［M］.北京：中华书局，2014.
［23］王荣生.语文学科知识与教学能力［M］.北京：高等教育出版社，2011.
［24］邢大华，汪方海.标点符号学习手册［M］.南京：南京大学出版社，2015.
［25］邢福义.现代汉语［M］.北京：高等教育出版社，1986.
［26］邢公畹.现代汉语教程［M］.天津：南开大学出版社，1992.
［27］徐仲华.现代汉语自学教程［M］.北京：科学技术文献出版社，1990.
［28］许威汉.汉语词汇学引论［M］.北京：商务印书馆，1992.
［29］薛法根.文本分类教学：实用性作品［M］.福州：福建教育出版社，2016.
［30］叶圣陶.怎样写作［M］.北京：中华书局，2013.

[31] 张斌.现代汉语[M].北京:中央广播电视大学出版社,1988.

[32] 张斌.现代汉语语法十讲[M].上海:复旦大学出版社,2008.

[33] 张斌.简明现代汉语[M].上海:复旦大学出版社,2010.

[34] 张联荣.汉语词汇的流变[M].郑州:大象出版社,2009.

[35] 张平南.阅读教学教例与作文教学实验[M].北京:人民日报出版社,1996.

[36] 赵元任.汉语口语语法[M].北京:商务印书馆,1979.

[37] 郑颐寿.比较修辞[M].福州:福建人民出版社,1982.

[38] 朱作仁.小学语文教学法原理[M].上海:华东师范大学出版社,1988.

[39] 朱作仁,祝新华.小学语文教学心理学[M].上海:上海教育出版社,2001.